WILLKOMMEN!

Nordseeküste
Schleswig-Holstein

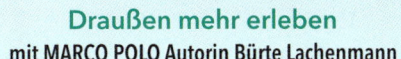

Draußen mehr erleben
mit MARCO POLO Autorin Bürte Lachenmann

Bürte Lachenmann ist ein echtes Nordlicht. Obwohl sie viel von der Welt gesehen hat und lange in den Schweizer Bergen lebte, zog es sie wieder an die Nordsee. Dort ist sie am liebsten per Rad oder wandernd unterwegs, entdeckt gern Neues in der eigenen Region, auf den Inseln und Halligen und gibt ihre Tipps online und in Büchern weiter. Sie lebt heute im südlichen Dänemark an der Nordseeküste.

INHALTSVERZEICHNIS
*OUTDOOR GUIDE NORDSEEKÜSTE

Inseln

Norden

Mitte

Süden

DIGITALES EXTRA

**GPX-Tracks als Download
zur einfachen Orientierung**
QR-Code scannen oder über
short.travel/1p3us herunterladen

Legende

Aktivitäten

🏃 Zu Fuß
🚴 Mit dem Fahrrad
≋ Am & im Wasser
🛶 Fun & Action
🍃 Naturerlebnis
★ Outdoor-Highlights

🍴 Lokale Spezialitäten
ℹ Serviceangaben
🕐 Beste Zeit
⚙ Ausrüstung
◎ GPS-Koordinaten

Preise Aktivitäten/pro Erw.
€   bis 10 €
€€   bis 25 €
€€€ über 25 €
Preise Unterkunft/pro DZ
€   bis 75 €
€€   bis 150 €
€€€ über 150 €

Das Beste zuerst

In einem Strandkorb an der Büsumer Perlebucht kann man dem Alltagsstress entfliehen

BEST OF ENTSPANNT
*TYPISCHES FÜR GENIESSER

Freibad-Feeling: Verbringe einen ruhigen Sommertag im Naturbad Ladelund

Naturbad Ladelund

Was für ein grünes Paradies an heißen Tagen! Das Naturbad Ladelund liegt abseits vom Dorf und ist nicht einsehbar. Fern der Touri-Hochburgen lassen sich ein paar Bahnen ziehen. Schattige Plätzchen gibt es und auch eine Tüte Pommes auf die Hand.
→ S. 58 Norden

Stare gucken zum Sonnenuntergang

Mitten im Nirgendwo treffen sich im Frühjahr und Herbst Hunderttausende Stare zum Schlafen. Ein gemütliches Plätzchen am Deich des Haasberger Sees ist immer frei für dich. Und wenn der Himmel in schillernden Farben leuchtet, ist das Naturspektakel der Vögel wundervoll anzuschauen.
→ S. 61 Norden

Strandsauna Hörnum

Wenn im Winter die steife Brise weht, ist die Strandsauna in den Dünen von Hörnum ein echtes Erlebnis. Totale Entspannung in bester Location, das macht auch einen trüben Schlechtwettertag zum Erlebnis.
→ S. 101 Inseln

Sterne gucken in Stapelholm

Ein großes Holzbett im Grünen und der Blick in den Himmel, wo Milchstraße, Mond und Sternschnuppen entdeckt werden können. Hier kannst du dich lange aufhalten und die nächtliche Stille genießen.
→ S. 151 Mitte

In der Lichterstadt

Bunte Lichter gegen den Novemberblues. Wenn die Tage kurz sind und das Wetter trüb, lohnt ein Spaziergang durch Büsum. Lichtinstallationen bringen Farbe in den Tag und schmücken die kleine Innenstadt.
→ S. 174 Süden

Baden mit Ausblick

Wenn du im Freibad Uhlitzhörn einen Strandkorb ergatterst, kannst du einen entspannten Tag am Deich erleben: mit Blick auf die großen Pötte, die direkt vor dir durch den Nord-Ostsee-Kanal fahren. Einen Platz in der ersten Reihe hat man auch auf der große Liegewiese, von wo aus man die Schiffe zählen kann.
→ S. 190 Süden

BEST OF ADRENALINKICK
*DIE EXTRAPORTION ACTION

Nur was für Mutige: Mit halsbrecherischem Tempo flitzen Kite-Buggys über den Strand von St. Peter-Ording

Trendsport Padel ausprobieren

Auf dem GreenTEC-Campus in der Nähe von Leck kann der temporeiche Padelsport outdoor ausprobiert und gespielt werden. Schlechtes Wetter ist kein Problem, denn Indoor-Plätze sind gleich um die Ecke.
→ S. 60 Norden

Mit richtig Speed über den Strand

Mit dem dreirädrigen Kite-Buggy über den weiten Strand von St. Peter-Ording zu rollen, ist nicht nur in den Sommermonaten ein großer Spaß. Auch an sonnigen Herbst- und Wintertagen ist hier eine Extra-Portion Adrenalin garantiert. Wer über keine Lizenz verfügt, kann an einem Schnupperkurs teilnehmen.
→ S. 148 Mitte

Wingfoilen im Süßwasser

An der Meldorfer Bucht ist neben dem Hafen das Speicherbecken das Revier der Wingfoiler, die hier auch bei Ebbe ihre Runden ziehen können. Das Gebiet ist tideunabhängig und aufgrund von wenig Strömung auch für Anfänger bestens geeignet.
→ S. 181 Süden

Windsurfen auf Sylt

Die Windsurf-Hochburg Sylt hält für alle eine Welle bereit und Anfänger haben hier ebenso viel Spaß wie Profis. Zahlreiche Surfschulen und Verleihe stehen parat, um dich in den Sport einzuweihen.
→ S. 99 Inseln

Wattwandern von Föhr nach Amrum

Auf rund acht Kilometern geht es quer durchs Watt, dazu durch einen 90 Zentimeter tiefen Priel, was Überwindung kostet, da man den Boden nicht sehen kann. Die geführte Wanderung bedarf einiges an Kondition, denn Umdrehen geht nicht.
→ S. 104 Inseln

Auf Draisinentour

Etwas Sport und dabei die Weite der Landschaft genießen: Auf einer Draisinentour von St. Michaelisdonn lässt sich beides kombinieren. Aber Achtung: Einmal kommt der Wind sicherlich von vorne.
→ S. 191 Süden

Wie unsere Vorfahren vor mehr als 5000 Jahren lebten, zeigt ein steinzeitliches Dorf im Steinzeitpark bei Albersdorf

Geisterwald Fahretoft

Der kleine Erlebnispfad in Fahretoft ist liebevoll angelegt und hat für die Kleinen wie die Großen was zu bieten: Großspiele, Biotop und integrierter Waldpfad. Dazu einen öffentlichen Grillplatz, Tischtennisplatten und noch viele andere Überraschungen.
→ S. 65 Norden

Küstenschutz in Husum

Warum das Wasser zweimal täglich verschwindet und was der Mond damit zu tun hat, das erfährt man auf der Küstenschutzroute in Husum, die vom Nordfrieslandmuseum bis zum Dockkoog ans Meer führt. Die Strecke ist auch bestens per Rad zu erkunden.
→ S. 137 Mitte

Bei den Wikingern von Albersdorf

Der Steinzeitpark bei Albersdorf ist ein archäologisches Freiluftmuseum bei dem mitgemacht werden darf. Im nachgebauten Dorf kann man aktiv das Leben vor mehr als 5000 Jahren entdecken und nebenbei viel über den Steinzeitalltag lernen.
→ S. 172 Süden

Die Märchen auf Sylt

Sagen und Geschichten der Insel Sylt lassen sich im Sagenwald zwischen Wenningstedt und Kampen entdecken. Wundervolle Holzspielgeräte, die sich an den Geschichten orientieren und Infotafeln geben einen Einblick in die Inselmärchen.
→ S. 96 Inseln

Auf dem Barfußpfad auf Pellworm

Schuhe und Socken aus und ab geht's auf den kleinen Pfad, der unweit des Abenteuerspielplatzes auf Pellworm liegt. Unterschiedliche Untergründe können auf etwa 100 Metern erwandert werden.
→ S. 107 Inseln

Budenzauber am Meer

Die Badebuden in Dagebüll stehen direkt am grünen Badestrand. Bei Ebbe kann man bestens im festen Sandwatt nach Wattwürmern buddeln oder Herzmuscheln entdecken und bei Flut kommt der Badespaß sicher nicht zu kurz.
→ S. 63 Norden

BEST OF BEI REGEN
*SCHÖN, AUCH WENN ES REGNET

Spezialsand und Werkzeuge zum Sandburgenbauen gibt's bei Sandiek in Westerhever – die Ideen bringt man selbst mit

Ausflugsfahrten

Unter Deck einen heißen Kakao trinken und bei der Fahrt durch das Wattenmeer Seehunde und zahlreiche Vögel beobachten. Während das Schiff durch die Nordsee schippert, kann beim Seetierfang einiges an Kleinstlebewesen entdeckt werden – und die Halligen säumen den Weg.

→ S. 71 Norden

Sandskulpturen bauen

Hier ist Fantasie und Ideenreichtum gefragt: Im Sandiek in Westerhever können Sandburgen und Skulpturen in einer großen Halle gebaut werden. Wer mag, holt sich ein paar Tipps von den Profis.

→ S. 149 Mitte

Im Labyrinth

Ab in die Regenklamotten und rein in das Labyrinth. In dem hoch gewachsenen Maisfeld ist es zumindest windgeschützt und dank Gummistiefeln sind die Pfützen gar nicht so schlimm. Und danach gibt es ein Heißgetränk im hofeigenen Café.

→ S. 107 Inseln

Naturerlebnisraum Stollberg

Der Draußen-Tipp für alle Jahreszeiten. Das große Areal des Naturerlebnisraumes lässt viel Raum zum Entdecken. Vor Ort sind eine Heilquelle mit überdachtem Picknickplatz, ein Naturspielplatz und ein kleines eisenzeitliches Kulissendorf.

→ S. 67 Norden

Per App durch Tönning

Spannende Geschichten zur Stadtgeschichte, die man per App auf einem kleinen Spaziergang entdeckt. Zwischenzeitlich kann man in den Läden bummeln oder lecker essen gehen und sich aufwärmen.

→ S. 150 Mitte

Auf dem Kulturpfad

Ein Spaziergang durch Husum ist auch bei Schmuddelwetter schön. Bunte Häuser schmiegen sich ans Hafenbecken und die drei großen Museen der Stadt liegen an der Strecke ebenso wie Kleinode, die darauf warten von dir entdeckt zu werden.

→ S. 136 Mitte

Entdecke die Nordseeküste

*Benannt nach Theodor Storms Novelle „Der Schimmelreiter"
ist der Hauke-Haien-Koog seit 2006 ein Vogelschutzgebiet*

**Die Landschaft an der Nordseeküste und auf
den Inseln und Halligen ist gar nicht immer so
platt, wie angenommen. Kleine Wälder, breite
Dünengürtel und das Marschland machen die
Region abwechslungsreicher, als der erste Blick
erkennen lässt. Nicht umsonst sind ihr viele
Kunstschaffende eng verbunden.**

Küste und Köge im Norden

Im nördlichen Nordfriesland zwischen Husum und
der dänischen Grenze reiht sich ein Koog an den
nächsten. Dieses eingedeichte Land wurde dem
Meer abgerungen, hier steht man quasi noch auf
dem Meeresboden. Das ist sogar heute noch bestens sichtbar. Wenn man auf Feldwegen den Blick
nach unten und an den Weges- oder Feldrand richtet, dort sind noch Muscheln zu sehen! Dieser Boden
ist unglaublich fruchtbar, auch ein Grund, warum
die Landwirtschaft hier sehr ausgeprägt ist und die
Felder stark bewirtschaftet werden. Hier lässt sich

wunderbar radeln, denn die geteerten Wirtschaftswege durch die Köge sind schier endlos. Da an der
gesamten Küstenlinie schon vor etlichen Jahrzehnten, teils Jahrhunderten, das Land dem Meer abgerungen wurde, ist es mit Deichen gegen die Nordsee
geschützt. Das bedeutet aber auch, dass Sandstrand-
abschnitte auf dem Festland eher selten sind und
man an Grünstränden auf dem Deich, am Watt oder
an Salzwiesen badet. Nur an wenigen Stellen, wie in
St. Peter-Ording gibt es keinen Deich, sondern dann
gleich den größten Strand der Festlandküste.

Wildes Hinterland

Das Hinterland ist wild und lieblich, das zeigt sich
bereits wenige Kilometer landeinwärts. Nicht umsonst wird an der dänischen Grenze oft von der Nol-
de-Landschaft gesprochen, denn der Maler Emil Nolde hatte seinen Wohnsitz unweit der Küste. Wenn
sich die Stare zum Tanz treffen, die Schäfchenwol-
ken über die Felder ziehen, und die zahlreichen

MIT 78,8 M

ist die Karghöde die höchste Erhebung
an der Nordseeküste

NATUR IN ZAHLEN

10

Halligen liegen vor der nordfriesischen
Küste, sie sind einzigartig auf der Welt

230

Köge existieren an der Westküste
Schleswig-Holsteins

2600

Kilometer ausgeschilderte Radwege gibt
es in der Region

20 MIO.

Übernachtungen gibt es jährlich
an der Schleswig-
Holsteinischen Nordseeküste

MIT 10 EINWOHNERN

ist die Hallig Gröde die
kleinste Gemeinde der Westküste

6000

Megawatt ist die Gesamtleistung aller
Windräder und Solaranlagen
an der Westküste, das entspricht etwa
4 Mio. Wasserkochern

RUND 90 MIO.

Kohlköpfe werden jährlich in
Dithmarschen angebaut.
120 000 Tonnen, rund die Hälfte
davon, werden für die
kalte Jahreszeit eingelagert

CA. 200 000

Schafe leben und arbeiten
an den Deichen, durch
ihren Tritt festigen sie den Boden

Am Husumer Binnenhafen kann man schön flanieren und das Gezeitenspiel beobachten

Knicks, also Wallhecken, mit dem Wind wehen, entfaltet sich der Charme des Binnenlandes. Im Süden schlängelt sich der Fluss Treene durch eine wilde Landschaft und zartes Hügelland. Eiderstedt verfügt über viele kleine charmante Dörfer, wo Traditionen und Ursprünglichkeit wertgeschätzt werden. Und Dithmarschen ist Europas größtes Kohlanbaugebiet. Hinter dem Deich ziehen sich dort die landwirtschaftlichen Felder weit bis ins Binnenland, begrenzt durch den Nord-Ostsee-Kanal im Süden.

Einzigartige Halligen und Inseln

Einzigartig auf der Welt sind die zehn noch verbliebenen Halligen, die der Küste vorgelagert sind. Auf einigen leben Menschen auf sogenannten Warften, aufgeschütteten Erdhügeln. Das Salzwiesenland der Halligen wird mehrmals im Jahr über-

flutet. Das Land unter, wie man es nennt, ist auch der Grund, warum Halligen keine Inseln sind. Bei derben Wetterverhältnissen, schauen nur noch die Häuser aus dem Meer. Und dann gibt es noch die Inseln Sylt, Föhr, Amrum und Pellworm – die Region ist wirklich reich beschenkt an einzigartigen Landschaften. Pellworm ist eine Marschinsel, liegt sogar teilweise unter dem Meeresspiegel und ist komplett eingedeicht. Föhr ist die bevölkerungsreichste Insel Deutschlands ohne Landverbindung. Die bekannte Insel Sylt ist mit seiner atemberaubenden Natur nicht nur bei Reichen beliebt. Und Amrum mit dem größten Strand Europas und einer einzigartigen Dünenlandschaft vor allem bei Ruhesuchenden.

Die Städte der Region

Wie die Landschaft könnten auch die Städte Husum, Meldorf, Brunsbüttel oder Niebüll kaum unterschiedlicher sein. Sie alle blicken auf eine lange Geschichte zurück, die entdeckt werden möchte. Vor allem Husum mit seinem historischen Hafen in der Innenstadt und den bunten Häusern ist bekannt. Der berühmteste Sohn ist der Dichter Theodor Storm, dessen Liebe zur Region unter anderem in der Novelle „Der Schimmelreiter" deutlich wird.

Weltnaturerbe Wattenmeer

Die Landschaft wäre jedoch nichts ohne das Wattenmeer. Das Weltnaturerbe, das 2009 von der UNESCO ausgezeichnet wurde, ist in seiner Bedeutung nicht zu unterschätzen. Es ist sozusagen der Eiffelturm der Region, dessen Schönheit erst beim zweiten Blick oder genauerer Betrachtung deutlich wird. Die bewegte Landschaft wird von den Gezeiten Ebbe und Flut dominiert und gleichzeitig am Leben gehalten. Für zahlreiche Lebewesen bedeutet sie einen reich gedeckten Tisch. Sie verändert sich immer wieder aufs Neue, wird immer wieder neu vom Wasser geformt. Plötzlich bilden sich Sandbänke, Salzwiesen wachsen heran oder Priele verändern sich. Die stetigen Verän-

SPICKZETTEL PLATTDEUTSCH

Hallo!/Auf Wiedersehen!
Moin!/Taching!/Dach ok!/Up Wedderseihn!
Guten Tag!   Gauden Dag!
Tschüß!   Adschüß!/ Tschüßing!
gut/schlecht   gaud/slicht
Ja/Nein/vielleicht   Jo/Nee/villicht
Smartphone, Handy
Handklönkasten, Ackerschnacker,
plaudern   klönen
reden   schnacken
Zuhause   Tohuus
gemütlich   komodig
schlechtes Wetter   Schietweer
Fischbrötchen   Dat Fischrundstück
Baguette   Dat Stangenwittbrot
Apotheke   De Afteik/Apteik

derungen machen das Wattenmeer so spannend und geben ihm das Prädikat einer letzten Wildnis Mitteleuropas in einem dicht bevölkerten Gebiet.

Die Locals

Es stimmt schon: Die Menschen, die an der Westküste Schleswig-Holsteins leben, sind ziemlich wortkarg. Mehr als ein „Moin" braucht es oft nicht und so manch einer bekommt selbst das nur gemurmelt über die Lippen. Sie sind bekannt dafür, anpacken zu können und einfach zu machen. Ein Handschlag gilt vielerorts noch als Vertragsabschluss. Sie haben ein großes Herz, sind hilfsbereit und lassen sich selten aus der Ruhe bringen. Mit viel Schweiß haben sie dem Meer Land abgerungen und leben seither mit den Gefahren, die Sturmfluten mit sich bringen können. Zusammenhalt ist wichtig, nicht nur in schlechten Zeiten. Ihre Deiche lieben sie ebenso wie das Wattenmeer und die langen Strände. Und dass sie leben, wo andere Urlaub machen, wissen sie zu schätzen.

Viele Schutzgebiete wie hier am Gotteskoog-See bei Niebüll sind mit Wanderwegen erschlossen

Das Schutzgebiet auf der Hallig Nordstrandischmoor ist ein wichtiger Rast- und Brutplatz für viele Seevögel

Die Tier- und Pflanzenwelt an der Nordseeküste ist geprägt von Überlebenskünstlern und Himmelstürmern. Sie müssen vielerorts mit starken Winden und Salzwasser klarkommen und erst im geschützten Hinterland zeigt sich üppiges Grün und tierische Gelassenheit.

Tiere

Grasende Schafe am Deich gehören ebenso zum gewohnten Nordseeküstenbild wie Möwen, die schreiend übers Meer fliegen. Zunehmend gehört auch die invasive Apfelrose zum Landschaftsbild, die im Sommer einen süßlichen Duft versprüht. Es gibt aber noch so viel mehr zu entdecken, denn das Wattenmeer zieht eine Fülle an Tieren an und gibt zahlreichen Pflanzen einen einzigartigen Lebensraum. Zwischen April und November sind die Deiche an der Nordseeküste fest besiedelt von zig Tausenden Küstenschützern: den Schafen. Sie treten mit ihren Hufen die Erde fest und geben Hasen und Mäusen keine Chance sich einzunisten. Die Löcher würden

für Instabilität sorgen, da sie bei Sturmfluten vom Wasser ausgehöhlt werden könnten und dann die Deiche nicht mehr sicher wären. Wenn dann im Frühling noch die unzähligen kleinen Lämmchen dazukommen, steht man im größten tierischen Kindergarten und kann sich über das muntere Treiben allerorts erfreuen. Übrigens: Sieht man ein Schaf auf dem Rücken liegen, ist schnelles Eingreifen nötig, da das Schaf wegen dem dicken Fell nicht mehr von allein aufstehen kann und relativ schnell stirbt. ==Insider-Tipp== Siehst du ein Schaf auf dem Rücken liegen, spring über den Zaun, greife kräftig ins dicke Fell und dreh das Schaf von dir weg. Dann springt es meist schon auf und kann sich von dem Schock erst mal erholen. Schafeschubsen ist also pure Lebensrettung.

Das Wattenmeer ist Heimat der unterschiedlichsten Bewohner. Kegelrobbe und Seehund sind die größten Raubtiere Deutschlands, denen man niemals zu nahe kommen sollte. Vor allem nicht, wenn sie irgendwo an Land liegen. 200 bis 300 Meter Abstand

Silbermöwe Sie lieben Fischbrötchen, klauen auch gern mal eins aus der Hand. Das Geschrei der Raubvögel ist überall an der Küste zu hören. Mit einer Größe von bis zu 60 Zentimetern sind sie Großmöwen und am gelben Schnabel zu erkennen. Nicht füttern!

6 TYPISCHE TIERE

Schafe Sie gehören zum perfekten Nordseebild einfach dazu: Schafe sieht man von April bis November überall an den Deichen und im Hinterland – und zur Lammzeit im Frühjahr ist ganz schön was los.

Seehund Manchmal erspäht man einen Seehund in Küstennähe, meistens halten sie sich weiter draußen im Meer auf und können auf Ausflugsfahrten von Weitem beobachtet werden. Sie können locker 100 Kilogramm schwer werden und sind das bekannteste Säugetier der Nordsee.

Wattwurm Die allseits bekannten Spaghettihäufchen auf der Wattoberfläche hat der Wattwurm gemacht. Er schichtet in einem Jahr um die 25 Kilogramm Sand um und ist daher ein wichtiger Teil des Ökosystems Wattenmeer. Er lebt gut 20 Zentimeter unterhalb der Wattfläche.

Nonnengans Sie wird auch Weißwangengans genannt und ist regelmäßig in den Wintermonaten zu Gast in der Region. Die Gänse sind immer in großen Gruppen unterwegs und dabei nicht zu überhören. Zum Leidwesen der Landwirte fressen sie gerne den Winterweizen von den Feldern, dürfen aber nicht gejagt werden.

Seeadler Der König der Lüfte ist zurück. Seit einigen Jahren nimmt die Population des Seeadlers stetig zu. Das Wappentier Deutschlands kann eine Flügelbreite von bis zu 2,50 Metern haben und ist ganzjährig an der Nordseeküste zu beobachten.

Strandhafer Die schönsten Urlaubsbilder sind die mit Dünen und Strandhafer im Sonnenuntergang. Die Pflanze leistet einen wichtigen Beitrag gegen Sandflug, der früher ganze Dörfer vernichtet hat. Außerdem festigt er die Dünen, die so Überflutungen standhalten können.

7 TYPISCHE PFLANZEN

Weißdorn Der dornige Strauch wird zwischen drei und fünf Metern hoch und wächst meist an Knicks, Wallhecken am Feld. Er hat wundervolle weiße Blüten und nicht essbare Früchte, die für die Vögel aber eine leckere Mahlzeit darstellen.

Strandflieder Hat mit dem Flieder nur die Farbe gemeinsam und verfügt über ein kompliziertes Drüsensystem, mit dem er in den Salzwiesen prächtig gedeihen kann. Er ist erst durch Renaturierung und Naturschutz wieder häufiger zu sehen, vor allem auf den Halligen, die sich zur Blüte im August in ein lilafarbenes Meer verwandeln.

Apfelrose Auch als Sylter Rose oder Kartoffelrose bekannt, stammt sie eigentlich aus Ostasien. Sie ist heute nicht mehr von der Nordseeküste wegzudenken. Der liebliche Duft überströmt ganze Regionen, wenn sie im Juni erstmalig blüht.

Queller Die einjährigen Salzpflanzen in den Salzwiesen quellen mit der Zeit auf und verfärben sich zur Blüte im Herbst rot. Die winzigen Samen dienen vielen Vögeln als Kraftfutter. Queller wird mittlerweile gezüchtet und als Meeresspargel in Delikatessenläden verkauft.

Schwarzer Holunder Wird auch Fliederbeere genannt und wächst im Hinterland häufig in den typischen Knicks. Die Beeren werden in der regionalen Küche verwendet, unter anderem in Fliederbeersuppe.

Schilf Wo Schilf sich im Wind wiegt, ist Wasser, zumindest aber mooriges Gebiet oder Feuchtwiesen. Bis zu vier Meter hoch können die Pflanzen werden, die zur Familie der Gräser gehören. An einigen Orten wird Schilf noch zur Reeteindeckung geerntet.

sind wichtig, auch wenn der Nachwuchs alleine rumliegt. Die Mutter ist dann meist nur unterwegs, um Essen zu besorgen. Ist man unsicher, kann man die Polizei anrufen oder in der örtlichen Tourist-Information Bescheid geben, die dann den Seehundjäger informieren. Der kann am besten abschätzen, ob dem Tier geholfen werden muss oder ob es nur chillig im Watt oder am Strand liegt und wartet.

Vögel gibt es überall und in großer Anzahl. Es ist neben der einzigartigen Natur auch der Schatz der Region, dass unzählige Vögel das Wattenmeer als Rastplatz auf dem Weg in ihre Brut- oder Winterquartiere nutzen. Aber auch außerhalb der Vogelzugzeit im Frühjahr und Herbst leben viele einzigartige gefiederte Tiere in der Region. Unter anderem hat sich auch der Seeadler wieder ausgebreitet, der in den Salzwiesen oder im Hinterland ein enormes Nahrungsangebot vorfindet. ==Insider-Tipp== ==Sieht man große Vogelschwärme auffliegen, ist meistens der Adler nicht fern, der weit oben am Himmel seine Kreise zieht.== Das deutsche Wappentier kann immerhin eine Flügelspannweite von bis zu 2,50 Metern haben. Ansonsten leben im Hinterland Feldhasen, Füchse, Rehe, Marder, Marderhunde und zahlreiche Fasane. Die typischen Gartenvögel wie Meise, Amsel und Spatz finden in den Knicks, den Wallhecken, Lebensräume und sind auch häufig anzutreffen.

Pflanzen

Vor allem die Pflanzen in den Salzwiesen, die den Übergang zwischen Meer und Deich bilden, benötigen Methoden, um zu überleben. Immerhin werden sie in einigen Bereichen regelmäßig vom Salzwasser überflutet, was sie dazu gebracht hat, verschiedene Filter zu entwickeln. Der Queller reguliert die Salzaufnahme und quillt dadurch auf, die Strandaster speichert das Salz in alten Blättern und wirft die dann ab und der Strandflieder scheidet es über Salzdrüsen wieder aus. Auch wenn die Salzwiesen von Weitem nicht den Charme einer frühlingshaf-

Neben Schafen zählen auch Kühe zum typischen Landschaftsbild Nordfrieslands

ten Alpenwiese haben, sind sie doch der Lebensraum unzähliger wichtiger Insekten und Pflanzen. Und auch in den Salzwiesen können die Jahreszeiten wunderbar beobachtet werden. Der Queller färbt sich im Herbst rot und im Sommer zur Strandfliederblüte leuchtet alles lila. Die Salzwiesen sind streng geschützt und sollten – schon allein aus Sicherheitsgründen, um nicht in Priele oder tiefen Schlick zu gelangen – nur auf den ausgeschilderten Pfaden und Bohlenwegen betreten werden.

Vorsicht bei diesen Pflanzen & Tieren

In den Salzwiesen sollten Kräuter nur bei Kenntnis probiert werden. **Grasnelken** sind giftig und können Kühe zum Umfallen bringen. Bei **Bärenklau** und **Jakobskreuzkraut**, das sogar auf Sylt am Straßenrand wächst, ist Vorsicht geboten. **Seehunde** und **Kegelrobben** sind die größten Raubtiere Deutschlands, auch der niedliche Nachwuchs verfügt über viel Kraft. **Möwen** sollten nicht gefüttert werden, sie können leicht aggressiv werden.

Auch im Winter hat die Landschaft ihren Reiz und wirkt oft mystisch – wie hier am Beltringharder Koog

Eins kann man ziemlich sicher sagen: Schneien wird es im Sommer nicht, die Skisocken können also zu Hause bleiben. Sonst können alle Jahreszeiten auch an einem Tag vorkommen. Sonnenschein und milde Temperaturen im Winter, Stürme und Nebel im Sommer oder lauschige Abende im Oktober. An der Nordsee sollte man immer auf jedes Wetter eingestellt sein. Das Gute ist jedoch, dass es selten tagelang durchregnet, sondern zwischendurch immer mal wieder Lichtblicke gibt.

MONAT FÜR MONAT
Januar – Kaminwetter
Der Januar ist der schmuddeligste Monat an der Nordseeküste. Winterstürme wechseln sich mit trüben und nebligen Tagen ab, die Landschaft ist eh schon nass und die Tage sind ziemlich kurz. Während die Sonne erst gegen halb neun aufgeht, verabschiedet sie sich um halb fünf schon wieder und läutet die gemütliche Zeit vor Ofen oder Kamin ein.

Februar – eine windige Sache
Kalte Ostwinde sind im Februar keine Seltenheit. Falls mal ein paar Schneeflöckchen fallen, gibt es schnell Schneeverwehungen, die zu Winterchaos führen können. Dazu verwandeln die Winde feuchte Straßen auch mal in Eisbahnen, auf den gefrorenen Feldern laufen die Kids Schlittschuh, da das Hinterland bei starkem Wind nicht entwässert werden kann. Kommt die Sonne raus, können wundervolle Eisformationen auf dem Wattenmeer bewundert werden.

März – die Natur erwacht
Im März sind die Tage deutlich länger, es kann auch erste wärmere Tage geben, wobei das Thermometer selten über zehn bis zwölf Grad klettert. Auch die Winde sind immer noch kalt, selten T-Shirt-Wetter, aber ein Hauch von Frühling hängt in der Luft. Regen und Morgennebel sind nicht selten. Die ersten Frühlingsblüher recken ihre Hälse aus dem Boden, wenn er frostfrei ist, und die Landwirte nehmen die Arbeit auf den Feldern langsam wieder auf.

FRÜHLING
Nebel, Sonne und Regen

Der Wind pustet den Morgennebel weg.

Endlich sind erste Radtouren entlang von Rapsfeldern und am Deich möglich.

Zwiebellook mit Regenjacke bietet sich an, dazu noch ein leichter Schal und Handschuhe.

SOMMER
Selten zu heiß

Nachts ist es angenehm kühl, tagsüber durch stetigen Wind nie zu heiß.

Die perfekte Zeit für Strand- und Wassersport, fürs Wandern und Radfahren.

Alles wird gebraucht: Regenjacke und lange Hose, Badeanzug und luftige Kleidung dazu Kopfbedeckung und Sonnenbrille.

DIE JAHRESZEITEN

WINTER
Eisige Winde und kurze Tage

HERBST
Stürmisch und nass

An Sonnentagen ist die Luft sehr klar.

Eine gute Zeit für lange Strandspaziergänge, um sich richtig durchpusten zu lassen.

Schön ist das bunte Herbstlaub, aber der Himmel bleibt immer häufiger grau.

Lange Waldspaziergänge und Vogelbeobachtungen sind jetzt angesagt.

Am besten mehrere Schichten übereinander ziehen und Regenkleidung nicht vergessen.

Dicke Mütze und Schal gegen eisigen Wind, wattierte Kleidung, dazu warme Handschuhe und dicke Socken.

Drinnen wird es hyggelig, draußen locken Herbst-spaziergänge, z. B. im Langenberger Forst

April – der Frühling kommt

Zwar kommt der Frühling schon mit großen Schritten, der Wind kann aber gefühlt die Temperatur deutlich nach unten schrauben. Die ersten Hartgesottenen gehen wieder regelmäßig in der Nordsee schwimmen. Das Meer hat jetzt Temperaturen um maximal zwölf Grad und auch die Sonne hat deutlich mehr Kraft. In windstillen Ecken kann sogar damit gerechnet werden, mal die Jacke auszuziehen, und barfuß im Watt laufen geht auch meisten wieder.

Mai – die Outdoor-Saison beginnt

Im Wonnemonat Mai ist der Frühling angekommen. Der Raps blüht und tut einiges dafür, dass die Region eine sonnige Ausstrahlung bekommt. Die Gärten der Reetdachhäuschen werden zurechtgemacht und Lämmer besiedeln die Deiche. Die Draußen-Saison startet jetzt. Neben Radfahren und Wandern lohnen schon längere Ausflüge mit Kanu, Kajak oder SUP. Es kann leicht 15 bis 18 Grad warm werden und auch die Nordsee hat regelmäßig zweistellige Temperaturen.

Juni – die Badezeit fängt an

Der Juni gilt als einer der schönsten Monate an der Nordseeküste. Am 21. Juni feiert man den längsten Tag des Jahres, die Sonne geht vor 5 Uhr morgens auf und erst nach 22 Uhr wieder unter. Richtig dunkel wird es dann aber nicht. Die Winde werden wärmer, die Regentage weniger. Hier und da tröpfelt es mal, dafür blühen die Strand- und Apfelrosen überall. Jetzt ist alles an Draußen-Aktivitäten möglich. In feuchten Salzwiesen kommen auch mal Mücken vor.

Juli – endlich richtig warm

Der Sommermonat Juli ist auch im Norden warm, beste Voraussetzungen für lange Tage am und im Wasser, gekrönt von wundervollen Sonnenuntergängen und Beachpartys. Selbst wenn es regnet, was vorkommen kann, ist das meist nur von kurzer Dauer. Die Tage sind noch immer schön lang, ausgedehnte Touren sind locker möglich. Nachts sinken die Temperaturen und sorgen für erholsamen Schlaf.

August – der Sommer ist da

Der August ist der wärmste Monat, das Wasser hat regelmäßig um die 20 Grad. Der Boden hat sich erwärmt und die Nächte sind sommerlich. Aber auch die Regentage nehmen zu. Die Sonne geht erst nach 21 Uhr unter, genügend Zeit, den Sommer draußen zu genießen. Vor allem Wassersport wie Windsurfing oder SUP hat jetzt Hochsaison. Das Reiten an den Stränden ist abends ein absolutes Highlight.

September – gut zum Radeln

Der Spätsommer kann wundervoll sein, aber es gibt erste herbstliche Anzeichen. Die Regentage überwiegen und das Meer hat etwas abgekühlt. Selten regnet es den ganzen Tag, sonnenreiche Abschnitte gibt es genügend. Es ist die beste Jahreszeit, auf lange Radtouren zu gehen oder Ausflüge auf die Inseln zu machen. Es ist noch alles geöffnet, aber die Gemütlichkeit setzt sich nach dem Sommer wieder durch.

Oktober - der Herbst beginnt

Goldener Oktober oder Frühherbst, beides ist möglich. Die Salzwiesen verfärben sich herbstlich und auch die Wälder tragen langsam Herbstlaub. Die Tage sind kürzer, Gemütlichkeit stellt sich ein. Dafür werden die Winde stärker und sorgen vielleicht für erste Sturmfluten, das freut die Windsurfer, die gewagt über die Wellen springen und jetzt beste Bedingungen haben. Die Tagestemperaturen klettern selten über 14 Grad, in einer windstillen Sonnenecke ist das aber noch gut auszuhalten.

November - stürmisch wird's

Im November wird's dann meistens ziemlich grau. Grauer Himmel, Nebel und Regen, dazu die ersten richtigen Stürme. Wenn die Sonne scheint, ist ein langer Waldspaziergang lohnend, wenn denn die bunten Blätter noch an den Bäumen hängen und nicht vom Sturm abgerissen wurden. Jetzt fängt die hyggelige Zeit an, lange Abende vor dem Kamin, denn die Sonne geht schon wieder gegen halb fünf unter. Die Deiche sind leer und laden an stürmischen Tagen zu langen Spaziergängen ein, man wird dabei richtig durchgepustet.

Dezember - eisige Winde

Der Dezember unterscheidet sich wenig von den Monaten vorher und danach. Schnee kann fallen, ist aber eher selten an der Nordseeküste. Dafür ziehen eisige Winde auf, die beste Zeit, sich dick einzumummeln, wenn es nach draußen geht. Häufig ist es nebelig und auf Eiderstedt oder in den meernahen Kögen kann das auch den ganzen Tag so bleiben. Am kürzesten Tag des Jahres, dem 21. Dezember, geht die Sonne schon gegen 16 Uhr am Horizont unter. Aber auch dieser Monat hat seinen eigenen Charme.

WETTER IN ST. PETER-ORDING

■ Hauptsaison
▨ Nebensaison

	JAN.	FEB.	MÄRZ	APRIL	MAI	JUNI	JULI	AUG.	SEPT.	OKT.	NOV.	DEZ.
Tagestemperaturen	2°	3°	6°	10°	15°	18°	19°	20°	17°	13°	8°	4°
Nachttemperaturen	-2°	-2°	0°	3°	7°	11°	13°	13°	11°	7°	3°	0°
☀ Sonnenschein Stunden/Tag	1	2	4	6	8	8	7	7	5	3	2	1
🌂 Niederschlag Tage/Monat	12	8	8	9	8	8	11	12	12	12	14	13
≈ Wassertemperatur in °C	1°	1°	3°	7°	12°	16°	18°	18°	15°	11°	6°	3°

☀ Sonnenschein Stunden/Tag   🌂 Niederschlag Tage/Monat   ≈ Wassertemperatur in °C

Die Region ist mit dem Rad bestens zu erkunden, aber der Wind kommt sicher auch mal von vorn – ein Extra-Workout

Die Nordseeküste ist abwechslungsreich und für unterschiedliche Aktivitäten bekannt. Neben zahlreichen Wassersportmöglichkeiten und chilligen Sessions im Strandkorb eignet sich die Region bestens für Radtouren und ausgedehnte Spaziergänge. Wattwanderungen stehen ebenso hoch im Kurs wie das Beobachten von Vögeln, die hier zu Millionen auf ihrem Weg in die Brutgebiete Rast machen. Die langen verkehrsarmen Nebenstraßen eignen sich zum Inline-Skating und die Kanäle zum Stand-up-Paddling und Kanufahren.

Radfahren

Mehr als 2000 Kilometer ausgeschilderte Radwege gibt es an der Schleswig-Holsteinischen Westküste und auf den Inseln. Eine perfekte Region, um sie mit dem Drahtesel zu erkunden. Dabei ist es gar nicht immer so platt wie man vermutet. Vor allem das Hinterland ist sogar etwas hügelig. Nicht zu unterschätzen ist der Wind, der einmal am Tag mit Sicherheit von vorne kommt. **Insider-Tipp** Im nördlichen Nordfriesland gibt es verschiedene Erlebnisradrouten unterschiedlicher Länge, die gut beschildert sind und zu denen es in den Tourist-Informationen auch eine kostenlose Landkarte mit Informationen gibt. Und dann ist da ja auch noch der Nordseeküstenradweg, der längste beschilderte Radweg der Welt.

Windsurfing und anderer Wassersport

Sylt gilt als Wiege des Windsurfings in Deutschland und ist bis heute ein beliebtes Surfrevier. Es ist also nicht verwunderlich, dass es dort viele Strandabschnitte mit guten Wellen für Anfänger und Fortgeschrittene gibt. Auch die Inseln Föhr und Amrum verfügen über Wassersportschulen und auf dem Festland sei vor allem St. Peter-Ording mit seinem langen Strandabschnitt genannt. Am Meldorfer Hafen gibt es ein prima Surfrevier, hier kann man auch tideunabhängig aufs Wasser, wenn der Wind stimmt, ebenso in der Büsumer Perlebucht.

Gerade das Hinterland mit seinen Kanälen und Seen ist wie gemacht für Paddel-Ausflüge

Das Fernglas nicht vergessen, selbst Seeadler können auf Touren immer wieder gesichtet werden

Vögel beobachten

Das große Pfund der Region ist der Besuch von Millionen von Zugvögeln, die jährlich im Frühjahr und Herbst hier Rast machen. Vielerorts gibt es ausgezeichnete Vogelbeobachtungshütten, Führungen und Informationen rund um das Thema Vogelzug. Dazu kommt der Tanz der Stare, der zur selben Zeit stattfindet und ein begeistertes Publikum von überall her anzieht. Auch abseits der Zugwochen sind im Wattenmeergebiet viele seltene Vögel zu sehen, wie der Seeadler, der mittlerweile wieder mit einigen Paaren in der Region angesiedelt ist.

Naturschutzgebiete und Erlebnisräume

Auch abseits vom Meer gibt es im Hinterland viele Naturräume zu entdecken. Naturlehrpfade führen durch Moore und Waldgebiete, über Binnendünen und durch Salzwiesen und Heidegebiete. An Parkplätzen und Tourist-Infos findet man häufig Karten zu den ausgeschilderten Routen.

Stand-up-Paddling, Kajak- und Kanufahren

Das Entwässerungssystem im Hinterland blieb lange unbeobachtet, dabei eignen sich viele Abschnitte perfekt, um auf den Kanälen ausgedehnte Kanu- und Kajaktouren zu unternehmen oder um auf ruhigem Gewässer sein SUP zu besteigen. Auf Flüssen wie Eider und Treene kann man wunderbar Wasserwandern und viele Seen wie der Bottschlotter See oder das Miele Speicherbecken können vom Wasser aus entdeckt werden.

(Watt-)Wandern

Wattwanderungen werden überall an der Küste sowie auf den Inseln und Halligen angeboten. Zertifizierte Guides bieten unterschiedliche Touren an, da finden alle eine passende Unternehmung: Nachtwanderungen, Fackeltouren, Spaziergänge mit Kind oder Hund, stille Touren und anspruchsvolle Touren, die durch tiefes Watt und mehr als zehn Kilometer weit führen. Wer lieber festen Boden unter den Füßen hat, kann auch abseits vom Wattenmeer ausgedehnte Wanderungen unternehmen. Meistens sind diese sehr gut beschildert. Bekannt sind die Wanderungen durch den Langenberger Forst, durchs Katinger Watt oder den Dithmarscher Riesewohld. Freunde des besinnlichen Wanderns können sich auch auf den Dithmarscher Jakobsweg aufmachen.

MARCO POLO OUTDOOR-KNIGGE

Sei freundlich und hilfsbereit

Ein Lächeln und ein freundlicher Gruß kosten nichts. Wenn andere in Schwierigkeiten sind, biete ihnen deine Hilfe an, sei es bei der Orientierung, mit einem Pflaster oder dem Fahrradwerkzeug.

Lass dir Zeit

Lass Hektik und Stress zu Hause, wenn du in die Natur reist. Spüre ihren Rhythmus, lass dir Zeit und nimm die Landschaft mit allen Sinnen wahr.

Bleib auf festen Wegen

Auch wenn Abstecher ins Wilde locken, diese Welt gehört den Tieren und Pflanzen – sei ein guter Gast und bleib auf deinem Pfad.

Sei leise

Das tut dir und allen um dich herum gut: einfach mal das Handy stumm schalten und leise sprechen. Plötzlich sind die Geräusche der Natur ganz nah und du kommst selbst zur Ruhe.

Bleib wachsam

Rüste dich gut aus und hab immer ein Auge auf Wetter und Gelände. Sonst bringst du nicht nur dich selbst in Gefahr, sondern auch die Retter, die dir im Notfall zu Hilfe eilen.

Nimm nur Erinnerungen mit

Widersteh der Verlockung, Pflanzen, Steine oder sogar Tiere einzufangen und mitzunehmen. Sie gehören hierher, also nimm nur ein Foto für deine Erinnerungen mit.

Hinterlasse nur Fußspuren

Ob Taschentuch, Brottüte oder Bananenschale – hinterlasse keine Abfälle. Das, was andere liegen gelassen haben, kannst du mitnehmen und im nächsten Mülleimer entsorgen. So lässt du die Natur sauberer zurück, als du sie vorgefunden hast.

Mach dich schlau

Neben „Benimmregeln" gibt es auch Gesetze, an die du dich halten musst, etwa in Naturschutzgebieten. Bereite dich auf deinen Trip vor, so lernst du auch etwas über die Menschen, die an deinem Reiseziel leben.

Baden

Die Badezeiten am Festland richten sich fast überall nach den Zeiten von Ebbe und Flut, außer in St. Peter-Ording mit seinem langen Sandstrand oder in der Büsumer Perlebucht. Auf den Inseln ist tidenunabhängiges Baden jederzeit möglich, allerdings nicht überall, da im Meer teilweise lebensgefährliche Strömungen vorherrschen. Für den Badespaß gibt es aber auch abseits der Nordsee genügend Möglichkeiten in Naturbädern, Hallen- und Freibädern. Strandkörbe stehen nicht nur an den Stränden, sondern auch am Deich. Vor allem im Sommer findet man sie an den meisten ausgewiesenen Badestellen an der ganzen Küste verteilt.

Kunst- und Kultur

Unter anderem in Niebüll, Tönning, Husum und Meldorf sind die Innenstädte zu Fuß auf unterschiedlichen Stadtrundgängen zu entdecken. Sie führen an bekannte oder weniger namhafte Orte und geben einen wunderbaren Überblick über die Geschichte der jeweiligen Stadt. Danach lässt sich dann noch ein Stadtbummel anschließen. Auf Föhr, und Sylt oder in Husum kann man auf eine künstlerische Schnitzeljagd gehen und kleine und große Freilichtmuseen wie der Steinzeitpark in Albersdorf oder das eisenzeitliche Kulissendorf am Stollberg verbinden Kultur mit Freizeit. Auch die Kirchen auf Eiderstedt können auf einer Radtour erkundet werden.

Das Watt ruft – und die Menschen kommen. Ohne Guide sollte man sich aber nicht auf eine längere Tour begeben

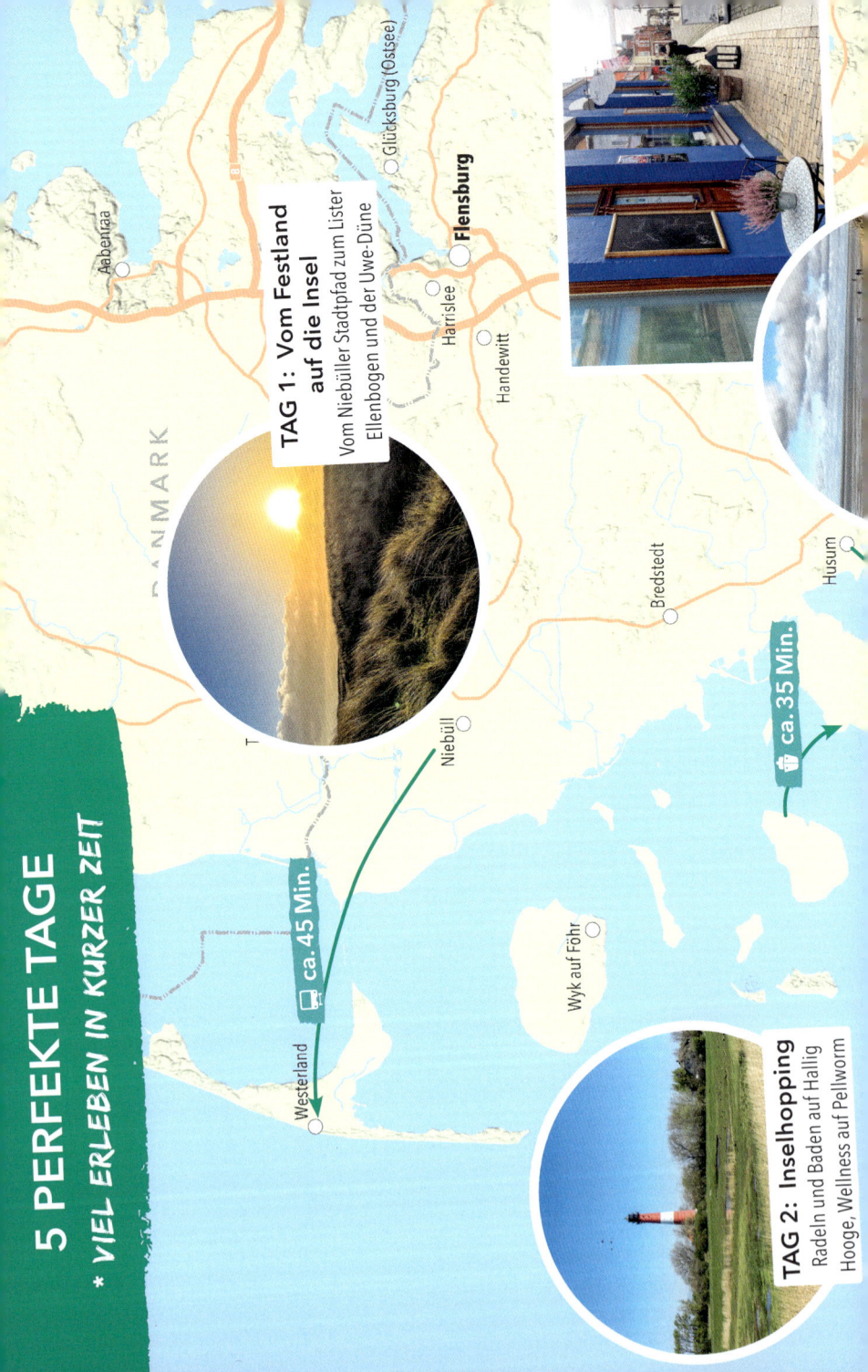

5 PERFEKTE TAGE
* VIEL ERLEBEN IN KURZER ZEIT

DANMARK

Aabenraa

Glücksburg (Ostsee)

Flensburg

Harrislee

Handewitt

TAG 1: Vom Festland auf die Insel
Vom Niebüller Stadtpfad zum Lister Ellenbogen und der Uwe-Düne

Niebüll

Bredstedt

Husum

🚌 ca. 45 Min.

🚂 ca. 35 Min.

Westerland

Wyk auf Föhr

TAG 2: Inselhopping
Radeln und Baden auf Hallig Hooge, Wellness auf Pellworm

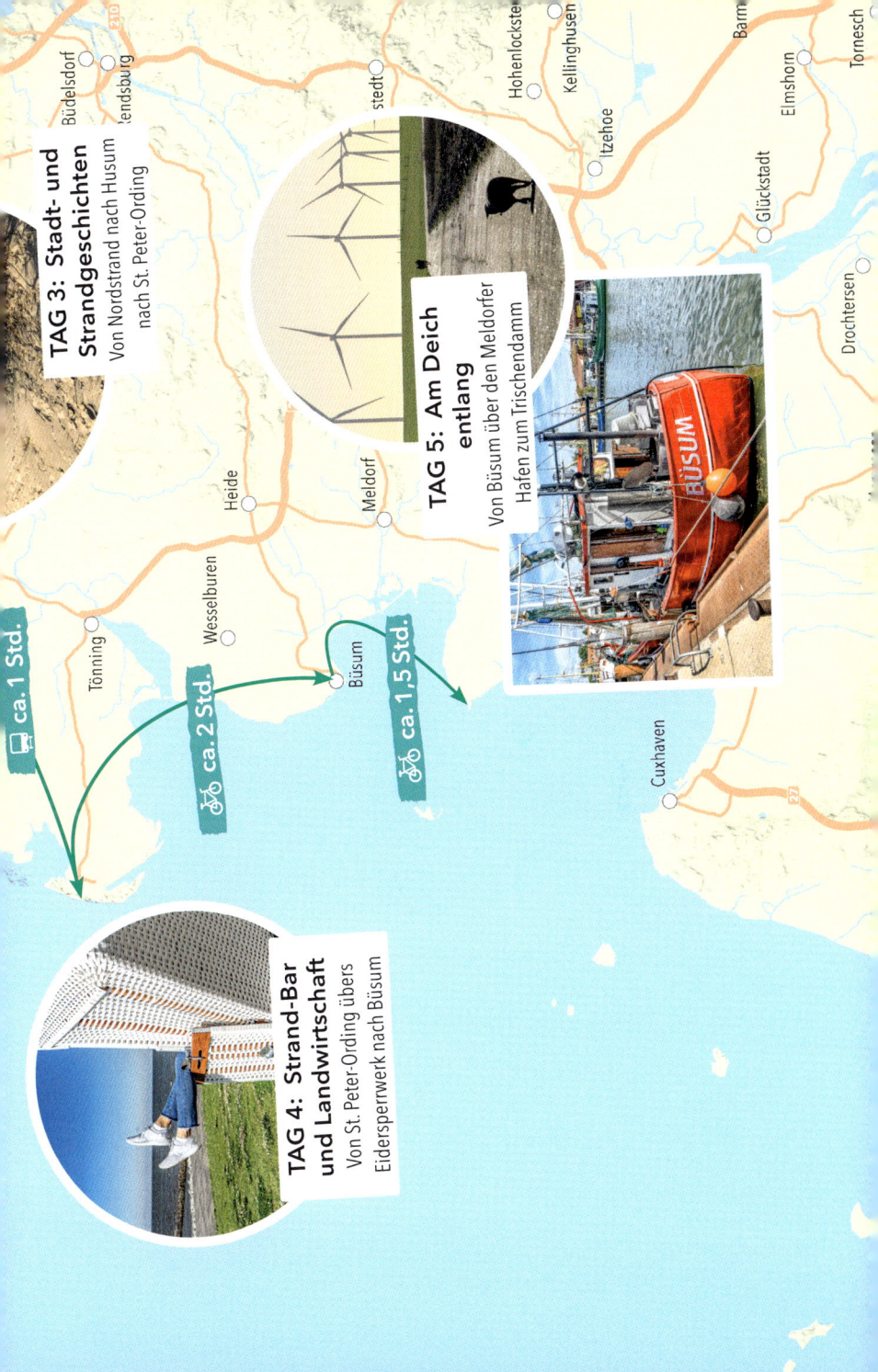

TAG 3: Stadt- und Strandgeschichten
Von Nordstrand nach Husum nach St. Peter-Ording

TAG 5: Am Deich entlang
Von Büsum über den Meldorfer Hafen zum Trischendamm

TAG 4: Strand-Bar und Landwirtschaft
Von St. Peter-Ording übers Eidersperrwerk nach Büsum

ca. 1 Std.

ca. 2 Std.

ca. 1,5 Std.

Büdelsdorf

endsburg

stedt

Hohenlockstel

Kellinghusen

Itzehoe

Elmshorn

Barm

Tornesch

Glückstadt

Drochtersen

Heide

Meldorf

Tönning

Wesselburen

Büsum

Cuxhaven

BÜSUM

*Die Kirchwarft auf Hallig Hooge mit der Kirche aus dem 17. Jh., dem Pfarr-
haus und Friedhof ist ein zentraler Versammlungsort für die Menschen hier*

Die fünf perfekten Tage in Nordfriesland sind abwechslungsreich und geben dir einen tollen Überblick über die Region der Nordseeküste. Am besten hast du dein Fahrrad dabei. Das macht das Herumreisen einfach, die Anreise ist bequem auch per Bahn möglich und es gibt dir unterwegs große Freiheiten.

TAG 1: VOM FESTLAND AUF DIE INSEL
Im Norden von Niebüll nach Sylt

• **Nach einer erholsamen Nacht im Niebüller Wasserturm erkundest du mit dem Rad die Innenstadt auf dem Stadtpfad.** An der Tourist-Info gegenüber dem Wasserturm gibt es einen Faltplan für die Route – und los geht's. Am Café Hugo kannst du unterwegs ausgiebig frühstücken. → S. 46

• **Von Niebüll geht's mit der Bahn auf die Insel Sylt, du willst den nördlichsten Punkt Deutschlands am Lister Ellenbogen sehen.** Dafür radelst du von Westerland auf dem Refill-Radweg Richtung Norden bis zum Ellenbogen. Dort spazierst du über den Strand bis zum nördlichsten Punkt Deutsch-lands. Der Rückweg erfolgt per Bus, die Fahrradmit-nahme ist unkompliziert möglich. → S. 82

• **Ein abendliches Highlight wartet noch auf dich, der Sonnenuntergang auf der Uwe-Düne.** Einche-cken für die Nacht kannst du im Hotel Berlin in Wen-ningstedt. Du gehst noch in der nahen Nordsee baden oder läufst zu Onkel Johnny's Strandwirtschaft, wo du zu Abend isst. Den Sonnenuntergang auf der Uwe-Dü-ne darfst du dir auf keinen Fall entgehen lassen. Ein Bus bringt dich schnell zurück zum Hotel. → S. 113

TAG 2: INSELHOPPING
Auf den Inseln und Halligen

• **Heute steht zunächst eine Radrundtour auf der Hallig Hooge an.** Nach einem leckeren Früh-stück führt dich der Radweg auf Sylt Richtung Süden nach Hörnum, wo du die Fähre nach Hallig Hooge nimmst. Dort klapperst du auf einer kleinen Rad-rundtour alles Sehenswertes ab, von der Kirche mit ihrem Sandboden bis zur Hanswarft. → S. 86

• **Über die Mittagszeit legst du einen Badestopp ein an der Westwarft auf Hooge.** Falls Ebbe und Flut es zulassen, hüpfe ins Meer. Sonst gibt es eine

SCHÖNER SCHLAFEN

Im Norden
• Im Wasserturm in Niebüll kann man mit grandiosem Ausblick über die Stadt wohnen. Das Hotel Insel Pension versorgt einen mit Frühstück und Wellnessangeboten *(inselpension.de/ferien wohnungen/wasserturm-niebuell, €€)*.

Auf den Inseln und Halligen
• Im Gasthaus Hilligenley auf der Hallig Langeneß gehört das Meeresrauschen zum Aufwachen. Man befindet sich mitten im Wattenmeer, näher kann man dem Weltnaturerbe kaum kommen *(hilligenley.de, €)*.

In der Mitte
• Vom Bett im Beach Motel in St. Peter-Ording kann man direkt auf den Sandstrand schauen oder am Abend den Sonnenuntergang vom Sofa aus genießen *(beachmotel-spo.de, €€)*.

Im Süden
• In einer Blockhütte des Forstguts Quellental kann man bei Odderade mitten im größten Wald Dithmarschens wohnen. Mit Ausblick auf alte Fischteiche und viel Stille *(quellental.de, €€)*.

Auf dem Weg zur Dockkoogspitze, die von Husum aus mit dem Rad zu erreichen ist

TAG 3: STADT- UND STRANDGESCHICHTEN
In der Mitte bei Husum

• **Am nächsten Morgen folgst du einem kurzen Teilstück des Nordseeküstenradwegs von Nordstrand nach Husum.** Vom Fähranleger auf Nordstrand radelst du nach Süden am Deich entlang auf dem ausgeschilderten Radweg bis zum Nordstrander Damm. Vor der Überfahrt liegt links der Hofladen Baumbach, wo du dich mit Souvenirs eindecken kannst. Du radelst noch ein paar Kilometer bis zum Husumer Dockkoog und der Innenstadt. → S. 50

• **Nun wirst du die Geschichte der Stadt Husum auf dem Kulturpfad entdecken.** Stell das Rad am besten am Marktplatz ab, hier bekommst du in der Tourist-Info einen Plan der Route. Falls du unterwegs Hunger bekommst, geh ins Künstlercafé Husum, wo es nachmittags leckere Kuchen gibt. → S. 136

• **Abends wirst du bei St. Peter-Ording ein doppeltes Leuchtfeuer sehen.** Vom Bahnhof in Husum nimmst du den Zug nach St. Peter-Ording. Dein Domizil im Beach Motel liegt direkt am Strand. Zum Abendessen gibt es im Böhler Landgang den besten Labskaus. Wie gut, dass der Böhler Leuchtturm auch gleich um die Ecke liegt, der ein toller Sundowner-Spot für ein Leuchtfeuer am Himmel ist. → S. 153

Schlammpackung. Bänke und eine Liegewiese laden zu einem Picknick ein. → S. 111

• **Deinen Abend wirst du mit einem Saunabesuch in der Pelle Welle auf Pellworm bestreiten.** Abends fährst du mit der Fähre nach Pellworm, wo unweit des Leuchtturms das Hotel MeerLand wartet. Hier kannst du auch sehr gut zu Abend essen. Bei einem kleinen Spaziergang probierst du vielleicht noch den Barfußpfad aus, der nur etwa 250 Meter vom Hotel entfernt liegt oder du gehst noch eine Runde in die Sauna der Pelle Welle. → S. 107, 109

TAG 4: STRAND-BAR UND LAND-WIRTSCHAFT
Von der Mitte nach Süden

* **Nach einer Nacht mit Meeresrauschen geht's an den Strand, um beim Kite-Surfen und Buggyfahren zuzusehen.** Vielleicht badest du in der Nordsee, bevor du dich in den Pfahlbauten an der Strandbar 54° Nord mit Fish and Chips stärkst, um dann mit dem Rad weiterzufahren. → S. 147, 148
* **Du radelst auf einem Teilstück des Nordseeküstenradwegs von St. Peter-Ording zum Eidersperrwerk.** Immer am Deich entlang kann nach gut 15 Kilometern der Ausblick vom Wehr über die Nordsee und ins Hinterland genossen werden. → S. 130
* **Vom Eidersperrwerk geht es weiter zum Kohlosseum in Wesselburen.** Unterwegs hältst du kurz am Koog-Café für Kaffee und Kuchen. Im Kohlosseum kann man Mitbringsel kaufen. Es gibt viele lokale Produkte rund um den Kohl, der hier in Dithmarschen überall angebaut wird. → S. 170
* **Das nächste Ziel sind Büsum und ein abendlicher Bummel durch den Museumshafen.** Durch Marschland radelst du nach Büsum, wo das Hotel Lighthouse am Meer auf dich wartet. Nach einem Streifzug durch den Museumshafen genießt du den Sonnenuntergang an der Westmole. → S. 168, 193

TAG 5: AM DEICH ENTLANG
Im Süden

* **Früh startest du am letzten Tag zum Wassersport-Hotspot Meldorfer Hafen.** Am Deich Richtung Süden radelst du am Fußballgolf vorbei bis zum Hafenbecken. Bei Stulle und Pulle musst du die Fischbrötchen probieren. Dann kannst du Wingfoil oder Stand-up-Paddling ausprobieren. → S. 181
* **Dreh eine kleine Runde am Naturschutzgebiet Kronenloch.** Du folgst der Deichstraße Richtung Landesinneres. Am Ende des Hafenbeckens rechts sind das Nationalparkhaus Wattwurm und die Vogelbeobachtungshütte einen Besuch wert, vielleicht siehst du sogar einen Seeadler. An der Badestelle Elpersbüttel kann man noch ins Meer hüpfen. → S. 180
* **Am Trischendamm bei Friedrichskoog kannst du dir bald die Beine vertreten.** Immer am Deich entlang siehst du ihn bald weit ins Meer hinaus ragen. Mit dem Bus geht's nach St. Michaelisdonn, wo du im Ringhotel Gardels traditionell zu Abend isst, bevor es mit der Bahn zurück geht. → S. 187

Im Museumshafen in Büsum kann man Schifffahrtsgeschichte hautnah erleben

SOUVENIRS & MITBRINGSEL

Ein Stück Nordseeküste mit nach Hause bringen – nichts leichter als das! Die Region bietet eine Fülle typischer und traditioneller Produkte fernab vom typischen Souvenir-Klimbim:

Deftiges

Lammprodukte sind aus der Region nicht wegzudenken und auch als Eingemachtes vielerorts zu kaufen. Ob als Gulasch, Frikadellen, Würstchen, Sauerfleisch oder Streichwurst, im Hofladen Baumbach auf Nordstrand, dem Nordfriesischen Lammkontor in Husum, im Alter August in St. Peter-Ording oder im Wischmanns Hofladen in Norderwöhrden gibt es ein großes Angebot.

Schietwetter-Tee

Teemischungen sind nicht nur zur kalten Jahreszeit was Feines im Norden und daher auch in vielen Varianten erhältlich. Die Zusammensetzung des Schietwetter-Tees variiert, hat aber häufig eine Anis-Fenchel-Note. Eine große Teeauswahl gibt es im Landladen Kühl bei Garding, im Sylter Teehaus Teekula, im Altes Friesisches Theehaus in Nieblum oder im Teespeicher Meldorf.

Marmelade

Erdbeermarmelade kennt jeder. Aber wie wär's mal mit den Geschmacksrichtungen Erdbeer-Lakritz, Rosengelee, Himbeer-Thymian oder Orange-Whisky? Die Glashoff's-Marmelade der Marmeladen Manufaktur Nordfriesland ist in vielen Geschäften erhältlich oder direkt in Stedesand. Eine besondere Auswahl hat auch die Sylter Marmeladen Manufaktur oder Fräulein Altbacken in ihrem Verkaufswagen in Koldenbüttel und ihrem Geschäft Grachtenfräulein in Friedrichstadt.

Getöpfertes

Schlichte Formen und Verzierungen, dafür aber kräftige Farben: das zeichnet die regionalen getöpferten Produkte aus. Zu erwerben sind sie auf Nordstrand bei der Süderhafen- oder Nordstrander Töpferei, in Bredstedt bei der Töpferei Küstentöne, bei Tonalto Keramik in Friedrichstadt, bei Dörte Tießen in Nordhastedt oder bei Miez & Maunz in Tönning.

Kohl

Hier geht's über Sauerkraut hinaus. In Dithmarschen wird Kohl auf die verschiedensten Arten haltbar gemacht. Neben Sauerkraut und Rotkohl gibt es auch überraschende Produkte wie Weißkohlsalbe, Krautsaft, Fruchtaufstriche aus Kohl oder würziges Kimchi. Eine große Auswahl gibt es in Wesselburen im Kohlosseum.

DIE REGIONEN IM ÜBERBLICK

*HIER IST FÜR JEDEN WAS DABEI

Norden → S. 36

Deich, Wattenmeer &
Vögel – für alle, die Ruhe und
Naturerlebnisse suchen

Inseln → S. 76

Beachpartys, Dünen & Salzwiesen – für Unternehmungs-
lustige und Entdecker:innen

Nordsee

Mitte → S. 116

Stadt, Strand & Flüsse –
für Kulturinteressierte
und Abenteurer:innen

Süden → S. 156

Weite, Kutter & Kultur – für
Familien und Genießer:innen

10 km
6.22 mi

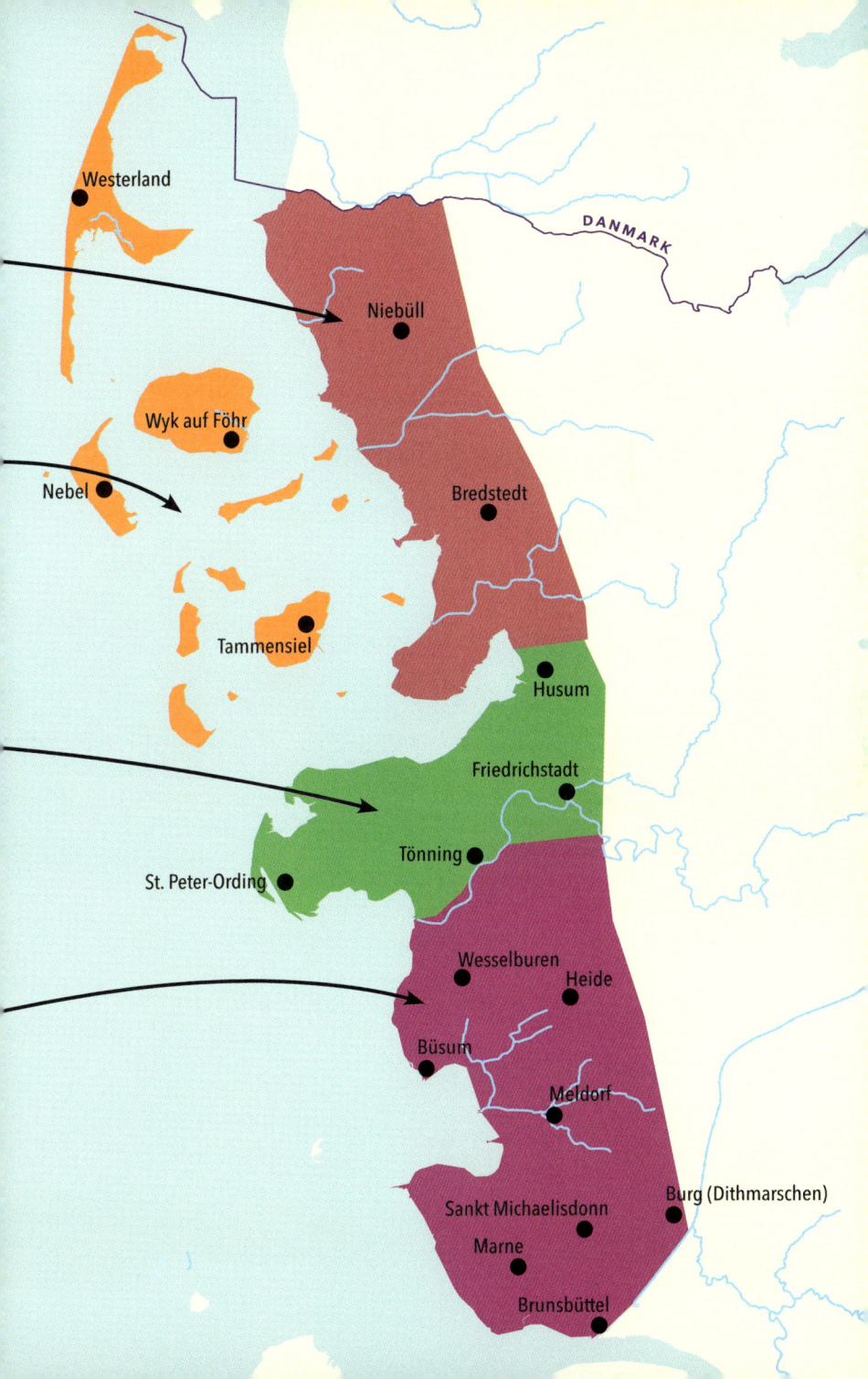

Westerland

Niebüll

Wyk auf Föhr

Nebel

Bredstedt

Tammensiel

Husum

Friedrichstadt

Tönning

St. Peter-Ording

Wesselburen

Heide

Büsum

Meldorf

Burg (Dithmarschen)

Sankt Michaelisdonn

Marne

Brunsbüttel

DANMARK

Im Hinterland der nördlichen Nordseeküste gibt es viele einsame Rad- und Wanderwege

Norden

NATUR PUR UND VIEL DEICH

Die nördliche Nordseeküste ist wie gemacht für Ruhesuchende und Naturliebhaber. Die Naturschutzgebiete sind groß und Vögel sieht man hier zu jeder Zeit. In den Beobachtungshütten ist man selbst vor Sturm und Regen geschützt. Es gibt eine lange Küstenlinie mit Deich und viele leere Wege im Hinterland, die zu langen Radtouren einladen. Im Frühling blüht der Raps und die Lämmer werden geboren – eine gute Zeit, um auf ausgedehnten Kanu- und SUP-Touren durch die Kanäle zu schippern. Im Sommer wird an Grünstränden oder in Naturbädern gebadet. Auch Wanderungen durch das größte Waldgebiet Nordfrieslands bieten sich an. Das Wattenmeer lässt sich auf einer Wattwanderung oder beim Deichspaziergang genießen.

AUF EINEN BLICK
*NORDEN

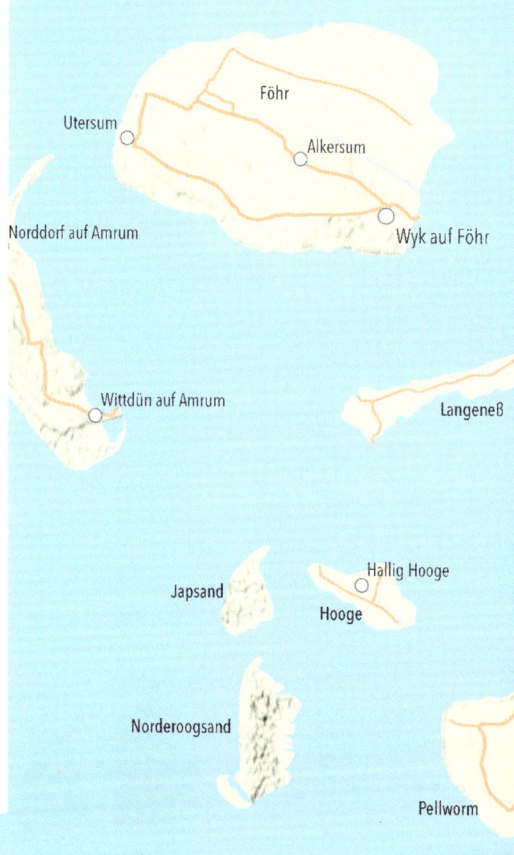

MARCO POLO
OUTDOOR-HIGHLIGHTS ★

★ **Die Hamburger Hallig erkunden**
Mit dem Rad über die Salzwiesen und den Schafsberg auf die Hamburger Hallig → S. 40

★ **Zu Deutschlands nördlichstem Festland-Punkt**
Eine idyllische Radtour durchs Vogelschutzgebiet bis zur dänischen Grenze → S. 42

★ **Vogelbeobachtung am Beltringharder Koog**
Einmal ums größte Naturschutzgebiet Schleswig-Holsteins herumradeln → S. 44

★ **Unterwegs auf dem Niebüller Stadtpfad**
Kunst, Kultur und Natur entdeckst du auf einem Bummel durch die Innenstadt → S. 46

★ **Der Ochsenweg durch den Langenberger Forst**
Wanderung in der Heidelandschaft auf einem historischen Handelsweg → S. 48

★ **Auf dem Fernradweg fast bis nach Dänemark**
Immer entlang der Nordseeküste geht es bis an die dänische Grenze → S. 50

★ **Paddeltour zum Hauke-Haien-Koog**
Mit dem Kanu auf dem Bongsieler Kanal bis ans Meer nach Schlüttsiel → S. 52

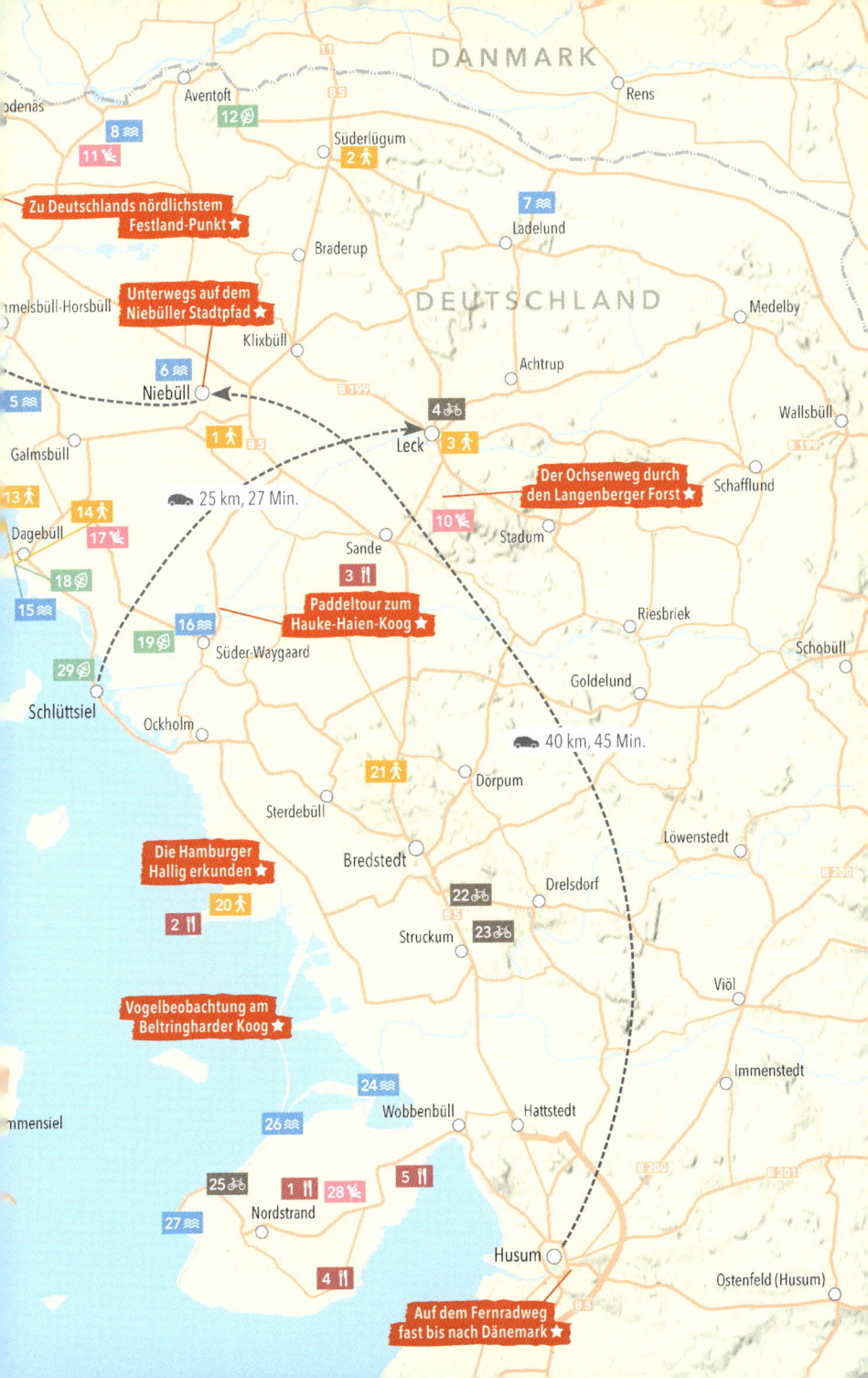

DANMARK

Rens

Aventoft

12 🎡

8 ≋

11 🎿

DEUTSCHLAND

Zu Deutschlands nördlichstem Festland-Punkt ★

Süderlügum

2 🚶

Braderup

7 ≋

Ladelund

Medelby

Unterwegs auf dem Niebüller Stadtpfad ★

Klixbüll

Achtrup

Wallsbüll

melsbüll-Horsbüll

6 ≋

Niebüll

B 199

4 🚴

Leck

3 🚶

Schafflund

5 ≋

Galmsbüll

1 🚶

B 5

Der Ochsenweg durch den Langenberger Forst ★

🚗 25 km, 27 Min.

13 🚶

14 🚶

Dagebüll

17 🎿

Sande

10 🎿

Stadum

Riesbriek

Schobüll

18 🎡

3 🍴

Paddeltour zum Hauke-Haien-Koog ★

15 ≋

16 ≋

19 🎡

Süder-Waygaard

Goldelund

29 🎡

Schlüttsiel

Ockholm

🚗 40 km, 45 Min.

21 🚶

Dörpum

Löwenstedt

Sterdebüll

Die Hamburger Hallig erkunden ★

Bredstedt

20 🚶

2 🍴

Drelsdorf

22 🚴

B 5

23 🚴

Struckum

Viöl

Vogelbeobachtung am Beltringharder Koog ★

B 200

Immenstedt

24 ≋

26 ≋

Wobbenbüll

Hattstedt

mmensiel

25 🚴

1 🍴

28 🎿

5 🍴

27 ≋

Nordstrand

B 200

B 201

4 🍴

Husum

Ostenfeld (Husum)

Auf dem Fernradweg fast bis nach Dänemark ★

B 5

Die Hamburger Hallig erkunden ★

Am Horizont schimmert das weiße Reetdachhaus des Restaurants Hallig-Krog. Näher als hier kommt man der einzigartigen und rauen Nordsee-Natur nirgendwo. Auf dem Meeresboden dem Horizont entgegenradeln, quäkende Lämmer, chillende Schafe sowie Nordseewind, der dich immer an der Nase kitzelt – hier spürst du die Natur in allen Poren.

Über die Salzwiesen auf die Hallig

Die Weite beim Blick über den Deich macht fast atemlos, nicht umsonst stehen Bänke parat, um den Moment in vollen Zügen zu genießen, bevor es auf die vier Kilometer lange Strecke hinaus auf die Hamburger Hallig geht. Die Hallig entstand im Zuge der Burchardi-Flut 1634, die an der Nordseeküste viel Schaden verursachte und die ehemalige Insel Strand in die Fluten riss. Der kleine Erdhügel (Warft) mit dem Haus von zwei Hamburger Kaufleuten ist ein Überbleibsel der Insel, die den befahrbaren Damm Mitte des 19. Jahrhunderts bekam. Salzwiesenschafe pflegen die Landschaft, durch die du fährst, daher gibt es einige Bodengit-

ter. Fürs Radeln oder Wandern stören sie nicht, im Gegenteil, dadurch hast du freie Fahrt ohne ewig Schafgitter öffnen zu müssen.

Eine Pause am Schafsberg

Auf halber Strecke am NABU-Haus, auch Schafsberg genannt, lohnt es sich, eine Pause einzulegen und ein paar Meter auf dem Salzwiesenpfad zu schlendern. Da gibt es eine Menge Wissenswertes zu erfahren und außerdem ist das Erklimmen des Schafsberges selbst zu empfehlen. Hier stehst du mitten im UNESCO-Weltnaturerbe und der Rundumblick, auch wenn es nur ein paar Meter in die Höhe ging, ist einmalig.

Das Ziel deiner Tour vor Augen, das Restaurant Hallig-Krog (li.), radelst du vom Info-Zentrum Amsinck-Haus (re.) durch die Salzwiesen der Hamburger Hallig

Badespaß und Nordsee-Feeling

Das Ziel mit seinem weißen Reetdachhaus ist jetzt schon besser zu sehen. Nur noch gut zwei Kilometer, dann ist die Hallig erreicht und es gibt viele Möglichkeiten für einen schönen Aufenthalt. Wenn das Meer da ist, lohnt hier ein Sprung in die Nordsee, hier ist eine der wenigen Badestellen im nördlichen Nordfriesland. Sonst können in den Sommermonaten die Wattwerkstatt der National-parkverwaltung besucht, Bienenvölker beobachtet oder eine geführte Wattwanderung unternommen werden. Insider-Tipp Probiere im Hallig-Krog unbedingt die Hallig-Klassiker, selbst gemachte Lammfrikadellen von Hallig-Krog-Chefkoch Erik Brack. Hinter dem Restaurant stehen windge-schützt einige Bänke und zusätzliche Infotafeln, damit die vorgelagerten Inseln und Halligen zu-geordnet werden können.

Die Tour im Überblick

🚲 **Einfache Radtour auf die Hamburger Hallig, ca. 8,5 km, 1 Std. (Hin- und Rückweg)**

ⓘ *Mit dem Auto auf der B5 gut 10 km nördl. von Husum links Richtung Hamburger Hallig, Parkplatz am Info-Zentrum Amsinck-Haus | Radverleih im Amsinck-Haus: amsinck-haus.de, €*

☾ *Im Sommer, das Restaurant Hallig-Krog ist von Ostern bis Okt. geöffnet, der Strandflieder blüht im Juli/August*
⚙ *Fahrrad, Fernglas, Badebekleidung*
📍 *54.615348, 8.871617 (Parkplatz)*

✔ DOWNLOAD GPX-Track

41

Zu Deutschlands nördlichstem Festland-Punkt ★

Mehr landschaftliche Abwechslung ist im nördlichen Nordfriesland kaum zu finden. Liebliche Natur, Reetdachhäuser, Weltnaturerbe und Vogelparadies. Ein Abstecher von der knapp 30 Kilometer langen Wiedingharder Route führt dich in die Einsamkeit des Rickelsbüller Koogs zum Ende von Deutschland.

Abstecher zur reetgedeckten Kirche

In Klanxbüll schwingst du dich an der nördlichsten Bahnstation Deutschlands in den Sattel und düst los. Als erstes Highlight wartet die reetgedeckte Kirche Unserer Lieben Frau am Ortsausgang. Augen auf, denn der Glockenturm ist aus Holz und steht hinter dem Gebäude, das im Sommer von Bäumen verdeckt ist. Man muss also genau hinschauen, um sie kurz hinter dem Bahnübergang zu entdecken. Weiter geht es durch die Köge, der Wind weht durch die Haare oder stärkt beim Strampeln die Beine. Vorbei an Sibbers Hofladen und dem Café im alten Zollhaus geht's bis ans dänische Grenzhäuschen. Hier ist eine Ausstellung über den Nationalpark zu sehen. Links öffnet sich der Rickelsbüller Koog, wo im Frühjahr und Herbst Tausende Vögel Rast machen. Keine Vögel zu sehen? Dann ist Ebbe und sie nehmen ihr Menü im Wattenmeer vorne am Deich ein.

Auf dem Deich mit Blick nach Sylt

Einen Abstecher zum Deich, den du am Horizont erkennen kannst, lohnt allemal, nicht nur wegen der Vogelschar. Dort befinden sich der nördlichste Grenzlandpunkt Deutschlands, ein paar Infoschilder zur Entstehung des Koogs und ein Blick bis zur Braderuper Heide auf Sylt. Ein Hüpfer nach Dänemark ist hier leider nicht möglich, der 2019 errichtete Wildschweinzaun steht im Weg. Die dänische Regierung hat den mehr als 60 Kilometer langen Zaun aus Angst vor der Afrikanischen Schweinepest errichten lassen.

Durch liebliche Nolde-Landschaft

Die ausgeschilderte Strecke führt vom Deich zurück zum dänischen Grenzhäuschen. Nun ändert sich die Landschaft und verwandelt sich in ein liebliches Hinterland mit vielen Kurven und Bäumen. Reetgedeckte Häuser säumen den Weg an der Grenze. Auch der Maler Emil Nolde verliebte sich in die Landschaft, sein ehemaliges Wohnhaus samt Atelier und Garten ist der nächste Stopp auf der Route. **Insider-Tipp** Das Museums-Restaurant Element veranstaltet regelmäßig tolle Events mit orientalischen Einflüssen. Danach führt die Route durchs Marschland der Wiedingharde zurück nach Klanxbüll, wo zum Abschluss ein Besuch im Infozentrum eingeplant werden kann.

Die Tour im Überblick

🚲 **Mittelschwere Radrundtour von Klanxbüll zur dänischen Grenze, ca. 29 km, 3 Std.**

ℹ️ *Die RE6 von Hamburg-Westerland (Sylt) hält stündlich in Klanxbüll | Mit dem Auto von der B5 kurz hinter Niebüll auf die Klanxbüller Straße abbiegen, in Klanxbüll Parkplatz am Bahnhof | Radverleih: wiedingharder-infozentrum.de, €*

🕐 *April–Nov, im Frühjahr und Herbst zum Vogelzug, Nolde-Museum Seebüll Nov.–Feb. geschl., nolde-stiftung.de, €€*
⚙️ *Fahrrad, Getränke, leichte Regenjacke*
📍 *54.862501, 8.676538 (Bahnhof)*

✔ **DOWNLOAD GPX-Track**

Zum nördlichsten Punkt des deutschen Festlands (li.), an die Grenze zu Dänemark (u.) und zum Nolde-Museum (o.) führt diese Tour

Vogelbeobachtung am Beltringharder Koog ★

Während man mit dem Rad das größte Naturschutzgebiet Schleswig-Holsteins umrundet, kann man ausgiebig Vögel beobachten oder einfach am Badestrand entspannen. Zum Abschluss gibt's ein Fischbrötchen auf die Hand und man genießt die Ruhe am Deich. So sieht ein wunderbarer Draußen-Tag aus!

Mit dem Rad vom Lüttmoorsiel über den Damm zum Koog

Der Startpunkt befindet sich an der Badestelle Lüttmoorsiel – und je nachdem, wie sich die Gezeitenlage darstellt, kann man sich jetzt gleich mal in die Fluten stürzen oder erst nach der Fahrradtour. Es ist sinnvoll die Windrichtung im Auge zu haben, tendenziell ist es besser, am Anfang gegen den Wind zu radeln, um dann am Ende nicht allzu kaputt zu sein. Vor allem der Lüttmoordamm, über den die Tour gleich am Anfang führt, kann sich ziemlich hinziehen, wenn der Wind von vorne kommt. Es geht also die Straße zurück, die du mit dem Auto gekommen bist. An deren Ende steht eine Vogelbeobachtungshütte mit einem einzig-

artigen Blick über den nördlichen Teil des Schutzgebiets, wo zahlreiche Vögel beim Rasten zu sehen sind. Bei der Radtour um den Koog siehst du, wie sich die verschiedenen Biotoptypen verändern: Neben einer Salzwasserlagune gibt es auch Süß- und Brackwasser und Feuchtgrünland.

Vogeltrubel in der Salzwasserlagune

Kurz nach der Beobachtungshütte führt die Tour vorbei am Restaurant Arlau-Schleuse bis zur richtigen Arlau-Schleuse, wo es einen Naturlehrpfad gibt. Hier lohnt ein Spaziergang hinter den Deich, wo der Vogeltrubel auf der Salzwasserlagune hautnah beobachtet werden kann. Der Pfad liegt auf halber Strecke der gut 20 Kilometer langen Tour.

Nach dem kurzen Stopp führt die Radtour weiter bis nach Wobbenbüll, über die Dorf- und Hauptstraße geht es zum Damm nach Nordstrand, dem du folgst. Insider-Tipp Am Ende des Damms, kurz hinter dem Parkplatz mit den Infoschildern ist der Hofladen Baumbach ausgeschildert. Hier bekommst du beste Lamm- und Schafprodukte.

Hier gibt's das beste Fischbrötchen

Du folgst der Hauptstraße gut fünf Kilometer bis zum Deich, wo es rechts weitergeht zur Badestelle Holmer Siel. Von hier sind es noch knapp drei Kilometer bis zum Startort, wo es beim Imbiss Fisk ahoi eins der besten Fischbrötchen der ganzen Westküste zu essen gibt. Die kostenlose Ausstellung der Schutzstation Wattenmeer nebenan ist absolut sehenswert, hier kann man sich auch einer der zahlreichen Führungen anschließen.

Die Tour im Überblick

🚲 **Mittelschwere Radrundtour um den Beltringharder Koog, ca. 28,5 km, 3 Std.**

ℹ️ *Mit dem Auto von Husum auf der B5 der Ausschilderung Hamburger Hallig/ Reußenköge folgen, dann zur Badestelle Lüttmoorsiel abbiegen, Parkplatz am Lüttmoordamm*

🕐 *Im Frühjahr und Herbst zum Vogelzug, im Sommer zum Baden*

⚙️ *Fahrrad, Trinken, Fernglas, Badebekleidung, ggf. leichte Regenjacke*

📍 *54.560767, 8.871937 (Start und Ziel)*

✔ **DOWNLOAD GPX-Track**

Die Salzwiesen, Wasserläufe und Seen des Beltringharder Koogs (li.) sind ein wichtiges Vogelschutzgebiet (re.)

Unterwegs auf dem Niebüller Stadtpfad ★

Dass Niebüll viel Kunst und Kultur zu bieten hat, erfährst du auf dieser gut zehn Kilometer langen Stadtwanderung. Der Fokus liegt nicht nur auf Kleinigkeiten am Wegesrand, sondern auch auf den großen Dingen, die so offensichtlich scheinen. Eine schöne Möglichkeit, Niebüll abseits der Hauptstraßen kennenzulernen.

Abwechslungsreicher Spaziergang durch Niebüll

Auf rund zehn Kilometern Länge erstreckt sich der Niebüller Stadtpfad, auf dem es viel über die Geschichte der Stadt und der Region, über Kunst und geografische Besonderheiten zu sehen und zu lernen gibt. Der Pfad ist nicht ausgeschildert, daher lohnt es sich im Vorfeld den Flyer aus dem Internet zu laden oder eine handliche kostenlose Karte an der Tourist-Information am Bahnhof abzuholen. Los geht es am Rathausplatz mitten in der Innenstadt, der sowohl vom Bahnhof als auch mit dem Auto oder Fahrrad bestens zu erreichen ist. Cafés und Bäckereien sind vor Ort, damit die Picknicktaschen gleich noch aufgefüllt oder der Tag entspannt und

gemütlich mit einem Frühstück gestartet werden kann. Egal ob der Fokus auf Natur oder Kultur liegt, beim Erkunden der mehr als 30 Stationen finden sich vom Legerader Wald bis zum Naturkundemuseum für alle Interessen Möglichkeiten der Weitererkundung oder zum Abschweifen.

Moderne Kunst am Rathausmarkt

Das zeigt sich auch gleich am Startpunkt der Tour am Richard-Haizmann-Museum, wo neben moderner Kunst des Namensgebers auch wechselnde Ausstellungen zu sehen sind. Auch das Naturkundemuseum mit einer interaktiven Erlebnisausstellung sowie das Friesenmuseum liegen auf der Tour und sind einen Besuch wert.

Durch eine Stadt mit Geschichte

Im Marschenpark ist der Deichbau großes Thema, denn Niebüll lag vor langer Zeit mal am Meer, auch wenn das heute kaum zu glauben ist. Überbleibsel aus der Zeit ist die Wehle, heute ein Naturbad mit schöner Liegewiese. Das Badeparadies ist durch einen Deichbruch entstanden. Vorbei geht es an zahlreichen reetgedeckten Häusern, Kirchen und dem Niebüller Wasserturm. Die Tour führt zu unbekannten Ecken von Niebüll, die entdeckt werden möchten. Auch zu ruhigen Orten, die sich bestens für eine Pause eignen. ==Insider-Tipp Trinke zum Beispiel einen Tee im Retro-Café des Unverpacktladens Pack & Schnack.== Die Innenstadt ist nie weit weg, die Tour lässt sich also prima abkürzen, falls man sich irgendwo festgeschaut hat oder ein Museumsbesuch doch länger dauerte. Niebüll ist voller Geschichte und hat viel zu erzählen.

Die Tour im Überblick

🚶 **Leichte Wanderung auf dem Niebüller Stadtpfad, ca. 10 km, 2 Std. (abkürzbar)**

ℹ️ *Mit der Bahn bis Niebüll Bahnhof, dann der Rathausstraße bis zum Rathausmarkt folgen | Mit dem Auto von der B5 nach Niebüll Zentrum, Parkplatz am Haizmann-Museum oder Marktstraße | Flyer: niebuell.de/tourismus/stadtpfad*

🕐 *Ganzjährig, im Winter Öffnungszeiten der Museen beachten. Sa ist Wochenmarkt*
⚙️ *Regenjacke und gutes Schuhwerk*
📍 *54.786164, 8.827150 (Rathausmarkt)*

✔ **DOWNLOAD GPX-Track**

Das Friesenmuseum in Niebüll (li.) zeigt, wie hier früher gelebt wurde, auf dem Stadtpfad unterwegs (o., u.) erlebst du das Heute

Der Ochsenweg durch den Langenberger Forst ★

Früher wurden auf dem Ochsenweg Tausende Tiere zu den Viehmärkten nach Hamburg getrieben. Der längste noch zusammenhängende Teil des Weges findet sich im Langenberger Forst, dem größten Wald Nordfrieslands. Nicht verwunderlich, dass es sich da richtig gut wandern lässt. Das Gebiet hat viele Besonderheiten, die darauf warten entdeckt zu werden.

Waldbaden auf dem alten Handelsweg

Waldbaden am Meer? Eine Wanderung durch üppiges Grün tut Geist und Körper gut und ist im Urlaub eine gute Alternative zu einem Ausflug ans Meer. An der Küste gibt es immer mehr richtig heiße Tage, das dunkle Watt erwärmt sich und gibt die Hitze wieder ab, da ist ein Aufenthalt im Wald eine echte Wohltat und gibt etwas Abkühlung. Ebenso im Herbst, wenn die Blätter bunt werden und die Luft klar.

Durch Mischwald in der Heide

Verschiedene Wanderwege führen durch das 1000 Quadratkilometer große Waldgebiet, das im 19. Jahrhundert als Mischwald angelegt wurde, um das karge Nordfriesland gezielt zu bewalden. Forstdirektor Carl Emeis bekam den Auftrag unterschiedliche Baumarten anzupflanzen, um zu sehen, welche von ihnen mit dem sandigen Untergrund gut klarkommen. Heute ist alles üppig zugewachsen, es gibt terrassenförmig angelegte Fischteiche, einen kleinen Ausstellungspavillon, Heidelandschaft, Damwildgehege und einen Berg! Die zu erklimmende Rantzauhöhe ist mit 45 Metern immerhin die dritthöchste Erhebung Nordfrieslands. Sechs verschiedene ausgeschilderte Wanderwege stehen im Langenberger Forst zur Verfügung, dazu eine Menge kleiner Pfade, die abseits der großen erkundet und entdeckt werden wollen. Und es gibt zusätzlich ausgewiesene Reitwege, die durch schönstes Unterholz führen. Einige Touren lassen sich prima verbinden, sodass Wanderungen von drei bis zehn Kilometern locker möglich sind.

Immer der Eule nach

Der Klintumer Weg ist mit dem Zeichen der Eule ausgeschildert und gibt auf rund drei Kilometern einen guten Eindruck vom Waldgebiet. Er führt an Streuobstwiesen vorbei bis zum Ochsenweg, wo an der Petersburg ein schöner Platz zum Picknicken ist. **Insider-Tipp** An der Petersburg links halten und die Rantzauhöhe erklimmen. Weitblick gibt es vor lauter Bäumen allerdings nicht. Der Rückweg von der Petersburg führt am Carl-Emeis-Denkmal vorbei, kreuzt erneut den Ochsenweg und geht dann direkt zum Parkplatz zurück.

Die Tour im Überblick

🚶 **Leichte Rundwanderung im Langenberger Forst bei Leck, ca. 3,4 km, 45 Min. (unterwegs erweiterbar)**

ℹ️ *Mit dem Auto von der B5 bei Sande abbiegen Richtung Leck, dann in Klintum rechts in die Waldstraße und bis zum Parkplatz fahren, dort ist auch ein Informationsschild mit den Wanderwegen*

🕐 *Im Spätsommer zur Heideblüte und Herbst*
⚙️ *Regenjacke und gutes Schuhwerk, Verpflegung.*
📍 *54.747102, 8.971284 (Start und Ziel)*

✔ **DOWNLOAD GPX-Track**

Ruhe und Erholung pur findet man im Langenberger Forst (li.) mit seinen gut ausgeschilderten Wanderwegen (re.)

Auf dem Fernradweg fast bis nach Dänemark ★

Der längste Fernradweg der Welt überrascht auf den letzten Kilometern auf deutschem Boden, bevor die Strecke in Dänemark weiter Richtung Norden führt. Immer am Meer entlang geht es über Nordstrand zur Hamburger Hallig und nach Dagebüll, um dann über Niebüll durchs liebliche Grenzland zu führen.

Über Nordstrand zur Deichkante

Von Husum aus führt der Nordseeküstenradweg ohne Umwege nach Nordstrand, wo er einen Schlenker macht. Alle Orte der Halbinsel sind integriert, es geht vom Süderhafen einmal quer rüber bis zur Badestelle Fuhlehörn, dann biegt man Richtung Norden ab. ==Insider-Tipp In der Engelsmühle auf Nordstrand ist eine Meisterkonditorei und Chocolaterie untergebracht deren Produkte du unbedingt probieren solltest.==

Mit dem Rad ins Vogelschutzgebiet

Wenn die Halbinsel im Norden verlassen wird, folgen gut 25 Kilometer Deichkante und mit Sicherheit das ein oder andere Schafgitter. In Ockholm

lohnt es sich, alternativ zum Fernradweg die Deichlinie vor dem Hauke-Haien-Koog zu verlassen und parallel durch den Ort zu fahren. Zauberhafte Reetdachhäuser auf Hügeln (Warften) spiegeln das Bild der Region. Kurz nach Ortsende in die Straße Hauke-Haien-Koog-Süd einbiegen und sich am Ende immer links halten. Dann kommt man durch den Hauke-Haien-Koog am Bongsieler Kanal nach Schlüttsiel. Ein wundervoller Abschnitt inmitten des Vogelschutzgebietes, bei dem es um einen herum zwitschert. In Schlüttsiel gibt es am Freitag meistens frische Krabben vom Kutter und mit viel Glück schwimmt Schlütti der Seehund durchs Hafenbecken. Vorne an der Badestelle sind zwei Liegestühle für die kleine Pause installiert. Am

Horizont ist der kleine Dagebüller Leuchtturm zu sehen, im Ort selbst gibt es Eis, Fischbrötchen und einen wundervollen Ausblick nach Föhr.

Jetzt wird es weit und in Dänemark hyggelig

Die ausgeschilderte Route führt ab jetzt ins Hinterland nach Niebüll Richtung Norden. Die Straßen werden ruhiger und am Gotteskoogsee, der versteckt in der Landschaft liegt, lohnt ein Stopp. Das Süßwasserbiotop, in dem man nicht schwimmen kann, ist ein Vogelschutzgebiet, in dem seit einigen Jahren auch der Seeadler wieder zum Brüten kommt. Die Strecke führt bis nach Rosenkranz, wo am Grenzübergang der deutsche Teil des Fernradwegs endet. Es lohnt sich, eine kleine Runde über das dänische Tønder und Højer anzuhängen und ein bisschen Hygge-Gefühl zu erleben.

Die Tour im Überblick

🚲 Mittelschwere Radtour auf dem Nordseeküstenradweg von Husum nach Rosenkranz, ca. 100 km, 8 Std. (als Zwei-Tages-Tour planen)

ℹ️ *Startpunkt am Bahnhof Husum | Rückfahrt mit der Bahn vom Bahnhof Klanxbüll | Übernachtungsmöglichkeit: Landhafen-Hotel Niebüll, landhafen.com, €€; Hotel Siel 59, Ockholm, siel59.de, €€*

🕐 *Im Sommer, Nov. bis April mehr Wind*
⚙️ *Fahrrad (Leihstation der Diakonie direkt am Bahnhof Husum, €€), Regenjacke, Verpflegung*
📍 *54.472703, 9.055407 (Start- und Ziel)*

✔ **DOWNLOAD GPX-Track**

Auf diesem Abschnitt des Nordseeküstenradwegs kriegt man die typischen Landschaften Nordfrieslands – wie Hauke-Haien- (li.) oder Gotteskoog (o.) wie auf dem Silbertablett serviert

Paddeltour zum Hauke-Haien-Koog ★

Das Hinterland der Küste ist von kleinen Flüssen und Kanälen durchzogen, um das Land, das man einst dem Meer abgerungen hat, zu entwässern. Vor allem in den Sommermonaten lässt es sich dort wunderbar mit dem Kajak fahren und den Landstrich von einer anderen Perspektive aus entdecken. Das Wegenetz ist ziemlich groß, diese Tour ist für Anfänger und Fortgeschrittene bestens geeignet.

Der Einstieg am Kanal Lecker Au

Die Tour beginnt am Kanal der Lecker Au in Norder-Waygaard. Der Kanuservice Südtondern ist am Startort vertreten, was das Erlebnis auch attraktiv macht, wenn man kein Kanu besitzt. Allerdings gibt es keine geregelten Öffnungszeiten, daher solltest du unbedingt im Vorfeld eine Reservierung tätigen. Am Start ist ein kleiner Steg, der den Einstieg einfach macht und somit einer schönen Tour Richtung Meer nichts mehr im Weg steht.

Paddeln am Bottschlotter See

Während du die ersten 100 Meter noch auf der Lecker Au unterwegs bist, kommt von links die Soholmer Au dazu. Gemeinsam bilden sie den Bongsieler Kanal, auf dem du bis ans Meer bei Schlüttsiel paddeln kannst. Das Gewässer ist an den Seiten fast auf der ganzen Strecke von einem Deich begrenzt. Denn die Kanäle laufen im Winter schnell voll, wenn die großen Siele am Deich wegen eines Sturms nicht geöffnet werden können. Die Deiche schützen also auch hier im Hinterland die Menschen vor dem Wasser. Nach kurzer Zeit kommst du am Bottschlotter See vorbei, der auf der rechten Seite nach dem ersten Schöpfwerk auftaucht. Wenn du dort eine Runde drehen möchtest, dann bleibt dir nur übrig, das Kanu über den Deich zu hieven und auf der anderen Seite über den See zu fahren.

Bei Schlüttsiel (li.) weitet sich der Wasserlauf, das Meer und die Hälfte der Strecke sind erreicht, die Rückfahrt durch den Bongsieler Kanal – und die Schafe (re.) – warten schon

Schafe und noch mal Schafe am Kanal bis nach Schlüttsiel

Auch das Gras dieser Deiche am Kanal wird von Schafen kurz gehalten. Du kannst sie während deiner Tour überall beobachten. Manchmal dösen sie in der Sonne oder haben sich in Ufernähe in den kühlen Sand gelegt. Ein paar wenige Kühe sind auch zu entdecken, wobei die Menge der Schafe deutlich überwiegt. Sobald du das nächste größere Schöpfwerk erreicht und durchquert hast, kannst am Horizont schon den Deich von Schlüttsiel entdecken. Von jetzt an kann es sein, dass du gegen den Wind paddelst, was noch mal ordentlich Kraft kosten kann. Wenn sich der Kanal öffnet, hast du das Vogelschutzgebiet des Hauke-Haien-Koogs erreicht, hier lohnt es, die Paddel ruhen zu lassen und sich einfach dahintreiben zu lassen. Auf Du und Du mit Grau- und Nonnengans oder Stockente!

Die Tour im Überblick

🛶 **Mittelschwere Kanutour auf dem Bongsieler Kanal, ca. 8 km, 3–6 Std. (Hin- und Rückweg)**

ℹ️ *Mit dem Auto von der B5 über Langenhohn und Süder- Waygaard zum Einstieg am Kanal Lecker Au, Parkplätze am Startort | Kanumiete: Kanuservice Südtondern | kanu-service.de, €*

🕐 *In den Sommermonaten Juni, Juli und Aug.*
⚙️ *Kanu, Verpflegung, Wechselbekleidung, Badebekleidung*
📍 *54.710924, 8.835523 (Start und Ziel)*

✔️ **DOWNLOAD GPX-Track**

Tack, Tack, Tack … das hört man, wenn man auf den Nordic-Walking-Routen im Legerader Wald bei Niebüll unterwegs ist

Noch mehr entdecken im Norden: Die Region ist geprägt von Ruhe und Gemütlichkeit. Das Weltnaturerbe Wattenmeer gibt hier den Ton an, gemeinsam mit den vielen Vögeln, die hier jedes Jahr zu Besuch kommen. Küste und Hinterland lassen sich besonders gut mit dem Rad oder zu Fuß entdecken.

IN UND UM NIEBÜLL UND LECK
Durch den Niebüller Stadtwald walken

1 Einfache Nordic-Walking-Tour durch den Legerader Wald, ca. 3 km, 40 Min.

Flink die Sportschuhe geschnürt und ab in den Legerader Wald bei Niebüll. Drei gut ausgeschilderte Nordic-Walking-Routen von drei, sechs und zehn Kilometern Länge sowie eine Technikroute stehen zur Auswahl. Direkt am Startpunkt gibt es Anleitungen zum Aufwärmen, eine Karte mit allen Walking-Strecken und Tipps zur richtigen Anwendung der Gehtechnik. Am großen Parkplatz startet die Tour, die im Halbkreis rund um das kleine Waldstück führt. Erst läufst du am Flüsschen Jor-

dan entlang und durchquerst anschließend den im Nordbereich des Legerader Walds angelegten Hochzeitswald. Hier pflanzen Brautpaare bei ihrer Vermählung einen Baum und das Areal wächst von Jahr zu Jahr an. Die Bäume tragen Schilder mit den Namen der Vermählten. Die kleinen Seen gleich gegenüber sind dem Angelverein vorbehalten. Die Strecke liegt größtenteils im Schatten, was an heißen Sommertagen oder in den regnerischen Monaten ein großer Vorteil ist. Hügel sucht man hier vergeblich: Wenn du Höhenmeter sammeln möchtest, ist das hier die falsche Gegend. **Insider-Tipp** Das Waldgebiet ist nicht groß, wird aber von vielen Querwegen durchzogen, damit kannst du die Tour jederzeit ausweiten oder abkürzen. Zudem stehen einige Bänke bereit, an denen man wunderbar in der frischen Luft verschnaufen kann. ℹ️ *Mit der Bahn bis Niebüll Bahnhof und zu Fuß in 25 Min. zum Legerader Wald | Mit dem Auto über die B5 nach Niebüll und zum Parkplatz am Legerader Wald* 🕐 *Ganzjährig* ⚙️ *Nordic-Walking-Stöcke, Getränke und Verpflegung* 📍 *54.775277, 8.838934 (Start und Ziel)*

Farben wie auf einem Gemälde von Emil Nolde: die Heideblüte in den Binnendünen bei Süderlügum

Gut ausgeschildert ist der Rundwanderweg Leck – und informativ dazu

Die versteckte Heideblüte entdecken

2 🚶 **Einfache Rundwanderung durch die Binnendünen bei Süderlügum, ca. 1,5 km, 30 Min.**

Eine Dünenlandschaft weit weg vom Meer? Die Dünen, die mit mehr als 40 Hektar zu den größten Binnendünen Schleswig-Holsteins gehören, findest du in Süderlügum am östlichen Ortsausgang. Kleine Pfade schlängeln sich durch die Heidelandschaft und enden im Wald, wo du noch eine große Runde dranhängen kannst. Denn das Schwans- und Kranichmoor liegt nur einen Steinwurf entfernt. Am Parkplatz findest du eine Übersichtstafel und auch an einigen Stellen im Wald kannst du dich weiter orientieren. Auf Infotafeln erfährst du während deines Spaziergangs einiges über die Entstehung der Dünenlandschaft und deren Bedeutung: dass sich beispielsweise die Ural-Ameise hier niedergelassen hat. Das ist bis heute ungewöhnlich, denn es ist nicht geklärt, wie sie bis nach Süderlügum gekommen ist. Es lohnt es sich, regelmäßig innezuhalten und den Geräuschen des Waldes zu lauschen, in dem neben Eulen auch Fuchs, Reh und Eichhörnchen eine Heimat haben. Und im August zur Heideblüte werden die unterschiedlichen Sandtöne um ein leuchtendes Lila er-

gänzt: Die Heideblüte ist da! Wenn es dann noch dramatische Wolkenbilder zu sehen gibt, kann man Fotos mit schönsten Kontraste machen.

ℹ️ *Mit dem Auto von der B5 in Süderlügum in Richtung Westen abbiegen und an der Straße zu den Binnendünen parken | Flyer zum Download: strand-und-steine.de (> Landschaft > eiszeitliche Landschaftselemente > Binnendünen > Süderlügumer Binnendünen)* 🕐 *Ganzjährig, Heideblüte im Aug.* ⚙️ *Getränke und Verpflegung* 📍 *54.873716, 8.925336 (Start und Ziel)*

Auf dem Lecker Rundweg durch das grüne Herz Nordfrieslands

3 🚶 **Mittelschwere Rundwanderung in Leck, ca. 7,5 km, 1,5 Std.**

Der Rundwanderweg Leck verläuft abseits von großen Straßen, dafür mit viel Natur und Wissenswertem über den Ort, die Landschaft und die Region. Höhenmeter macht man hier nicht viele, dafür ist man auf unbekannten Pfaden unterwegs, die bestens beschildert und somit auch für Neulinge sehr gut zu laufen sind. Wenn du magst, lernst du unter-

Na gut, dann eben kein Strand. An der Grünbadestelle Südwesthörn lässt es sich auch im Strandkorb gut aushalten

Auf der Geestroute um Leck kommst du an Gut Fresenhagen vorbei, Rio Reisers erster letzter Ruhestätte

wegs, was Knicks sind, wo der Hafen von Leck einst lag und warum die Entwässerung des Hinterlandes so wichtig ist. Die Runde ist in ein bis zwei Stunden gut zu machen, je nachdem, an wie vielen Info-Tafeln stehen bleibst. Der Untergrund ist meist aus Asphalt oder gut zu gehendem Schotter oder Sand.

ⓘ *Von Niebüll Bahnhof mit Bus 100 bis Flensburger Straße, dann 200 Meter zurück zum Start an der Lecker Au | Mit dem Auto über die B199 nach Leck zum Parkplatz an der Flensburger Straße 5–7 | Karte und Infos: leck.de/rww* ⏱ *Ganzjährig* ⚙ *Getränke und Verpflegung* 📍 *54.770908, 8.976316 (Start und Ziel)*

Radeln in der Geest bei Leck

4 🚲 Mittelschwere Radrundtour auf der Geestroute um Leck, ca. 39 km, 4 Std.
Die Geest war einst ein ertragsarmes Land, aber keine Angst, das ist es heute nicht mehr so und diese Radtour überschüttet einen mit wundervol-

len Eindrücken. Die Gegend hat viele Geschichten zu erzählen unter anderem, dass die Lecker Au, die du überqueren wirst, mal beschiffbar war, und der Ochsenweg wirklich ein großer Viehtreiberweg. Du fährst an dem weißen Gut Fresenhagen vorbei, das etwas abseits der Straße liegt, aber alleine wegen seiner Größe auffällt. Die Baumallee, die den alten Zugang säumt, gibt dem Anwesen einen herrschaftlichen Touch. Hier lebte für lange Zeit der Musiker Rio Reiser mit seiner Band Ton Steine Scherben. Viele bekannte Songs der Band entstanden hier, bis er 1996 in Fresenhagen starb. Unter einem Apfelbaum im hinteren Teil des Gartens hatte er lange seine letzte Ruhestätte. Mittlerweile wurde er nach Berlin umgebettet und das Gut wurde zu drei Ferienwohnungen umgebaut. Du fährst weiter durch üppige Waldabschnitte und kleine Dörfer mit Landgasthöfen, an schönen reetgedeckten Häusern und Kirchen vorbei. Hier auf der Geest ist Ruhe dein ständiger Begleiter, wenn du durch Achtrup, Boverstedt und Sprakebüll rollst. **Insider-Tipp** In Sprakebüll kannst du dich in Johannsens Hofladen mit Produkten aus der Region für ein Picknick eindecken. Diese Rundtour ist knapp 40 Kilometer lang und eignet sich für einen ausgedehnten Tagesausflug.

Im Naturbad Niebüller Wehle bleibt das Wasser garantiert da, um ausgiebig zu planschen

ⓘ *Von Niebüll Bahnhof mit Bus 100 bis Leck ZOB und zu Fuß in 5 Min. zum Marktplatz | Mit dem Auto über die B199 zum Parkplatz im Zentrum von Leck | Flyer zum Download: nordfriesland tourismus.de (> Downloads > Geestroute)* ⏲ *Frühling bis Spätsommer* ⚙ *Getränke, Verpflegung* ◉ *54.771845, 8.974433 (Start und Ziel)*

Kostenlose Strandkörbe und Badevergnügen

5 ≋ **Badetag in Südwesthörn bei Emmelsbüll-Horsbüll**

Wenn dir der Trubel an den Badestellen des nördlichen Nordfrieslands zu viel ist, dann komm nach Südwesthörn! Hier am ehemaligen Gemeindehafen ist ein wundervolles Badeplätzchen entstanden. Der Küstenabschnitt wird von den vorgelagerten Salzwiesen geprägt. An diesem ehemaligen Priel gibt es ein Plateau, das, da das Watt hier sehr schlickig ist, den Einstieg ins kühle Nass möglich macht. Allerdings auch nur, wenn die Flut da ist. Falls gerade Ebbe ist, nimm einfach Platz in einem der kostenlosen Strandkörbe und genieße die Weite. An der Badestelle gibt es außerdem einen

kleinen Spielplatz, Duschen und öffentliche Toiletten. Der Gasthof Südwesthörn nebenan ist sogar das ganze Jahr über geöffnet. Aber nicht erschrecken: Hier gibt es neben deftigen norddeutschen Speisen auch ein schwäbisches Angebot!

ⓘ *Mit dem Auto von Niebüll nach Emmelsbüll-Horsbüll und zur Badestelle Südwesthörn, Parkplatz vor Ort* ⏲ *Juni–Aug. kostenlose Strandkörbe* ⚙ *Badebekleidung* ◉ *54.795475, 8.662321*

Süßwasserpiraten ahoi!

6 ≋ **Badetag in der Niebüller Wehle**

Zu viel Salzwasser geschluckt? Oder ist das Meer immer weg, wenn du baden gehen möchtest? Dann hab ich hier einen Geheimtipp: das Naturbad Wehle in Niebüll. Bestens mit dem Rad zu erreichen, ist das ein schönes Fleckchen, um sich abzukühlen. In den Sommermonaten wird das kostenlose Naturbad von der DLRG bewacht, es gibt einen kleinen Sandstrand, so können auch Kleinkinder ausgiebig planschen oder auf dem Spielplatz spielen. Größere nutzen das Beachvolleyballfeld oder den reichlich zur Verfügung stehenden Platz, um sich in eine stille Ecke zu-

Freibad-Feeling stellt sich im Naturbad Ladelund ein – mit Pommes und Sprungturm und allem, was dazu gehört

rückzuziehen. Außerhalb der Saison lässt sich hier auch bestens mit dem SUP aufs Wasser gehen.

Insider-Tipp Im Marschenpark schräg gegenüber sind einige spannende Informationsschilder zur Geschichte der Landschaft aufgestellt.

ⓘ *Von Niebüll Bahnhof zu Fuß in 30 Min. zum Naturbad Wehle | Mit dem Auto von der B5 quer durch Niebüll zum Parkplatz an der Jugendherberge, Mühlenstraße | niebuell.de/tourismus/wasserspaß ⏲ Geöffnet ganzjährig, Badeaufsicht Juni bis Aug. ⚙ Badebekleidung ⓥ 54.785343, 8.811794*

Baden im frischen Quellwasser

7 ≋ **Badetag im Naturbad Ladelund**

Das Naturbad liegt etwas versteckt außerhalb des Ortskerns im Norden von Ladelund. Die Wasserqualität ist super und eignet sich bestens für ausgedehnte Schwimmtage mit den Kids. Es gibt einen schönen Bereich für die Kleinen mit Sandstrand und Rutsche sowie eine Menge Büsche und Bäume als natürliche Schattenspender. Du könn-

test vom Drei- oder Fünfmeterturm Saltos machen, wenn du kannst, und dir danach eine Tüte Pommes auf die Hand gönnen – das gute Freibad-Feeling kann man in diesem Naturbad voll ausleben. Nebenan steht auch ein kleiner Wohnmobil- und Campingplatz zur Verfügung. Der kleinere See daneben ist den Anglern vorbehalten.

ⓘ *Mit dem Auto von der B199 bei Leck Richtung Achtrup und weiter nach Ladelund, der Ausschilderung folgen, Parkplätze vor Ort | € ⏲ Geöffnet Ende Mai bis Aug., tgl. 13 bis 20 Uhr, Badeaufsicht DLRG Juni bis Aug. ⚙ Badebekleidung ⓥ 54.849144, 9.036321*

Paddeln auf dem Kultursee

8 ≋ **Stand-up-Paddling auf dem Hülltofter Tief**

Hier kommt ein echter SUP-Insider-Tipp für dich. Das Hülltofter-Tief zwischen Neukirchen und Rosenkranz liegt etwas versteckt am Ende einer Sackgasse. Schon der Maler Emil Nolde, der nur einen Steinwurf entfernt wohnte, nutzte die Bademög-

Ein echter Insider-Tipp: Vom Hülltofter Tief bei Neukirchen kann man auf dem SUP bis Dänemark paddeln

Selbst für nicht eingefleischte Trainspotting-Fans ist es am Hindenburgdamm beeindruckend

lichkeit. In Seebüll zeigt das Nolde-Museum daher Gemälde und Aquarelle des Expressionisten. **Insider-Tipp** Alle zwei Jahre wird es rund um das Hülltofter Tief laut, wenn das länderübergreifende Kleinkunst- und Kulturfestival Skandaløs seine bunten Zelte am Ufer aufschlägt. Kleine Badebuchten, ein kostenloser Parkplatz und Sanitärgebäude sind vor Ort, du kannst also bequem dein SUP aufpumpen, bevor es in die flache sandige Einstiegsstelle geht. Das sind nur ein paar Meter und danach hast du freie Fahrt. Wenn du genug Zeit und Lust hast, kannst du von hier sogar bis ans Meer bei Højer in Dänemark paddeln! Dafür fährst du erst zum Ruttebüller See und dann in die Wiedau (Vidå), die sich idyllisch und kurvig in das Grenzland schmiegt.

ⓘ *Vom Bahnhof Klanxbüll mit Bus 105 bis Nolde Museum, dann ca. 15 Min. zu Fuß zum Hülltoft Tief | Mit dem Auto von der B5 nach Niebüll in Richtung Klanxbüll, dann Richtung Aventoft und Neukirchen abzweigen, zum Hülltofter Tief am Hülltoftweg | skandaloes-festival.de* ⏱ *SUP ganzjährig befahrbar, Sommermonate schön üppig bewachsen* ⚙ *Badezeug, Verpflegung, SUP oder Kanu* ⓥ *54.880491, 8.763593*

Endstation Meer

9🚆 **Trainspotting am Hindenburgdamm und der Dagebüller Mole**

Ein Spot besser als der andere, da fällt die Entscheidung schwer, wo der schönste Trainspotting-Platz ist. Während die Autozug Urlauber auf die Insel Sylt bringt, fährt die NEG (Norddeutsche Eisenbahn Niebüll GmbH) direkt ans Meer bis nach Dagebüll. Ganz klar ist der Hindenburgdamm, der das Festland mit Sylt verbindet, der Spot schlechthin. Mit dem Fahrzeug geht's durch den Friedrich-Wilhelm-Lübke-Koog bis an den Deich, hier kannst du den Autozug auf dem Hindenburgdamm anrauschen sehen. Danach geht's nach Süden bis Dagebüll, wo an der Endstation Dagebüll Mole der Zug durch die mächtigen Sturmfluttore zum Bahnsteig tuckert. Von der Seite bekommst du die besten Bilder, denn es sieht fast aus, als halte der Zug direkt im Meer.

ⓘ *Mit dem Auto von Niebüll nach Dagebüll oder über Klanxbüll zum Nordhörn, Friedrich-Wilhelm-Lübke-Koog* ⏱ *Ganzjährig* ⓥ *54.886163, 8.606185 (Hindenburgdamm), 54.729893, 8.691611 (Dagebüll Mole)*

Hier war mal das Meer. Im Deichmuseum in Neukirchen erfährst du alles über den Deichbau

Tennis oder Squash? Keins davon!

10 🎾 **Padel-Spaß auf dem GreenTEC-Campus bei Leck**

Die Sportart Padel kombiniert das Beste aus Tennis und Squash. Viel Tempo und taktisches Spiel haben dem Sport Aufschwung gegeben. In Enge-Sande bei Leck kannst du das ausprobieren auf der größten Outdoor-Padel-Anlage Schleswig-Holsteins. Nur einige Kilometer entfernt befindet sich die dazugehörige Padel-Halle für Regentage. Freitags ist Probier-Abend für alle, die ihre ersten Bälle schlagen möchten (nach Voranmeldung). Dafür muss man nicht mal eigene Schläger mitbringen. Du kannst deinen Platz, ob draußen oder drinnen, ganz einfach online buchen. **Insider-Tipp** Direkt am Padel-Platz steht ein Automat der Trollebüller-Eiscremerei, die mit regionalen Eissorten überzeugen kann.

ℹ️ *Mit dem Auto von der B5 Richtung Leck abzweigen und zum Parkplatz des GreenTEC Campus an der Lecker Straße 7, Enge-Sande fahren (Standort der GreenPadel-Halle: Flensburger Straße 51, Leck) | greentec-campus.de, €€* 🕐 *Ganzjährig, tgl. 8 bis 22 Uhr* ⚙️ *Sportsachen, wenn vorhanden Padel-Schläger, Verpflegung* 📍 *54.740550, 8.955930 (Outdoor) und 54.762845, 8.981200 (Indoor)*

Deichgeschichte verstehen

11 🎾 **Ausflug zum Deich- und Sielmuseum in Neukirchen**

Unweit des Nolde-Museums versteckt sich ein kleines Outdoor-Deichmuseum, das von Ehrenamtlichen des Orts gepflegt wird. Vier Deichnachbauten sind Teil des Freiluftmuseums, das im Ort gut ausgeschildert ist. Es ist kaum zu glauben, dass ein aufgeschütteter Hügel von nicht mal einem Meter Höhe die Menschen vor den Fluten beschützt hat. Ein kleiner Stopp während eines Ausflugs ist perfekt, um über das Gelände zu schlendern. Vier Tafeln erklären dir die Geschichte des Deichbaus und erläutern, wie sich die Landschaft verändert hat. Anhand der Karten ist die Entwicklung der Nordseeküste bestens zu sehen. Erstaunlich, dass da wo du stehst, mal das Meer war. Wer möchte, kann am Deichmuseum eine kleine Wanderung auf einem Naturerlebnisweg starten, durch ein Gebiet, in dem über einhundert Vogelarten leben.

ℹ️ *Mit dem Auto von der B5 nach Niebüll in Richtung Klanxbüll abfahren, dann Richtung Neukirchen abzweigen und zum Nordosterdeich fahren, Parkplatz vor Ort* 🕐 *Ganzjährig* ⚙️ *Verpflegung* 📍 *54.873240, 8.741900 (Deichmuseum)*

Wie eine Wolke ziehen die Stare über die Landschaft bei Aventoft, verfolgt von den Augen der Schaulustigen

Auf dem Deichwanderweg in Dagebüll kann man Natur und Kultur gleichermaßen feiern

Den Staren beim Tanzen zusehen

12 Bird-Watching am Rutteböller oder Haasberger See bei Aventoft

Im Frühjahr und Herbst sammeln sich mehr als eine halbe Million Stare bei Aventoft an der dänischen Grenze. Sie sind für einige Wochen auf der Durchreise in Nordfriesland und übernachten gerne in der Schilflandschaft des Rutteböller und Haasberger Sees. Abends bei Dämmerung kommen sie aus allen Richtungen, um ihre Schlafplätze auf Schilfhalmen einzunehmen. Nähert sich ein Raubvogel, dann fliegen die Stare auf. Dabei bewegt sich der ganze Schwarm und verwirrt die Angreifer. Ist die Gefahr gebannt, ist auch der Tanz zu Ende. Wo genau die Stare sich niederlassen, ändert sich jedes Mal. Am besten orientierst du dich an den vielen Autos, die am Straßenrand stehen.

Insider-Tipp In den dänischen Supermärkten in den Grenzorten gibt es eine große Auswahl loser Süßigkeiten. Hier kann man sich eine bunte Tüte selbst zusammenstellen.

ⓘ *Mit dem Auto von der B5 bei Süderlügum nach Aventoft, Parkplatz Dorfstraße, oder Stichelmede Ecke Grenzstraße, Süderlügum* 🕐 *Frühling und Herbst* ⚙ *Fernglas, warme Kleidung, Kamera, Decke oder Stuhl* 📍 *54.887316, 8.848574 (Haasberger See), 54.904749, 8.829364 (Rutteböller See)*

IN UND UM DAGEBÜLL
Deichbummel de luxe

13 Einfache Rundwanderung auf dem Deichwanderweg in Dagebüll, ca. 6 km, 2 Std.

Immer obenauf mit bestem Ausblick. Der Deichwanderweg in Dagebüll verbindet Natur und Kultur. Vorbei am Dagebüller Leuchtturm, den Blick auf die Halligen, lohnt bei Ebbe ein kurzer Abstecher ins Watt. Oder man winkt einer Lore hinterher, die gerade Fahrt zur Hallig Oland oder Langeneß aufnimmt. Ein kurzer Stopp auf einer der blauen Deichbänke und durchatmen. Hinaus zur St.-Dionysius-Kirche geht es, die stolz auf einem Hügel (Warft) liegt und über einzigartige Ausstellungsstücke verfügt: Unter anderem ein kleiner Holzengel, der in den 1980er-Jahren auf dem Dachboden entdeckt und liebevoll restauriert wurde. Auch die Deckenmalereien sind sehr sehenswert. Hier befindet sich auch das Restaurant To olen Slüüs, das gutbürgerliches Essen und Fisch anbietet. Der Rückweg führt an einer alten Muschelfabrik vorbei bis zur Nordmole von Dage-

Bei einer Wanderung von Dagebüll auf die Hallig Oland wird einem klar, wie groß das Wattenmeer wirklich ist

büll. Dieser Deichabschnitt ist wenig besucht und eignet bestens für ein Päuschen.

ⓘ *Mit der Bahn (NEG) nach Dagebüll Mole | Mit dem Auto von Niebüll über die L9 und Bredstedt über die L191 nach Dagebüll zum Strandparkplatz* ⏱ *April–Ende Okt.* ⚙ *Verpflegung, Fernglas* 📍 *54.727610, 8.694437 (Parkplatz)*

Spaziergang auf dem Meeresboden

14🚶 Geführte Wattwanderung von Dagebüll auf die Hallig Oland, ca. 6 km, 6 Std. (inkl. Aufenthalt und Rückfahrt mit dem Schiff)
Vom Dagebüller Badedeich ist sie schon zu sehen: die Hallig Oland. Sie liegt gut sechs Kilometer entfernt und für eine Wanderung dorthin schließt du dich am besten einem geprüften Wattführer an. Die Strecke durchs Sandwatt ist leicht zu laufen. Unterwegs erfährst du viel über das Wattenmeer, das so unglaublich viel zu bieten hat, auch wenn man es auf den ersten Blick nicht sieht. Die zertifizierten Guides haben eine Menge Geschichten parat und erklären die graue Wattlandschaft mit viel Leidenschaft, buddeln auch mal einen Watt-wurm aus oder zeigen dir Herzmuscheln. Immer dem Horizont entgegen, wo der Himmel das Watt berührt, geht es Schritt für Schritt nach Oland. Ein Rundgang auf der kleinen Hallig ist meist inbegriffen und entweder es geht mit dem Schiff retour oder du nimmst an der sportlicheren Variante teil, wo dein Weg Hin und zurück über den Meeresboden führt. Draußen im Watt spürst du den Wind in jeder Pore. Infos und Termine finden sich beim Dagebüller Tourismusbüro. **Insider-Tipp** **Im Bekleidungsgeschäft Wettertüch gibt es Watt-socken zu kaufen, die deine Füße vor Muscheln schützen.** Das Besondere dieses Weltnaturerbes? Die Einfachheit des Wattbodens, auf dem sich der Himmel spiegelt. Die Weite und die Stille ist hier draußen einfach einzigartig.

ⓘ *Mit der Bahn (NEG) nach Dagebüll Mole | Mit dem Auto von Niebüll über die L9 und Bredstedt über die L191 nach Dagebüll zum Strandparkplatz | dagebuell-tourismus.de (> Watt > Wattwanderungen), €€€* ⏱ *Im Sommer, ist aber grundsätzlich ganzjährig möglich* ⚙ *Verpflegung, kleines Handtuch, Kopfbedeckung, robuste Kleidung* 📍 *54.727610, 8.694437 (Parkplatz)*

Nicht nur für Familien ist so eine Badebude am Badedeich in Dagebüll eine feine Sache

Wenig Strömung und Verkehr machen den Bottschlotter See zum perfekten SUP-Revier

In einem bunten Büdchen am Meer

15⚓ Badetag am Badedeich in Dagebüll

Im Sommer reihen sich um die 90 Buden an der Deichkante in Dagebüll aneinander, an lauen Sommerabenden ist hier eine besondere Stimmung: ein fröhliches Miteinander, während man am Deich sitzt und die Weite auf sich wirken lässt. Hier gibt es grandiose Sonnenuntergänge zu sehen und bei einer Tagesanmietung einer Badebude klopft vielleicht die Nordseegischt ans Fenster. Hast du ein SUP-Board dabei? Bestens, dann musst du es gar nicht weit tragen, sondern startest deinen Meer-Trip genau hier. Für Familien ist das ebenfalls einzigartiges Erlebnis. Es gibt tolle Einstiegsstellen zum Baden bei Flut, und wenn der kleine Hunger kommt, locken hinterm Deich leckere Fischbrötchen oder ein Eis auf die Hand.

ⓘ *Mit der Bahn (NEG) nach Dagebüll Mole | Mit dem Auto von Niebüll über die L9 und Bredstedt über die L191 nach Dagebüll zum Strandparkplatz | Anmietung über die Tourist-Info: dagebuell-tourismus.de (> typisch Dagebüll > Badebuden), €€ ⏲ Mai bis Sept. ⚙ Badebekleidung, ggf. SUP ⚲ 54.727610, 8.694437 (Parkplatz)*

Geheimtipp für SUP-Anfänger

16⚓ Stand-up-Paddling auf dem Bottschlotter See

Tolle flache Einstiegsstellen, keine starken Strömungen und dazu eine maximale Wassertiefe von 1,60 Metern machen den Bottschlotter See zu einem perfekten Anfängerrevier für SUPler. Wenn du hier mal ins Wasser plumpst, dann kannst du überall wieder aufstehen und leicht aufs Board zurückklettern. Auf dem Bottschlotter See, auf dem motorisierte Fahrzeuge verboten sind, bist du eins mit der Natur, paddelst mit Gänsen und Enten um die Wette und kannst die Stille genießen. Man sollte allerdings nicht den Wind auf dem Wasser unterschätzen. **Insider-Tipp** Windsurfen ist hier auch gestattet. Der Uferbereich ist größtenteils mit Schilf eingefasst, sodass es nur wenige Stellen zum Ein- und Aussteigen gibt. Dafür ist man hier draußen außerhalb der Saison meistens alleine. Während der Vogelzugzeit im Frühjahr und Herbst lassen sich unzählige Enten und Gänse im See nieder, die man auch vom Ufer aus beobachten kann.

Das Sandwatt vor den Dagebüller Badebuden eignet sich super, um die ersten Schritte ins Watt zu wagen

Gute Idee: Die Wirtschaftswege im Hinterland eignen sich super zum Inline-Skating

Obwohl der Bottschlotter See unweit von Dagebüll liegt, ist er noch ein Geheimtipp für SUPler.
ⓘ *Von Niebüll Bahnhof mit Bus 106, 107, Ausstieg Waygaard Brücke, dann 5 Min. zu Fuß | Mit dem Auto von der B5 über Langenhorn und Süder-Waygaard zum Parkplatz am Bottschlotter See* ⏱ *Im Sommer* ⚙ *SUP, Verpflegung, Badebekleidung* 📍 *54.703240, 8.819440 (Parkplatz)*

Inlineskating in den Kögen

17 🛼 **Inline-Skating in den Kögen im Dagebüller Hinterland, ca. 6 km, 1 Std.**
Mit Vollgas geradeaus, keine Autos in Sicht nur Weite und Stille. Genau so könnte dein Tag auf Inlineskates aussehen. Auf den asphaltierten Wirtschaftswegen hast du genügend Platz und kannst entgegenkommende Autos schon einige Kilometer im Voraus erkennen. Die Strecke durch die Köge ist knapp sechs Kilometer lang und führt an Raps- oder Kornfeldern vorbei, im Gesicht immer

eine frische Brise Wind. Die Tour ist ganzjährig zu empfehlen, im Winter sind Gänse zu Besuch in den Kögen und vielleicht entdeckst du über dir den Seeadler kreisen. Oder die Stare tanzen hier bei Tageslicht und futtern sich auf den Feldern den Magen voll. Dieses Gebiet wurde vor Hunderten Jahren dem Meer abgerungen, und am Straßenrand kannst du manchmal sogar noch die eine oder andere Muschel entdecken!
ⓘ *Mit dem Auto von der B5 über Langenhorn und Süder-Waygaard zum Kleiseerkoogsdeich bei Galmsbüll, Parkplatz direkt am Start* ⏱ *Im April und Mai zur Rapsblüte* ⚙ *Inlineskates, Verpflegung* 📍 *54.734903, 8.762824 (Start und Ziel)*

Die Small Five im Watt entdecken

18 🐚 **Wanderung im Weltnaturerbe Wattenmeer vor den Badebuden in Dagebüll**
Und rein ins Watt! Vor Dagebüll ist Sandwatt vorlagernd, damit lohnt sich diese Stelle auch bestens für Kinder und Anfänger im Watt, um einen Schritt in den Schlick zu machen. Hier läufst du praktisch wie auf nassem Sandboden, in den man im Gegensatz zum Schlickwatt nicht versinkt. Ein Blick nach unten lohnt, immerhin ist das Wattenmeer ein Bück-Nationalpark. Alles spielt sich vor deinen

Der Erlebniswald Fahretoft ist super geeignet für einen entspannten Nachmittag mit Kindern

Füßen ab und du kannst leicht die Small Five, fünf wichtige kleine Lebewesen entdecken. Die ausgeschiedenen Wattwurmtürmchen sieht man überall im Watt, ihre Verursacher leben in bis zu 30 Zentimetern Tiefe. Die Herzmuschel zieht sich bei Ebbe nur kurz unter die Wattoberfläche zurück, man kann sie barfuß manchmal sogar erspüren. Die Nordseegarnele kennst du schon vom Krabbenbrötchen und die Strandkrabbe siehst du bei deiner Begehung vielleicht vor dir wegkrabbeln. Und die Wattschnecke ist zu Tausenden da. Nur ist sie manchmal so klein, da muss man wirklich genau hinschauen, um sie im Sand zu entdecken. Diese Fünf sind unglaublich wichtig für das Weltnaturerbe, denn sie tragen wesentlich zur Biomasse bei.

ℹ️ *Mit der Bahn (NEG) nach Dagebüll Mole | Mit dem Auto von Niebüll über die L9 und Bredstedt über die L191 nach Dagebüll zum Strandparkplatz | nationalpark-wattenmeer.de* 🕓 *Im Sommer*
⚙️ *Gummistiefel oder Wattsocken (wer nicht barfuß ins Watt mag), kleines Handtuch*
📍 *54.727610, 8.694437 (Parkplatz)*

Grillen und chillen im Geisterwald

19 🎒 **Wanderung auf dem Erlebnispfad Fahretoft, ca. 1,5 km, 30 Min.**

Hinter der Freiwilligen Feuerwehr in Fahretoft sind die Geister los! Auf einem Erlebnisweg sind in den Sommermonaten neun Sagen-Tafeln aufgebaut. Es geht um kleine Hausgeister, die mit Grütze gefüttert werden wollen, damit sie keinen Schabernack treiben. Zu ihnen gesellen sich Insektenhotels, ein Baumlehrpfad, Biotop oder eine Streuobstwiese. Nicht nur die Kleinen haben ihren Spaß im Geisterwald, denn für einen längeren Aufenthalt stehen ein öffentlicher Grillplatz, Großflächenspiele wie Schach und Mensch-ärgere-dich-nicht und eine Tischtennisplatte samt Equipment zur Verfügung. `Insider-Tipp` ==Nicht nur in der heißen Mittagshitze lässt es sich hier gut aushalten, auch am lauschigen Abend, an dem nach dem Grillspaß eine Runde Schach gespielt werden kann.== Während der Saison ist es nicht nötig, eigene Geräte mitzubringen, es ist

Queller, so weit das Auge reicht. Hier auf der Hamburger Hallig ist das Pflücken verboten. Man bekommt ihn im Feinkostgeschäft

alles vorhanden und man vertraut darauf, dass nichts wegkommt. Ganz spannend sind auch die Projekte, an denen Gewichte anhand von unterschiedlichen Holzarten geschätzt oder diese den unterschiedlichen Baumarten zugeordnet werden können. Ein Spaziergang durch das kleine Waldgebiet ist übrigens auch im Winter schön.

ⓘ *Mit dem Auto von der B5 über Langenhorn und Süder-Waygaard zur Schulstraße, Dagebüll, Ortsteil Fahretoft, Parkplatz vor Ort dagebuell-tourismus.de (> Vor Ort & Umgebung > Orte > Fahretoft)* 🕓 *Im Sommer* 🍳 *Kohle, Grillgut, andere Verpflegung* 📍 *54.704503, 8.796371 (Parkplatz)*

RUND UM BREDSTEDT
Das Salz in der Wiese

20🚶 Einfache Wanderung auf dem Salzwiesen-Lehrpfad auf der Hamburger Hallig, ca. 1 km, 30 Min. (Führung ca. 1,5 Std.)
Die Salzwiesen sind ein wichtiger Bestandteil des Weltnaturerbes Wattenmeer, da lohnt es sich, mal genauer hinzuschauen, was in dem eintönig wirkenden Streifen zwischen Meer und Deich so alles wächst. Zum Beispiel Queller: Der Meeresspargel liebt es feucht und salzig. Man bekommt ihn auch im Delikatessenladen, hier wächst er wild und taucht die Salzwiesen im Herbst in ein rotes Gewand. Im August ist Strandfliederblüte. Die stark geschützten Pflanzen haben sich in den letzten Jahren stark verbreitet und leuchten mit den kleinen Blüten lila in den Wiesen. Nicht umsonst wird die Pflanze auch als Lavendel des Nordens bezeichnet. Ein Spaziergang auf den ausgewiesenen Pfaden oder eine Salzwiesenführung eröffnen einen neuen Blickwinkel auf diesen eigentlich karg wirkenden Landstrich. Die Einzigartigkeit der Landschaft wird deutlich, die auch ein wichtiger Lebensraum für viele Vögel ist. Sie sind also gar nicht langweilig, diese Salzwiesen!

ⓘ *Mit dem Auto auf der B5 gut 10 km nördl. von Husum links Richtung Hamburger Hallig, Parkplatz am Info-Zentrum Amsinck-Haus | Rad leihen oder zu Fuß weiter, auf halber Strecke zur Hallig befindet sich der Salzwiesen-Lehrpfad | Salzwiesenführung Südwesthörn, Infos und Termine beim Infozentrum Wiedingharde in Klanxbüll, wiedingharder-infozentrum.de), € | Radverleih im Amsinck-Haus: amsinck-haus.de, € | Salzwiesenlehrpfad kostenlos* 🕓 *Mai–Okt.* 🍳 *Verpflegung, gutes Schuhwerk* 📍 *54.608205, 8.844507 (Start)*

Naturspielplatz, Findlingspfad, die Aussicht vom Fernmeldeturm und noch viel mehr gibt's im Naturerlebnisraum Stollberg

Erlebnisrouten am Stollberg entdecken

21 🚶 **Einfache Rundwanderung am Naturerlebnisraum Stollberg, ca. 1–6 km, 30 Min.–3 Std. (Rundwege mit unterschiedlicher Länge)**

Der Naturerlebnisraum Stollberg ist ein Areal, das verschiedene kostenlose Naturerlebnisse bereithält. Es ist sehr abwechslungsreich gestaltet und für alle Bedürfnisse ist was dabei! Die Gegend kann man perfekt mit dem Rad oder zu Fuß entdecken. Zunächst geht es zum Fernmeldeturm, auf dem sich in 20 Metern Höhe eine öffentlich begehbare Aussichtsplattform befindet. Von hier hat man einen grandiosen Weitblick bis zu den Halligen im Wattenmeer. Es gibt einen Findlingspfad, ein kleines eisenzeitliches Kulissendorf und viel Wissenswertes über den Wandel der Küste. Die Jüngsten können beim Lernort Natur die Froschperspektive einnehmen oder sich auf dem Naturspielplatz mit Rutsche, Schaukel, Kletterelementen, Fußballtoren und Matschanlage richtig austoben. Die Bordelumer Kirche und die Heilquelle mit Besinnungspfad sind dann noch ein Highlight für Kulturinteressierte. ==**Insider-Tipp** An der Heilquelle findest du übrigens auch eine schöne überdachte Picknickstelle, die sich bestens für eine Pause eignet.== Die Heilquelle hatte ihre Blütezeit allerdings schon vor mehr als 200 Jahren. Als dann festgestellt wurde, dass die Wasser doch nicht heilend waren, ließ auch der Besucheransturm nach. Der Platz wird heute trotzdem noch liebevoll gepflegt.

ℹ️ *Mit dem Bus 125 von Bredstedt bis Bordelum, Stollberg, und zu Fuß zum Parkplatz am Stollberg | Mit dem Auto von Bredstedt Richtung Niebüll auf der B5 nach 3 km links zum Parkplatz am Stollberg | Karte und Infos: amnf.de (> Tourismus & Freizeit > Naturerlebnisraum)* ⏱ *Ganzjährig* ⚙️ *Verpflegung* 📍 *54.644578, 8.945702 (Start)*

Durch hügeliges statt plattes Land

22 🚲 **Mittelschwere Radrundtour auf der Mirebüller Route bei Breklum, ca. 31 km, 3 Std.**

Achtung, Höhenmeter! Okay, die Alpen sind es nicht. Auch nicht der Harz. Es ist die nordfriesische Geest, die höher gelegene Landschaft im Hinterland. Lieblich geht's auf dieser Radtour zur Sache,

Der Langenberger Forst ist der größte Wald Nordfrieslands und ein beliebtes Freizeitrevier

Durchs beschauliche Hinterland der nordfriesischen Geest radelst du auf der Mirebüller Route

Auch die Kirche in Drelsdorf, die schon Theodor
Storm beeindruckte, liegt an der Ostenautal-Route

es bieten sich schöne Ausblicke und Einblicke in die regionale Geschichte. Namensgeber der gut beschilderten Tour ist das ehemalige Gut Mire-büll. Auf dem Weg hat es alles, was das Radlerherz wünscht. Kultur in Form der Breklumer Kirche, die Seefahrern früher zur Orientierung diente, der his-torische Ochsenweg, kleine gemütliche Ortschaften wie Högel oder Dörpum und die Mergelschächte, in denen vor vielen Jahrzehnten Naturdünger ge-wonnen wurde und die heute ein Anglerparadies sind. **Insider-Tipp** Ein kleiner Baumlehrpfad kann nach Ende der Tour noch in Breklum parallel zu den Bahngleisen erschlendert werden.

ⓘ *Mit dem Auto von der B5 zum Kirchspielkrug Breklum, Am Osterbach, Breklum, Parkplatz direkt am Startpunkt | Karte und GPX-Daten: amnf.de (> Tourismus & Freizeit > Radrouten > Mirebüller Route)* 🕐 *Im Sommer* ⚙ *Rad, Verpflegung, Smartphone für GPX-Daten* 📍 *54.606120, 8.990690 (Start und Ziel)*

Ein Almdorf in Nordfriesland

23 🚲 **Mittelschwere Rad-Rundtour auf der Ostenautal-Route bei Almdorf, ca. 33 km, 3 Std.**
Almdorf in Nordfriesland? Ja, das Dorf gibt es, und es ist gleichzeitig Startort dieser Radtour, die vor Geschichte, Kultur und Natur nur so strotzt.

Kaum im Sattel, gibt es schon die erste steinzeit-liche Urnenfundstätte zu besichtigen. Im Nachbar-ort Drelsdorf hat die Kirche den Dichter Theodor Storm so sehr beeindruckt, dass er nach einem Be-such die Novelle „Aquis submersus" schrieb. Das nächste Gotteshaus, das aus alten Feldsteinen er-baut wurde, wartet in Joldelund, bevor das Natur-schutzgebiet der Löwenberger Sandberge am ehe-maligen Bahndamm auf einen Besuch wartet. Hier stehen Ruhe und Besinnlichkeit an erster Stelle, während man die einzigartige Flora und Fauna auf sich wirken lässt. Die Tour eignet sich perfekt für eine entspannte Tagestour, die du in Almdorf im Restaurant Hacienda ausklingen lassen kannst.

ⓘ *Mit dem Auto von der B5 bei Struckum Ausschil-derung nach Almdorf und Hacienda folgen | Start am Bauernhofcafé Hacienda, Osterstraat 28, Almdorf | Karte zum Download: nordseeurlaub.sh (> Info & Service > Downloads > Ostenautal Route)* 🕐 *Im Sommer, Restaurant Hacienda Sa und So geöffnet* ⚙ *Rad, Verpflegung* 📍 *54.582636, 9.018326 (Start und Ziel)*

Mit dem Kajak erkundest du die Marschland-schaft um die Arlau im Norden von Husum

Ins Binnenland paddeln

24 Mittelschwere Kajaktour auf der Arlau, 9 km, 3 Std.

An der Arlau-Schleuse kannst du dein Kajak gut ins Wasser lassen und direkt lospaddeln Richtung Norden. Nach einem kurzen geraden Abschnitt wird die Strecke immer kurviger, das Land immer lieblicher. Kein Schilf versperrt den Blick in die Marschland-schaft, wo Schafe und Kühe gemütlich grasen. Mit der Zeit wird die Arlau immer schmaler und flacher, nach gut 4,5 Kilometern solltest du ans Umdrehen denken. Auf etwa der Hälfte der Strecke überquert eine Schafsbrücke den Fluss. Das ist ein schöner Ort für eine Rast und ein Picknick. Die Arlau ist übrigens wichtig für die Entwässerung des Hinterlands. Daher kann der Wasserstand in den Wintermonaten auch mal variieren, bei einem zu starken Anstieg solltest du den Uferbereich besser meiden.

ⓘ *Mit dem Auto von der B5 zwischen Struckum und Hattstedt der Ausschilderung Arlau-Schleuse folgen, Parkplatz Hattstedter Koog 42, Hattstedter-marsch* ⊙ *Ganzjährig* ⚙ *Kajak oder Kanu, Verpflegung, kleines Handtuch* ⦿ *54.546995, 8.940170 (Start und Ziel)*

AUF NORDSTRAND
Mit dem Rad zu fünf Häfen auf Nordstrand

25 Einfache Radrundtour auf der Halbinsel Nordstrand, ca. 26 km, 2,5 Std.

Diese schöne Fahrradtour ist einfach zu bewältigen und führt sogar am einzigen kleinen Sandstrand der Halbinsel vorbei. Gestartet wird am Tourist-Büro. Gegenüber kannst du dich bei der Bäckerei mit ordentlich Proviant eindecken oder (nach Voranmeldung) ein ordentliches Frühstück zu dir nehmen. Los geht's Richtung Strucklahnungshörn, dem Fährhafen Nordstrands, und weiter durch das saftig grüne Marschland, immer den asphaltierten Wirtschaftswegen folgend. Nach gut fünf Kilometern ist schon der Strand Fuhlehörn in Sicht. Bei Ebbe erscheint der kleine Sandstrand noch größer und kleine Kinder haben mächtig viel Platz zum Herumtoben und Buddeln. Auch einen Imbiss gibt es und Strandkörbe stehen zur Verfügung <mark>Insider-Tipp Von hier kannst du eine Kutschfahrt durchs Watt zur Hallig Südfall unternehmen.</mark> Auf dem Weg zum Holmer Siel und weiter bis zurück zum Startpunkt gibt es noch viel zu sehen. Man kann

Vom Fähranleger kann man die Inseln und Halligen ansteuern oder weiter über den Deich Nordstrand entdecken

Am Holmer Siel auf Nordstrand finden alle Bade-Fans ihr Plätzchen

Einkehren, zum Beispiel im Pharisäerhof, oder ein Picknick an einem der Pausenplätze einlegen. Diese knapp 26 Kilometer lassen sich unkompliziert zu einem tollen Tagesausflug ausbauen.

ⓘ *Von Husum Bahnhof mit Bus 140 bis Endstation | Mit dem Auto auf der B5 bei Hattstedt der Ausschilderung nach Nordstrand folgen, Parkplatz vorhanden | Start am Tourist-Büro, Am Kurhaus 27, Nordstrand | nordstrand.de/fuenf-haefentour-auf-nordstrand | Radverleih: tinasfahrradverleih.de (nur mit Reservierung und Abholung nachmittags), € | Kutschfahrt: wattenkutscher.de, €€€* ⏱ *Im Sommer, ganzjährig möglich* ⚙ *Fahrrad, Verpflegung, Badebekleidung* 📍 *54.504487, 8.823899 (Start und Ziel)*

Gezeitenbaden

26 ≋ Badetag am Holmer Siel

Mal ist sie da, mal ist sie weg: die Nordsee. Die Gezeiten Ebbe und Flut stoppen so manch spontanen Sprung ins kühle Nass. Am Holmer Siel ist es möglich, ab drei Stunden vor und nach dem Hochwasser baden zu gehen. Der Badedeich hält für alle einen Platz bereit, Familien, FKK-Fans,

Menschen mit Hunden oder Sonnenanbetende. Für alle gibt es ausgewiesene Flächen, die mit Strandkörben bestückt sind, die sich bequem online buchen lassen (über Nordstrand Tourismus). Imbiss, öffentliches WC, Duschen, Parkplätze und ein Spielplatz sind vor Ort und wenn du mit dem Rad den Nordseeküstenradweg abradelst, kommst du direkt an der Badestelle vorbei.

ⓘ *Mit dem Auto auf der B5 bei Hattstedt der Ausschilderung nach Nordstrand folgen bis zur Ausschilderung Elisabeth-Sophien-Koog, Straße bis zum Ende folgen, Parkplatz vorhanden* ⏱ *Im Sommer* ⚙ *Badebekleidung* 📍 *54.526898, 8.871699 (Parkplatz)*

Von wegen Seeungeheuer

27 ≋ Tiere beobachten auf einer Ausflugsfahrt von Nordstrand

Einen Tag auf dem Meer verbringen ist ja immer eine gute Idee. An unterschiedlichen Häfen starten Ausflugsfahrten ins Wattenmeer mit kleinen, liebevoll gepflegten Schiffen. Die Kapitäne lassen

Alpakas sind entspannte Tiere, das überträgt sich
auf dich bei einer Wanderung auf Nordstrand

Ein Bootsausflug aufs Wattenmeer ist immer eine
gute Idee, vor allem wenn man Robben sehen will

dich hinein in ihr Wohnzimmer und erzählen mit
Begeisterung von ihrem Wattenmeer. Es wird an
Seehundbänken vorbeigeschippert, zwischen denen du vielleicht auch Kegelrobben entdecken
kannst, die immerhin Deutschlands größte Raubtiere sind, und die vorgelagerten Halligen hast du
bei der Tour immer im Blick. Unterwegs gibt es einen Seetierfang, bei dem verschiedenen Meeres-
bewohner erklärt und angefasst werden können.
Das ist meistens nicht nur für die Kleinen sehr
spannend. Durchgeschaukelt und mit viel Wissen
über das Weltnaturerbe kehren die Seeleute nach
rund drei Stunden wieder zurück in ihren Heimathafen. ==Insider-Tipp Die Fahrten werden nicht nur
von Nordstrand, sondern auch von Dagebüll und
Schlüttsiel aus angeboten.==
ⓘ *Von Husum Bahnhof mit Bus 140 bis Nord-
strand Fähranleger | Mit dem Auto auf der B5 bei
Hattstedt der Ausschilderung nach Nordstrand
Fährhafen folgen, Parkplätze vor Ort | Hafen Struck-
lahnungshörn, Hörnstraße 4, Nordstrand | adler-
schiffe.de (> Abfahrtsort Nordstrand), €€–€€€, auch*

Familienkarten 🕐 *Sommermonate* ⚙ *Wetterfeste Kleidung* 📍 *54.496982, 8.808063 (Start)*

An der Hand ein Alpaka

28 🦙 **Einfache Alpakawanderung auf
Nordstrand, 1–3 Std.**

Wenn Alpakas untereinander kommunizieren, hören sie sich an, als ob sie summen. Um das zu hören, musst du unbedingt eine Alpakawanderung
mitmachen. Eins von elf Tieren ist für eine kleine
oder große Runde an deiner Seite. Vorher gibt es
noch ein paar Worte zum Umgang mit den Tieren
und los kann es gehen. Auch Alpakas haben eine
Rangordnung, so kann es sein, dass ein Tier wilder
ist als das andere. Aber keine Scheu, es ist immer
jemand an deiner Seite. Der Spaziergang führt
am legendären Pharisäerhof vorbei und wenn du
zurück auf dem Alpaka-Höfle bist, hast du einiges
über das Verhalten der Tiere gelernt.
ⓘ *Mit dem Auto auf der B5 bei Hattstedt der
Ausschilderung nach Nordstrand folgen und zum
Akpaka-Höfle, Jebeweg 1a, Nordstrand | alpaka
höfle.de, €€* 🕐 *Im Sommer* ⚙ *Festes Schuhwerk, dem Wetter angemessene Kleidung*
📍 *54.498221, 8.899214 (Start)*

DER SCHÖNSTE SONNENUNTERGANG
Ein Lichtermeer an der Mole
29 **Fährhafen Schlüttsiel**

Vorne auf der Nordmole des Fähranlegers Schlüttsiel hast du den besten Sonnenuntergangsplatz. Während im Winter die Sonne schon am frühen Abend am Horizont versinkt und du das Spektakel vom Restaurant Siel 59 aus verfolgen kannst, geht die Sonne im Sommer erst nach 22 Uhr unter. Vor dir spiegelt das Wattenmeer die letzten Sonnenstrahlen, die Halligen geben einen wundervollen Kontrast. Die Lichter des Hafens werden gelöscht, der Himmel ist ein rotes Lichtermeer. Übrigens: Hier an der Nordmole gibt es einen Tisch am Meer, der sich so wundervoll eignet, um ein perfektes Sonnenuntergangsdinner zu zelebrieren.

ℹ️ *Mit dem Auto auf der B5 bis kurz hinter Bredstedt der Ausschilderung Richtung Schlüttsiel/Dagebüll und zum Fährhafen folgen, Parkplätze vor Ort* 🕐 *Ganzjährig*
📍 *54.682353, 8.753023*

Das Original: Der Pharisäer im Pharisäer-Hof auf Nordstrand wärmt an kalten Tagen, bei Regen, bei Wind ... passt einfach immer!

Die Spezialitäten an der nördlichen Nordseeküste sind abwechslungsreich. Wenn es richtig kalt wird, darf es gern deftig sein oder auch richtig süß, aber sieh selbst:

Eine nordfriesische Tradition

1 🍴 **Pharisäer**

Wenn das Wetter so richtig schietig ist und der Wind den Regen horizontal ins Gesicht weht, wärmt dich der Pharisäer wieder richtig auf. Starker Kaffee, exakt 4 cl Rum und ein ordentliches Sahnehäubchen, gereicht in weiß-blauen Keramiktassen – das ist pure nordfriesische Tradition.

ⓘ **Im Pharisäerhof in Nordstrand** *wurde er erfunden* | *Elisabeth-Sophien-Koog 3, Nordstrand* | *pharisaerhof.de*, €

Deftige Küche für schietiges Wetter

2 🍴 **Lamm**

Schafe spielen für Küstenschutz und Landschaftspflege eine wichtige Rolle in der Region, auch Lammgerichte sind eng mit dem Norden verbunden, obwohl die Deichschafe hierfür selten verwendet werden. Vor allem in den kalten Monaten sind deftige Gerichte von den Speisekarten kaum wegzudenken – mal modern interpretiert, mal traditionell.

ⓘ **Im Restaurant Hallig-Krog auf der Hamburger Hallig** *gibt es kräftigen Lammeintopf oder Haxe* | *Hallig-Krog, Reußenköge* | *hallig-krog.de*, €€

Eiskalt serviert

3 🍴 **Eis**

Obwohl an der Nordseeküste viele Schafe grasen, zählen durchaus auch Kühe zum typischen Landschaftsbild Nordfrieslands. Kein Wunder also, dass hier viel gute Milch vorhanden ist, die vor Ort unter anderem zu Eis verarbeitet wird. Auf Nordstrand wird von der Familie, die den Pharisäerhof betreibt, das bekannte MUKU-Eis hergestellt, das dort in vielen Cafés verzehrt werden kann. Auch die Trollebüller Eiscremerei überrascht mit Kreationen wie weiße Schokolade mit Mohn oder salzigem Karamell und ist in vielen Restaurants und Hofläden oder in Eisautomaten in der Region zu finden.

🛈 **Auf dem Hof der Trollebüller Eiscremerei** *steht ein Automat mit den Kreationen der Manufaktur | Wangisweg 3, Stedesandl | die-trollebueller.de, €*

Mehrere Sünden wert

4 🍴 **Friesentorte**

Überall gibt es nachmittags zur Kaffeezeit die schönsten Kuchen und Torten zu kaufen, nicht nur am Wochenende. Da hilft nur eins: Durchfuttern! Die Trümmertorte, auch Friesentorte genannt, ist fast immer dabei, meistens mit Früchten der Saison bestückt. Warum sie Trümmertorte heißt? Weil sie sich kaum ordentlich schneiden lässt. Dafür ist der Geschmack umso besser!

🛈 **In der Engelmühle auf Nordstrand** *gibt es eine große Kuchenauswahl | Süderhafen 15, Nordstrand | engelmuehle.de, €*

Einer für alles

5 🍴 **Hofladen Baumbach**

Ein bunter Hofladen direkt am Deich mit einer großen Auswahl an Souvenirs und Lammprodukten, die man auch eingeschweißt mitnehmen kann. Ganzjährig geöffnet.

🛈 *Pohnshalligkoogstraße 1 | Nordstrand | lammfleisch.de*

Die Friesen- oder Trümmertorte besteht typischerweise aus zwei Böden, einem Rührteigboden und einer Baiserschicht

Auf Amrum kann man sich am Sandstrand sattsehen, so viel wie hier gibt es nirgendwo sonst in Europa

Inseln

DÜNEN, SALZWIESEN UND VIEL FUN

Auf Sylt warten abseits Westerlands viele Natur-schönheiten darauf, entdeckt zu werden. Ein Farbenmeer in Lila ist die Braderuper Heide und wild die Dünenlandschaft am Ellenbogen. Viele Strandabschnitte sind Treffpunkte für Windsur-fer und andere Wassersportler. Auch auf Föhr gibt es Strand, aber auch Marschland im Nor-den, das man abseits der Pfade gut erradeln kann. Auf Amrum steht der lange Kniepsand im Mittelpunkt, Europas größter Strand, den man erst durch lange Dünenwanderungen erreicht. Pellworm als Marschinsel ist eingedeicht und ein Paradies für Sterngucker und Fahrradfahrer. Die Halligen bestechen durch Ruhe, Einsamkeit und einzigartige Natur. Ihre Salzwiesen sind Lebensraum unzähliger Bodenbrüter und Krab-beltiere und Heimat vieler besonderer Pflanzen.

AUF EINEN BLICK
*INSELN

MARCO POLO
OUTDOOR-HIGHLIGHTS ★

★ **Wo Pellworms Sterne funkeln**
Hier ist der Nachthimmel besonders schön
zu sehen → S. 80

★ **Natur pur am Lister Ellenbogen**
Zwei Leuchttürme, wilde Dünenlandschaft
und Meer zum Sattsehen → S. 82

★ **Den größten Strand Europas
auf Amrum erlaufen**
Nirgendwo sonst kann man so lange mit
bloßen Füßen am Strand spazieren → S. 84

★ **Durch die Salzwiesen der
Hallig Hooge**
Die Halligen sind einzigartig auf der Welt,
eine Radtour zeigt dir, warum → S. 86

★ **Auf Spurensuche am Sylter
Morsum-Kliff**
Wie es hier vor Millionen Jahren aussah,
erahnt man an den roten Klippen → S. 88

★ **Die sprechenden Grabsteine
von Föhr**
Inselhistorie mal anders: Diese Grabsteine
erzählen Lebensgeschichten → S. 90

★ **Künstlerische Schnitzeljagd
auf Föhr**
Über die Insel radeln und die Motive von
Kunstwerken entdecken → S. 92

★ **Wanderung in Amrums
Eisenzeit**
In den Dünen liegen die Reste einer Sied-
lung. Ein Haus wurde rekonstruiert → S. 94

Natur pur am
Lister Ellenbogen ★

List auf

Natur pur am Lister Ellenbogen ★

Westerland

Sylt

🚗 34 km, 40 Min.

Oster

Auf Spurensuche
am Sylter Morsum-Kliff ★

Hörnum (Sylt)

Oldsum

Norddorf
auf Amrum

Wanderung in
Amrums Eisenzeit ★

🚌 8,5 km, 18 Min.

Amrum

Wittdün
auf Amrum

Den größten Strand
Europas auf Amrum erlaufen ★

Japsa

Norderoog

Süderoogsa

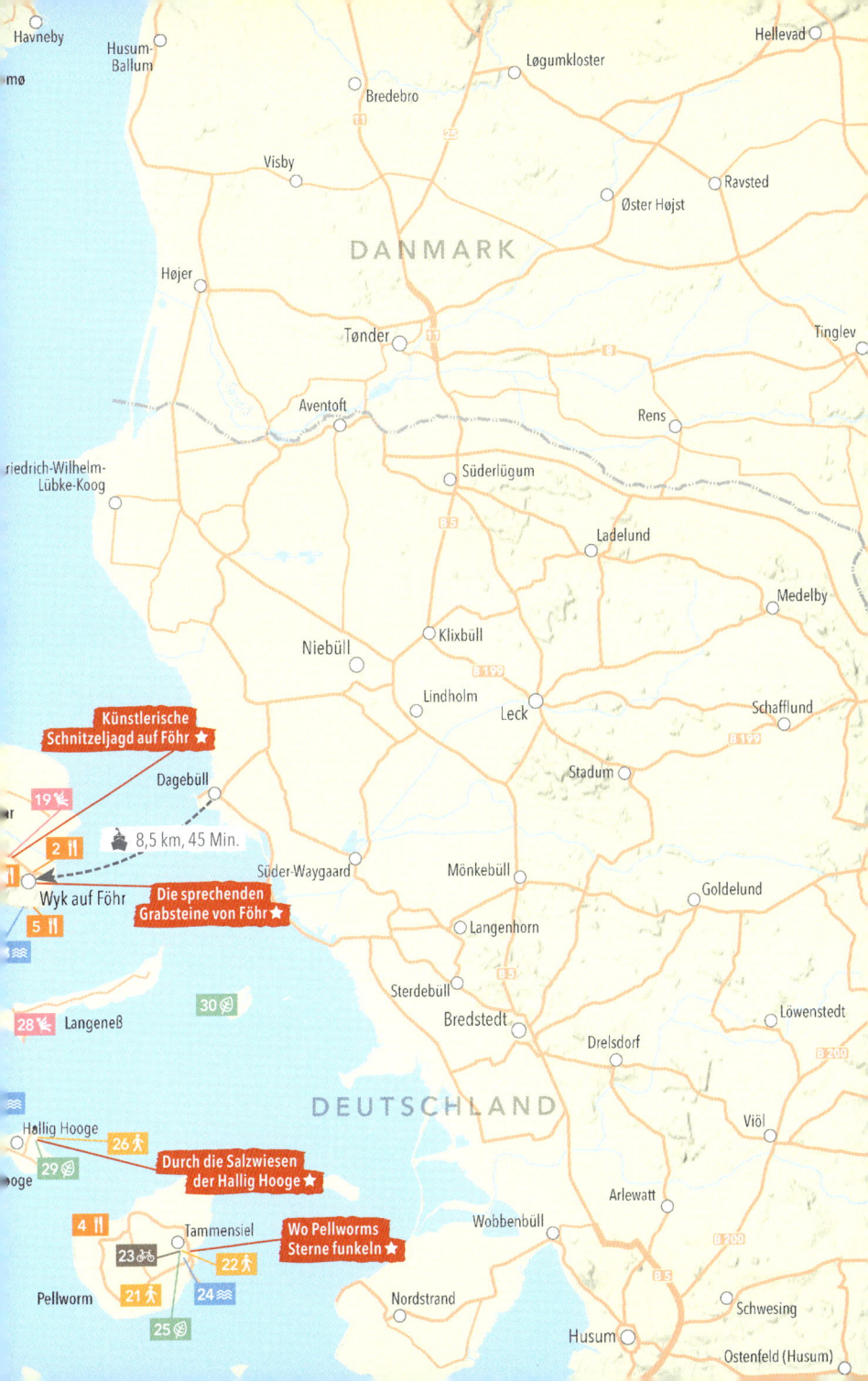

Havneby

Husum-Ballum

mø

Hellevad

Løgumkloster

Bredebro

Visby

Øster Højst

Ravsted

DANMARK

Tinglev

Højer

Tønder

Aventoft

Rens

riedrich-Wilhelm-Lübke-Koog

Süderlügum

Ladelund

Medelby

Niebüll

Klixbüll

Lindholm

Leck

Schafflund

**Künstlerische
Schnitzeljagd auf Föhr ★**

Dagebüll

Stadum

19 🚣

r

2 🍴

🚢 8,5 km, 45 Min.

Süder-Waygaard

Mönkebüll

Goldelund

Wyk auf Föhr

5 🍴

**Die sprechenden
Grabsteine von Föhr ★**

Langenhorn

28 🚣 Langeneß

30 🍃

Sterdebüll

Bredstedt

Löwenstedt

Drelsdorf

DEUTSCHLAND

Viöl

Hallig Hooge

26 🚶

29 🍃

oge

**Durch die Salzwiesen
der Hallig Hooge ★**

Arlewatt

4 🍴

Tammensiel

**Wo Pellworms
Sterne funkeln ★**

Wobbenbüll

23 🚴

22 🚶

Pellworm

21 🚶

24 ≈

25 🍃

Nordstrand

Schwesing

Husum

Ostenfeld (Husum)

Wo Pellworms Sterne funkeln ★

Eine Insel mitten im Wattenmeer, kaum nächtliche Beleuchtung und kurze Wege: Das ist die Sterneninsel Pellworm. Weit abseits großer Städte ist der Nachthimmel dunkler, die beste Möglichkeit also, um Platz zu nehmen, den Blick nach oben zu richten und die Sternschnuppen zu zählen oder die Milchstraße zu entdecken.

Die nächtliche Radtour vorbereiten

Die besten Plätze, um in den Nachthimmel zu gucken, lassen sich mit dem Rad entdecken, so wie alles auf Pellworm. Also, Decke ins Täschchen, Fernglas einpacken und auf den Drahtesel schwingen. Das richtige Fahrrad bekommt man gut beim Verleih Insel-Fahrräder am Hafen, da ist die Auswahl groß, es gibt sogar Lastenräder und natürlich auch E-Bikes, falls der Wind mal zu stark sein sollte. In den Sommermonaten geht die Sonne erst spät unter, da eignet es sich, vorher noch ein Abendessen in einem der Restaurants rund um den Hafen einzunehmen, bevor die Tour losgeht. **Insider-Tipp** Erst rund 1,5 Stunden nach Sonnenuntergang ist die beste Zeit, um Sterne zu beobachten.

Zum Sternenguck-Platz am Deich

Am besten startest du am Ostersiel oder Hafen, fährst Richtung Norden und folgst dem Straßenverlauf erst mal einige Kilometer. Unterwegs lässt man den Inselhofladen Thams links und das Bistro Wattwurm rechts liegen und biegt an der Nordermühle rechts ab. Auf dem kleinen Parkplatz nach gut 100 Metern kann man das Rad abstellen. Noch schnell die Treppe hochlaufen, die Decke auf dem Deich ausrollen und schon ist der erste Sternenguck-Platz erreicht. Vor dir ist nur noch die Weite der Nordsee, die man bei Flut hören kann. Wenn sich die Augen erst mal an die Dunkelheit gewöhnt haben, zeigt sich die ganze Schönheit des Sternenhimmels. Und falls noch andere Besucher da sind, einfach ein paar

Meter weiter den Deich entlanglaufen, da findet sich für alle eine einsame Ecke. Der zweite offizielle Sternenguck-Platz ist nur knapp fünf Kilometer entfernt.

Sterne gucken am Abenteuerspielplatz

Dafür wieder zurück zur Nordermühle fahren und rechts abbiegen. Der Straße erst mal eine Weile folgen. Es geht am Inseleis vorbei und auch an der Feuerwache. Nach der Insel-Käserei (nein, die Milch der Pellwormer Schafe geht zu 100 Prozent an ihre Lämmer und wird hier nicht verarbeitet) gehts es rechts auf den Westertilli und nach wenigen Metern schon wieder links auf den Kaydeich zu einem Abenteuerspielplatz. Tagsüber hat man hier einen schönen Blick auf den Pellwormer Leuchtturm, nachts ist es ein wunderbarer Platz, um die Milchstraße zu bewundern.

Die Tour im Überblick

🚴 **Einfache nächtliche Radrundtour auf Pellworm zu den Sternenguck-Plätzen, ca. 15 km, 1 Std. (reine Fahrzeit)**

ℹ *Mit der Auto-Fähre von Nordstrand bis Pellworm und zum Parkplatz am Hafen und dann aufs Rad | Fähre: faehrepellworm.de | Fahrradverleih: Inselfahrräder, Uthlandestr. 4 Pellworm, fahrraederpellworm.de, April bis Okt., €€*

◴ *Ganzjährig*
⚙ *Fahrrad, dicke, warme Bekleidung, Tee, Decke, Fernglas*
◎ *54.520356, 8.685331 (Start und Ziel)*

✔ DOWNLOAD GPX-Track

Perfect match: An der Westküste von Pellworm den Sonnenuntergang sehen (re.), dann an der Nordermühle (li.) ausgiebig Sterne gucken

Natur pur am Lister Ellenbogen ★

Ein Strandspaziergang an Deutschlands nördlichstem Punkt. Hier trifft das Wattenmeer auf die offene Nordsee und zwei Leuchttürme weisen Seefahrern den richtigen
Weg. Hier zeigt sich Sylt von seiner schönsten Seite, hier sind Stille, atemberauben-
de Natur und Weite die Hauptdarsteller.

Fahrt zum Ellenbogen nördlich der Bucht Königshafen

Für einen Ausflug zum Ellenbogen im Norden
der Insel Sylt deckt man sich am besten gut mit
Essen und Trinken ein, denn hier gibt es weder ein
Restaurant noch einen Kiosk. Kurz nach der Maut-
station gibt die Dünenlandschaft rechts den Blick
auf die Bucht Königshafen frei. Heute ist ein Teil-
bereich im Nordwesten ein beliebtes Surfrevier.
Früher war die Bucht ein wichtiger Naturhafen

Vorbei an den Leuchttürmen in den Dünen

Ein Stückchen weiter befindet sich die schmalste
Stelle des Ellenbogens, bevor der erste Leuchtturm auf der linken Seite zu sehen ist. Eine Besichtigung der beiden Türme auf dem Gebiet ist leider
nicht möglich. Am Parkplatz nach dem ersten
Leuchtturm startet die wundervolle Wanderung
durch die Dünen und am Strand entlang. Hast du
die ersten 500 Meter durch die Dünenlandschaft
hinter dich gebracht, ist der Blick frei auf die Nordsee und der breite Sandstrand wartet. Hier geht es
am Strand nach rechts, bei guter Sicht sieht man
die Fähren zwischen List und der dänischen Insel
Rømø pendeln. Nach weiteren gut 500 Metern ist
dann der nördlichste Punkt Deutschlands erreicht.
Die Markierung ist etwas unspektakulär, nur ein
langer Pfosten, an dem ein kleines Holzschild befestigt ist, aber die Weite hier ist beeindruckend.

Strandlaufen bis zur Landspitze

Die Wanderung führt noch einen guten Kilometer weiter am Strand entlang bis zur ersten Möglichkeit, rechts dem Weg durch die Dünen zu folgen. Das zweite Leuchtfeuer ist noch ein Stückchen entfernt, auch wenn es relativ nah wirkt. Weitest du die Runde zu diesem Leuchtturm aus, verlängert sich die Wanderung um etwa zwei Kilometer. Nach der Dünenlandschaft geht es wieder nach rechts auf den einzigen Verbindungsweg zurück zum Parkplatz. **Insider-Tipp** Ganz im Osten kannst du im einzigen Haus auf dem Ellenbogen sogar übernachten (uethoern.de). Eine Menge Schafe lebt ganzjährig hier, wenn du ihnen begegnest, sie haben immer Vorfahrt. Auch wenn es, vor allem im Sommer, noch so einladend wirkt, auf ein Bad in der Nordsee muss man am Lister Ellenbogen wegen starker Strömungen verzichten.

Die Tour im Überblick

🚶 **Einfache Rundwanderung am Lister Ellenbogen, ca. 4 km. 1 Std.**

ℹ️ *Der Strandbus (Linie 5) hält am Weststrand, dann muss man zu Fuß weiter | Mit dem Auto von List oder Kampen nach Norden zum Weststrand (Parkplatz, um mit dem Rad weiter zu fahren) und über die Mautstraße zum Ellenbogen, dritter Parkplatz links*

🕐 *Ganzjährig*

⚙️ *Verpflegung, ggf. Decke, dem Wetter angepasste Kleidung*

📍 *55.052180, 8.409652 (Start und Ziel)*

✔ DOWNLOAD GPX-Track

Am Lister Ellenbogen (li.) treffen Wattenmeer und Nordsee aufeinander, die Leuchttürme (re.) dienen noch heute der Orientierung

Nord-Sylt

Ellenbogen

S/Z

Ellenbogen

0   200   400 m

Elle

Den größten Strand Europas auf Amrum erlaufen ★

Der Kniepsand von Amrum ist der größte Strand Europas, nirgendwo sonst kann man so lange barfuß über den warmen Sommersand laufen wie auf dieser Insel. Hier gibt es genügend Plätzchen, um die Decke auszurollen und die Weite zu genießen oder die Natur zu beobachten. Und wer lieber Action mag, der läuft bis nach Nebel und guckt den Strandseglern und Windsurfern zu.

Auf dem Kniepsand auf Amrum

Das ist schon eine ganz schöne Nummer, mit der Amrum da beschenkt ist. Der Kniepsand ist ein 15 Kilometer langer, bis zu 1,5 Kilometer breiter Sandstrand, der sich an der Westseite der Insel erstreckt. Viele Bohlenwege führen durch die vorgelagerte Dünenlandschaft und geben immer wieder einen anderen Ausblick frei. Er ist aber nicht nur schön anzusehen, sondern auch ein natürlicher Schutz bei Sturmfluten und sorgt dafür, dass die Orte nicht überschwemmt werden. In früheren Zeiten waren die Menschen Amrums selbst häufig am Strand unterwegs. Das Sammeln von Treibgut und verlorenen Schiffsladungen war eine wichtige Einnahmequelle. Selbst falsche Leuchtfeuer sollen das ein oder andere Schiff angelockt haben.

Auf dem Dünenlehrpfad unterwegs

Im Sommer spielt sich das Leben am Kniepsand ab. Auch wenn sich Tausende Besucher am Strand aufhalten, sobald man sich nur einige Meter abseits der Strandzugänge aufhält, wird es ruhiger. Ein langer Spaziergang startet am Fährhafen in Wittdün. Der Inselstraße bis zum Café Pustekuchen folgen und in die Strandstraße abbiegen. An deren Ende rechts halten und bis zur Strandbar Seehund laufen, schon ist der Kniepsand erreicht. Ein Stückchen geradeaus weiter beginnen hinter den letzten Häusern ein Dünenlehrpfad und die Wittdüner Bohlenwege, von denen es viele Möglichkeiten gibt, an den Strand abzubiegen. Von der Strandbar bis zur Wasserkante an der Südspitze ist der Weg gut einen Kilometer lang. **Insider-Tipp** Dort wartet ein Pausenplatz de luxe: eine Hängematte am Strand.

An der Wasserkante nach Norden

Weiter Richtung Norden, immer an der Wasserkante entlang, wird der Strand etwas schmaler und der Bohlenweg reicht fast bis ans Meer. Dort wartet hinter den Dünen das urige Strandhäuschen Süddorf. Die salzhaltige Luft macht hungrig, ein Glück, dass die deftigen Gerichte recht üppig sind. Hier ist ungefähr Halbzeit, es liegen also noch einige Kilometer Barfußtour vor dir, bis du in Norddorf angekommen bist. Von hier bringt dich der Inselbus wieder zurück nach Wittdün.

Die Tour im Überblick

🚶 **Einfache Strandwanderung auf Amrum, ca. 16 km, 4 Std.**

ℹ️ *Mit der Fähre von Schlüttsiel, Dagebüll oder Nordstrand zum Hafen in Wittdün auf Amrum | Das Auto kann auf dem Festland gegen Gebühr geparkt werden | Die Auto-Fähre in der Hauptsaison unbedingt rechtzeitig online buchen, Parkplatz in Wittdün am Hafen | faehre.de*

🕐 *Ganzjährig*
⚙️ *Handtuch, Verpflegung, Sonnenschutz, gutes Schuhwerk*
📍 *54.627677, 8.396516 (Start und Ziel)*

✔ **DOWNLOAD GPX-Track**

Auf Amrum kann man kilometerweit barfuß im Sand laufen (li.) oder die Dünen auf Bohlenwegen (re.) durchwandern

Durch die Salzwiesen der Hallig Hooge ★

Ein Halligbesuch auf Hooge ist ein einzigartiges Erlebnis, bei dem es neben der wundervollen Landschaft auch viel Geschichte zu entdecken gibt. Bildschöne Reetdachhäuser schmiegen sich eng an eng ans Nachbarhaus und haben schon so manchem Sturm getrotzt. Und wenn im Sommer die Strandfliederblüte die Hallig in ein lila Farbenmeer verwandelt, ist der beste Zeitpunkt für einen Besuch.

Mit der Fähre auf die Hallig Hooge

Nach Hallig Hooge kommst du mit der Fähre oder dem Ausflugsdampfer ab Schlüttsiel und in den Sommermonaten auch von den anderen nordfriesischen Inseln. Wenn man nicht direkt eine Unterkunft gebucht hat, hat man um die drei Stunden Aufenthalt bei den Fährfahrten. Das klingt vielleicht nicht lange, reicht aber vollkommen aus, um sich auf Hooge ausgiebig umzusehen und ausreichend Halligluft zu schnuppern.

Mit dem Rad zur Reetdach-Kirche

Die meisten Sehenswürdigkeiten liegen auf der Hanswarft, die gut zu Fuß oder mit dem Rad zu erreichen sind. Direkt am Fähranleger gibt es ein kleines Info-Haus mit einer Übersichtskarte und nach nur 300 Metern einen Fahrradverleih auf der Backenswarft. An der ersten Abzweigung radelst du rechts und kommst nach nicht mal einem Kilometer an die Kirchwarft, wo das historische Gotteshaus Hooges anzuschauen ist. Es ist gar nicht so einfach zu erkennen, so ganz ohne Kirchturm und reetgedeckt. Der davorstehende Glockenturm ist typisch für die Region. Im Inneren wirst du von dem Sand- und Muschelboden überrascht sein. Sollte bei Sturmfluten Wasser in die Kirche laufen, sickert es mit dem offenen Boden schneller wieder ab und hinterlässt nicht so viele Schäden.

Warum eine Hallig keine Insel ist

Unterhalb der Kirche ist ein kleiner Priel, in dem man beobachten kann, wie die seltenen Seeschwalben sich aus der Luft in die Priele stürzen und nach kleinen Fischen schnappen. Von hier führt die Tour weiter zur Hanswarft. <mark>Insider-Tipp</mark> <mark>Die Pausenbank auf halber Strecke ist beliebt und der Blick über die Salzwiesen einmalig.</mark> Auf der Hanswarft warten das Museum Königspesel und zwei Sturmflutkinos. Hier werden zwei unterschiedliche Filme von Sturmfluten gezeigt, denn immerhin wird Hooge mehrmals im Jahr überflutet und nur die Häuser auf den Erdhügeln ragen dann noch aus dem Meer heraus. Die Straßen, auf denen du jetzt die Hallig erkunden kannst, liegen dann weit im Meer, das ist an einem sonnigen Sommertag kaum vorstellbar. Das ist auch der Unterschied, warum eine Hallig keine Insel ist, denn auf einer Insel ist kein Land unter.

Die Tour im Überblick

🚲 **Einfache Radrundtour auf Hallig Hooge, ca. 3,5 km, 25 Min.**

ℹ️ *Mit dem Auto bis zum Fährhafen Schlüttsiel, Ockholm, Parkplätze am Anleger, die Fähre (MS Hilligenlei) verkehrt ganzjährig, faehre.de | Fahrradverleih: hooge.de (> Halligurlaub > Mobilität), €*

🕐 *Ende Juli, Anfang Aug. zur Strandfliederblüte, ganzjährig möglich*
⚙️ *Leihfahrrad, dem Wetter angepasste Kleidung, Verpflegung*
📍 *54.681964, 8.755314 (Schlüttsiel), 54.578013, 8.556055 (Start und Ziel)*

✔ **DOWNLOAD GPX-Track**

Hooge, die zweitgrößte Hallig im Nordfriesischen Wattenmeer, ist trotz Steindeich zwei- bis sechsmal pro Jahr überflutet. Dann ragen oft nur noch die Warften (li., o.) aus dem Wasser

Auf Spurensuche am Sylter Morsum-Kliff ★

Es ist das älteste Naturschutzgebiet der Insel Sylt und liegt etwas versteckt am östlichen Rand: das Morsum-Kliff. Mehr als 20 Meter ragen die roten Klippen in den Himmel und geben Auskunft darüber, wie die Region vor mehr als zehn Millionen Jahren aussah. Zum Glück steht es bereits seit den 1920er-Jahren unter Naturschutz, somit konnten die Gesteins- und Pflanzenwelt erhalten werden.

Wanderung zum Aussichtspunkt über dem Morsum-Kliff

Der Parkplatz am Nösideich ist groß und eine Wanderung von hier aus zum Morsum-Kliff ein Highlight bei einem Besuch der Insel Sylt. Vom Parkplatz geht es rechts zum Landhaus Severin's. Dahinter führt der Weg nach links in die Dünenlandschaft. Nach knapp 100 Metern wird der sandige Weg durch einen Bohlenpfad abgelöst, an dessen Ende linker Hand ein Aussichtspunkt wartet. Hier stehst du einige Meter erhöht und bekommst den besten Überblick über die Klifflandschaft, ein kleines Infoschild ist auch vorhanden. Vor allem wenn du den Blick nach rechts schweifen

lässt, siehst du den roten Glimmerton. Die Farbe geht unter anderem auf den eisenhaltigen Limonitsandstein zurück, der von den Gletschern der Saale-Eiszeit hier freigelegt wurde.

Am Rand der Klippen nach Osten

Der Rundweg führt nun nach rechts und oberhalb der Klippen entlang. Genau hier an den Steilklippen kannst du die geologischen Besonderheiten des Morsum-Kliff am besten sehen. Obwohl das Gebiet mit knapp zwei Kilometern Länge relativ klein ist, haben sich viele seltene Tier- und Pflanzenarten angesiedelt, die du beobachten und entdecken kann. Vor allem die Schmetterlingsvielfalt

Das Morsum-Kliff auf Sylt (li.) enthält Gesteinsschichten, die bis zu acht Millionen Jahre alt sind. Es steht auch wegen seiner vielseitigen Tier- und Pflanzenwelt unter Naturschutz (re.)

ist in den Sommermonaten auffällig, sie finden inmitten der Dünenlandschaft genügend Nahrung und einen geschützten Lebensraum.

Vom Strand zu den Hügelgräbern

Am Ende des Weges biegst du links ab und folgst dem Weg Richtung Meer. Der Rückweg erfolgt nun am Strand. Man kann sich die ganze Schönheit des Kliffs noch mal aus einer anderen Perspektive ansehen. Der Weg führt nun allerdings an der Aussichtsplattform vorbei und erst nach einiger Zeit biegst du wieder in Richtung Dünen ab. Am Ende der Dünenlandschaft links halten und zum Parkplatz zurückwandern. Direkt neben dem Parkplatz befindet sich ein Grabhügelfeld aus der Wikingerzeit. **Insider-Tipp:** Auf archäologischen Touren (hünen.kulTour) des Sölring Museums kannst du die Vor- und Frühgeschichte auf Sylt entdecken.

Die Tour im Überblick

🚶 **Einfache Rundwanderung zum Morsum-Kliff auf Sylt, ca. 4 km, 1,5 Std.**

ℹ️ *Mit dem Inselbus (Linie 4) von Keitum nach Morsum | Mit dem Auto von Niebüll mit dem Autozug nach Sylt und zum Parkplatz Nösistich, gegenüber Landhaus Severin, Sylt-Ost | Hier ist auch ein Radparkplatz, da das Gelände am Morsum-Kliff nur zu Fuß zugänglich ist | soelring-museen.de*

🕐 *Ganzjährig*
⚙️ *Verpflegung, gutes Schuhwerk*
📍 *54.872773, 8.457756 (Start und Ziel)*

✔ **DOWNLOAD GPX-Track**

Die sprechenden Grabsteine von Föhr ★

Die sprechenden Grabsteine von Föhr erzählen viel über das frühere Leben auf der Insel und ihre Bewohner. Am besten lassen sie sich auf einer Radtour entdecken, auf der du nebenbei viele Naturschönheiten auf Föhr entdecken kannst. Genügend Einkehrmöglichkeiten stehen unterwegs zur Verfügung. So steht einem tollen Tagesausflug auf die Insel nichts mehr im Weg.

Mit der Fähre nach Wyk auf Föhr

Unweit des Fähranlegers gibt es mehrere Fahrradverleihe, falls du nicht mit dem eigenen Rad reist. Vom Hafen geht es auf der Hauptstraße bis zur Koogskuhl, wo du die Straße querst und auf der linken Seite parallel zur Hauptstraße radelst, bis du erneut zur Hauptstraße kommst. Dort geht es links und gleich wieder rechts. Schon lässt du Wyk hinter dir und folgst der Straße in Richtung Süderende.

Zu den Gräbern bei Süderende

Das sind etwa zehn Kilometer und der Radweg direkt neben der Hauptstraße ist bestens ausgebaut. Im nächsten Ort Alkersum ist eines der bekanntes-

ten Kunstmuseen Schleswig-Holsteins angesiedelt. Das Museum Kunst der Westküste hat sich das Meer zum Thema genommen und zeigt jährlich wechselnde Ausstellungen. **Insider-Tipp** Nur 100 Meter weiter kannst du im Hofladen der Familie Hartmann alles für ein Picknick einkaufen. In Süderende kurz vor der Rechtskurve in den Sarkstigh abbiegen, der bis zur St.-Laurentii-Kirche führt. Auf dem Friedhof können die ersten sprechenden Grabsteine entdeckt werden. Hier ist es auch ruhiger als in Nieblum bei der St.-Jakobi-Kirche. Die Grabsteine sind leicht zu erkennen, sie bestehen aus Sandstein und sind mit viel Text versehen. Auf ihnen ist die Lebensgeschichte der Verstorbenen zu finden und du kannst lesen, ob ein Kapitän aus früheren Walfangzeiten hier beerdigt wurde, aus welchem Haus die Ehefrau stammt oder wer auf welche Weise von uns gegangen ist. Die Inschriften der Grabsteine erzählen die Inselgeschichte auf eindrucksvolle Art.

Über Nieblum zurück nach Wyk

Der nächste Stopp ist Nieblum. Dafür radelst du den Sarkstigh einfach weiter bis zur Rundföhrstraße und biegst dort links ab. Nach nur wenigen hundert Metern kommst du nach Borgsum und dann gleich nach Nieblum, wo die St.-Johannis-Kirche in der Ortsmitte auf der linken Seite liegt. Hier ist auch der erfolgreichste Walfänger Föhrs begraben, der mehr als 300 Tiere erlegt haben soll. Hier ist der größte Bestand an historischen Grabplatten zu finden. Folgst du dem Straßenverlauf weiter, gelangst du wieder zum Fähranleger.

Die Tour im Überblick

🚲 **Einfache Radrundtour auf Föhr, ca. 24 km, 4 Std.**

ℹ️ *Mit der Bahn von Niebüll Bahnhof zum Fähranleger in Dagebüll | Mit dem Auto nach Dagebüll und mit der Fähre bis Wyk auf Föhr, faehre.de | Fahrradverleih: foehr.de/radfahren | Museum Kunst der Westküste, mkdw.de*

🕐 *Ganzjährig, schön im Juli und Aug.*
⚙️ *Fahrrad, Verpflegung, Sonnenschutz*
📍 *54.691467, 8.573221 (Start und Ziel) 54.716366, 8.435246 (St. Laurentii), 54.693497, 8.491180 (St. Johannis)*

✔ **DOWNLOAD GPX-Track**

Die Grabsteine (li.) erzählen die Geschichte der Verstorbenen aus einer Zeit, als auf Föhr noch viele Kapitäne und Walfänger lebten

Künstlerische Schnitzeljagd auf Föhr ★

Das Museum Kunst der Westküste auf Föhr hat eine eigene App herausgebracht, die schon weit vor dem Besuch Lust auf einen Museumstag macht. Da lässt sich bereits zu Hause auf dem Sofa blättern, schöne Werke vom Meer entdecken oder eben eine Tour mit dem Fahrrad auf der Insel planen.

Die kostenlose Museums-App

Die App „MKDW on Tour" kann kostenlos in den gängigen App Stores heruntergeladen werden. Sobald sie installiert ist und man sie öffnet, zeigt sich die Benutzeroberfläche, auf der man sich schnell zurechtfindet und schon mal ein bisschen stöbern kann. Bei den Radtouren findest du zwei Radtouren-Tipps auf Föhr, die zu unterschiedlichen Orten führen, von denen auch Kunstwerke existieren. Ziel der Touren ist es, diese Werke mit den eigenen Fotos der Originalschauplätze zu vergleichen.

Als Kunstdetektive unterwegs

Das setzt ein bisschen Detektivgespür voraus, denn nicht an allen Orten ist das Motiv des Ge-mäldes heute noch eindeutig zu identifizieren. Du kannst die Radrundtour direkt am Museum Kunst der Westküste in Alkersum starten und gehst gleich um die Ecke auf die erste Objektsuche. Fast gegenüber dem Museums-Gebäude ist das Werk von Otto Heinrich Engel „Sonne nach dem Regen" zu suchen. Heute sieht es hier komplett anders aus, zumindest auf den ersten Blick. Wenn du aber genau hinschaust, kannst du an Nuancen und Kleinigkeiten den damaligen Blick des Künstlers erkennen. In der App werden Gemälde und dein Foto parallel angezeigt. Zum Glück gibt es aber auch eine Option, mit der du einfach nachprüfen kannst, ob du denn wirklich an der richtigen Stelle für deine Aufnahme stehst.

Mit einer App ausgerüstet, radelst du über Föhr und versuchst, das Motiv bekannter Gemälde und den Blickwinkel der Kunstschaffenden zu entdecken – Kultur und Natur in einem

Mit der App die unbekannte Seite von Föhr entdecken

Die Touren sind als Mitmachtouren konzipiert, das muss dir im Vorfeld klar sein, denn sie sind nicht ausgeschildert. Eine eigene Karte ist also nützlich. Wenn du das Handy als Wegweiser nutzt, sollte das Rad über eine Handyhalterung verfügen und das Smartphone über einen vollen Akku. Das Mitmachen schließt ein, dass du selbst Bilder anfertigen kannst und sie noch vor Ort anonym in die App hochlädst. Nach wenigen Minuten hast du dann die Option, dein Bild mit dem Original zu vergleichen. Die Touren führen auch an abgelegenere Orte der Insel Föhr, wie an wenig beachtete Strände abseits von Wyk. Vor allem aber bei Witsum sind einsame Plätzchen zu finden und bei Nieblum stille Strände.

Insider-Tipp Beim Café Cappuccino in Nieblum bekommst du die besten Waffeln der Insel.

Die Tour im Überblick

🚲 **Einfache Radrundtour auf Föhr mit der Museums-App, ca. 43 km, 5 Std.**

ℹ️ *Mit der Bahn von Niebüll Bahnhof zum Fähranleger in Dagebüll | Mit dem Auto nach Dagebüll und mit der Fähre bis Wyk auf Föhr, faehre.de | Fahrradverleih: foehr.de/radfahren | Dann zum Museum Kunst der Westküste, mkdw.de*

🕑 *Ganzjährig*
⚙️ *Fahrrad, Verpflegung, Sonnenschutz, Smartphone (Powerbank fürs Handy), Handyhalterung, App „MKdW on Tour"*
📍 *54.708309, 8.510410 (Start und Ziel)*

✔ **DOWNLOAD GPX-Track**

Wanderung in Amrums Eisenzeit ★

Mitten in den Amrumer Dünen beim Quermarkenfeuer findet man das Eisenzeit-liche Haus und archäologische Ausgrabungsstätten. Ein Spaziergang von der Vogelkoje über die Bohlenwege führt direkt zum Areal, in dem viel Geschichtliches über die Eiszeit und die Besiedelung der Insel erfahren werden kann.

Über die Dünen an der Vogelkoje

Die Dünenlandschaft auf Amrum ist einzigartig, groß und schützenswert, daher sind die meisten Wege mit Holzplanken überbaut. So wird sicher-gestellt, dass der empfindliche Lebensraum er-halten bleibt. Außerdem schützen die Sandberge die Inselbewohner vor schweren Sturmfluten. Den Parkplatz der Vogelkoje erreicht man am besten mit dem Rad. Die Anlage diente früher dem Fang von Wildenten. Am Spielplatz vorbei geht es in die Dünen. Nach etwa 500 Metern öffnet sich die Land-schaft und gibt den Blick frei auf das 2014 nachge-baute Eisenzeitliche Haus, kurz davor befindet sich eine Ausgrabungsstätte, wo ein weiteres Haus aus der Eisenzeit vom Wind freigelegt wurde.

Wie haben die Menschen der Eisenzeit auf Amrum gelebt?

Der Nachbau des Eisenzeit-Hauses orientiert sich an anderen Gebäuden, die in diesem Dünengebiet entdeckt wurde. Es ist von Osten nach Westen aus-gerichtet und Wohn- sowie Stallbereich befinden sich unter einem Dach. Knapp 15 Meter ist das Haus lang und das Reetdach zieht sich weit über die Außenwände bis fast zum Boden. Es ist span-nend zu sehen, wie die Menschen ab etwa 500 v. Chr. an diesem Ort lebten. Für diesen Nachbau musste das Land Schleswig-Holstein sein Okay ge-ben, denn es wurde mitten im Naturschutzgebiet erbaut. Dafür wurde das Haus größtenteils in Hand-arbeit errichtet mit den damaligen Techniken.

Wanderung bis zum Quermarkenfeuer

Rund um das Gebäude befindet sich der „Weg in die Vergangenheit", wo viele Informationstafeln den Verlauf seit der Eisenzeit dokumentieren. Auf dem Bohlenweg ist bis zum Quermarkenfeuer eine Zeitskala angebracht worden, auf der du die zeitlichen Dimensionen auch durch die räumliche Entfernung erahnen kannst. Am Ende des Weges steht das Leit- und Quermarksfeuer, dass gleichzeitig das nördlichste Feuer der Insel ist. Es ist heute noch im Einsatz und hilft Seeleuten, auf dem sicheren Weg zum Hörnumer Hafen auf Sylt zu bleiben. Das Licht des Gebäudes wird allerdings heute wie bei allen anderen Leuchttürmen der Region ferngesteuert. Der Ausblick über die offene Nordsee ist noch ein schöner Abschluss dieser kleinen geschichtlichen Wanderung, bevor es zurück geht.

Die Tour im Überblick

🚶 **Leichte Dünenwanderung zum Eisenzeit-Haus auf Amrum, ca. 3,2 km, 2 Std. (Hin- und Rückweg)**

ℹ️ *Mit der Fähre von Schlüttsiel, Dagebüll oder Nordstrand zum Hafen in Wittdünn auf Amrum | Das Auto kann auf dem Festland gegen Gebühr geparkt werden | Fahrradverleih: amrumer-radhaus.de, € | Mit dem Rad in 30 Min. zur Vogelkoje Norddorf, Tanenwai Richtung Vogelkoje*

🕐 *Im Sommer*
⚙️ *Fahrrad, Verpflegung, Sonnenschutz*
📍 *54.663814, 8.326483 (Start und Ziel)*

✔ DOWNLOAD GPX-Track

Wie haben die Menschen vor etwa 2500 Jahren auf Amrum gelebt? Die Rekonstruktion eines Hauses aus der Eisenzeit (li.) gibt darüber Aufschluss

Naturerlebnisraum Vogelkoje Meeram 700m

Eisenzeitliches Haus 1200m

Quermarkenfeuer 2100m

Sjüüren

Hiaswai

Kniepsand

Eisenzeitliches Haus

Meeramwai

Naturschutzgebiet Amrumer Dünen

S/Z

0   100 200 m

MEHR ERLEBEN
*WEITERE ABENTEUER & AUSFLÜGE

Der Sylter Sagenwald ist ein schöner Ort für eine Pause und erzählt nebenbei die heimischen Sagen und Märchen

Noch mehr entdecken auf den Inseln und Halligen: Hier findet man das volle Programm. Neben dem Wassersport kommt auch das kulturelle Angebot auf Inseln wie Sylt oder Föhr nicht zu kurz. Auf Amrum, Pellworm oder den kleinen Halligen ist es ruhiger und die Gezeiten und Natur geben den Ton an.

AUF SYLT
Ein Streifzug durch die Sagen und Märchen der Insel
1 🚶 Abwechslungsreicher Spaziergang, durch den Sylter Sagenwald, ca. 500 m, 10 Min.
Sylter Seeräuber, Zwergenkönige, der Eierdieb Finn oder ein Meermann – auf Sylt gibt es viele Sagen. Im Märchenwald sind sie bei einem Spaziergang als liebevoll geschnitzte Figuren zu entdecken. Zwischendurch mit Spielgeräten aufgepeppt und mit Infotafeln ausgestattet, erfährst du einiges über die Sylter Sagen. Eine Hängematte oder ein Waldthron laden zur Pause ein und wer weiß, vielleicht kommt ja auch Hausgeist Nis Puk vorbei. Eine schöne Alternative zum Strandleben oder für den Abendspaziergang.

ℹ️ Mit dem Inselbus 1 bis Norddörfer Schule und 5 Min. zu Fuß zum Sagenwald | Mit dem Auto von der L24 zwischen Kampen und Wenningstedt in den Norderweg und zum Parkplatz Osetal am Campingplatz Wenningstedt, dann 5 Min. zu Fuß zum Sagenwald | wenningstedt.de (> Sehenswertes > Sylter Sagenwald) 🕐 Ganzjährig
📍 54.943623, 8.329715 (Start)

Durch die Heide wandern
2 🚶 Einfache Rundwanderung durch die Braderuper Heide, ca. 2 km, 35 Min.
Runter vom Sattel oder raus aus dem Auto. Die Braderuper Heide blüht ab Mitte August und es führen einige Wanderwege unterschiedlicher Länge hindurch. Besonders schön ist es ab dem Eingang Üp di Hiir, hier hast du einen grandiosen Ausblick bis weit übers Wattenmeer bis zum Kampener Leuchtturm Langer Christian. Die vorgelagerten Strände sind nicht überfüllt und bei Ebbe kann sogar das Wrack des Schiffes Mariann vor der Küste entdeckt werden. Ursprünglich als Theaterschiff nach Sylt überführt, fristete es hier lange ein einsames Da-

Die Braderuper Heide auf Sylt ist auch ein Vogelschutzge-
biet. Im Spätsommer leuchten die Dünen in zartem Lila

Der Kulturpfad in Kampen führt auf den Spuren
bekannter Kunstschaffender durch den Ort

sein, bis es nach einigen Jahren abbrannte. Eine kurze Wanderung führt auf nicht mal zwei Kilometern durch die blühende Landschaft. Aber es lohnt sich: Die Schönheit der Heidelandschaft entfaltet sich nach jeder Kurve neu. Bei einem genauen Blick kannst du zahlreiche Insekten entdecken, die die Gegend als Lebensraum nutzen. Falls einem die kleine Runde zu kurz ist, kann man problemlos die Wanderung ausdehnen und die Strecke auf bis zu acht Kilometer verlängern. <mark>Insider-Tipp</mark> Wenn auf dem Rückweg gerade Flut ist, kannst du sogar noch einen Sprung in die Nordsee wagen.

🛈 *Mit dem Inselbus 3/3a bis Braderup und 5 Min. zu Fuß zum Startpunkt | Mit dem Auto von der L24 bei Wenningstedt Richtung Braderup und zum Parkplatz Üp di Hiir* 🕐 *Zur Heideblüte zwischen 8. Aug. und 9. Sept.* ⚙ *Verpflegung, gutes Schuhwerk, Badebekleidung* 📍 *54.933010, 8.353558 (Start), 54.930147, 8.357034 (Parkplatz)*

Zu Kunst und Kultur in Kampen

3 🚶 **Einfache Wanderung auf dem Kampener Kunst- und Kultur-Pfad, ca. 8 km, 2 Std.**
Kampen steht für Luxus und Glimmer. Da eignet sich der Kampener Kunst- und Kulturpfad prima, um das Dorf von einer anderen Seite kennenzu-

lernen. Zahlreiche Kunstschaffende und Kreative besuchen Kampen seit Jahrzehnten, ihnen sind bislang 32 Gedenkstelen gewidmet, die an unterschiedlichen Plätzen im Dorf zu entdecken sind. Alle Stelen sind mit QR-Codes versehen, über die du mehr über das Schaffen der jeweiligen Kreativen erfahren kannst. Darunter finden sich unter anderen Christian Morgenstern, Max Frisch, Emil Nolde oder Thomas Mann. Starten kannst du den Pfad an jeder beliebigen Stele, am besten aber direkt an der Tourist-Information, wo du dir weitere Informationen erfragen kannst. Falls dir acht Kilometer zu lang sind, halte dich rechts und gehe in den Wattweg, der direkt am Kamp-Hüs beginnt. Von hier aus kommst du auch an einigen Stelen vorbei und streifst nur den Ortskern. Einkehren kannst du im Künstlerlokal Café Kupferkanne.

🛈 *Mit dem Inselbus 1 bis Kampen Mitte | Mit dem Auto zum Parkplatz an der L24 in Kampen, Tourist-Information Kampen, Hauptstraße 12 | kampen.de (> Entdecken > Sehenswertes > Kampener Kunst- und Kulturpfad)* 🕐 *Ganzjährig* 📍 *54.955448, 8.342379 (Tourist-Info)*

Um das Naturschutzgebiet Rantumbecken führt diese Tour, der Abschnitt auf dem Deich ist eindrucksvoll

Einmal ganz Sylt abradeln, von Hörnum nach List. Auf dem Refill-Radweg bleibt niemand lange durstig

ℹ *Mit Inselbus 2 bis Hörnum Strandweg und mit dem Rad zur Tourist-Info, Rantumer Straße 20 | Mit dem Auto über die L24 nach Hörnum zum Parkplatz nahe der Tourist-Info | sylt.de (Entdecken > Erlebnisse > Fahrradtouren > Refill-Radweg)*
🕐 *Im Sommer, vor allem August zur Heideblüte*
⚙ *Fahrrad, Trinkflasche zum Wiederbefüllen*
📍 *54.757727, 8.285989 (Tourist-Info)*

Mit dem Rad quer über die Insel

4 🚲 Mittelschwere Radtour von Hörnum nach List, ca. 42 km, 6 Std.

Der Refill-Radweg lotst dich von Hörnum nach List einmal quer über die Insel, dabei immer an Institutionen vorbei, wo du dir kostenlos deine Trinkflasche auffüllen kannst. Die sogenannten Refill-Stationen sorgen dafür, dass das gute Sylter Wasser in deine Flasche kommt, während du gemütlich den Lister Hafen, den Kampener Kulturpfad, die Braderuper Heide oder die wilde Dünenlandschaft genießt. Du wirst sicherlich viele Ecken entdecken, die dir vorher unbekannt waren. Und nebenbei kannst du dich an einigen Stationen auch noch durchfuttern – wie an der Bonbonmanufaktur Bonscherei oder der Genussmacherei am Lister Markt – und so die Vielfalt der Insel auch kulinarisch kennenlernen. Außerdem beteiligen sich einige Hotels am Refill-Radweg, die sich sehr dem Umweltschutz verschrieben haben.

Mit dem Rad ums Rantumbecken

5 🚲 Einfache Radrundtour von Keitum um das Rantumbecken, ca. 19 km, 3 Std.

Für diese Tour kannst du in Keitum aus der Bahn steigen und dann auf der gegenüberliegenden Seite den Oststeig immer geradeaus bis zum Deich folgen. Es ist mal eine andere Art die Insel zu entdecken, denn das Gebiet rund ums Rantumbecken ist nicht stark frequentiert und man kann ausgiebig Ruhe tanken. Am Deich biegst du rechts ab und kommst nach etwa einem Kilometer an den Infopunkt des Rantumbeckens. Das Naturschutzgebiet liegt links von dir und du folgst nun dem kleinen Damm in dieser Richtung. Hier wird der Blick frei, weit übers Wattenmeer und ins Rantumbecken, wo sich unzählige Vögel angesiedelt haben. Unterwegs gibt es Bänke, an denen du eine Pause machen kannst. Am Ende des Deichs rechts halten.

Bei Anfängern und Windsurf-Profis ist der Hörnumer Strand gleichermaßen beliebt – auch Kurse kann man buchen

Insider-Tipp: An der Kaffeerösterei Sylt kann man sich stärken, nicht nur der Kaffee schmeckt hier bestens, auch die kleinen Snacks sind nicht zu verachten. Die Tour führt immer weiter in Sichtweite des Rantumbeckens, kurz vor Remondis kannst du entweder geradeaus nach Westerland fahren oder weiter am Rantumbecken bleiben, bis du wieder über den Infopunkt nach Keitum gelangst.

🛈 *Mit der Bahn zum Bahnhof Keitum, Sylt | Mit dem Auto über die L24 und die Keitumer Landstraße zum Bahnhof, Parkplatz vorhanden* 🕑 *Im Frühling und Sommer zum Vogelzug* ⚙ *Fahrrad, Verpflegung* 📍 *54.887658, 8.370259 (Start)*

Zur Wiege des Windsurfens

6 ≋ **Windsurfen am Hörnumer Hafen**

Als Calle Schmidt Anfang der 1970er-Jahre ein Surfbrett aus den USA mit nach Sylt brachte, war der erste Schritt getan. Es dauerte nicht lange, da hatte sich die Insel zur Windsurf-Hochburg entwickelt. Das ist heute noch so. Du kannst ein Teil der Szene werden, Ausrüstung und Kurse gibt es vielerorts. Einer der besten Spots liegt in Hörnum. Der Strand ist gezeitenunabhängig, das Wasser nicht allzu tief, also

auch für Anfänger gut geeignet. Du kannst aber auch nur Surfern beim Sprung über die Wellen zusehen.

🛈 *Mit Inselbus 2 bis Hörnum Hafen | Mit dem Auto über die Hörnumer Straße bis Hörnum und zum Parkplatz an der Hafenstraße* 🕑 *Im Sommer* ⚙ *Surf-Ausrüstung* 📍 *54.755215, 8.293172*

Surfen in Westerland

7 ≋ **Wellenreiten am Weststrand auf Sylt**

Am Sylter Weststrand kannst du mit den Wellen reiten, hier kommen sie vom offenen Meer. Windstille kennt man auf Sylt so gut wie gar nicht, daher ist dir garantiert, dass du dein Brett über die Wellen gleiten lassen kannst. Zum Glück gibt es direkt am Ort eine Kite- und Surfschule, die dir das Wellenreiten beibringt oder dir ein Brett vermietet, wenn du dein eigenes nicht mitbringen möchtest. Oder lass dich einfach in den Sand plumpsen und beobachte die halsbrecherischen Ritte der Profis.

🛈 *Mit Inselbus 1 bis Westerland, Johann-Möller-Platz, zu Fuß durch die Brandenburger Straße | Mit dem Auto zum Parkplatz, Brandenburger Straße 9 | Surfkurse: sunsetbeach.de, €€€* 🕑 *Im Sommer* ⚙ *Surf-Board* 📍 *54.912077, 8.299961*

Jedes Jahr Ende September findet der Windsurf-Weltcup in Westerland statt – ein gut besuchtes Event

Mit etwas Glück sieht man auf dem Wal-pfad an Sylts Westküste Schweinswale

Der Windsurf-Elite zusehen

8 🌊 **Windsurf-Weltcup in Westerland**

An der Wiege des deutschen Windsurfens trifft sich jeden September die Weltelite zum sportlichen Wettkampf. Der Windsurf World Cup Sylt ist das weltweit größte Event seiner Art und zieht jährlich mehr als 200 000 Besucher an. Es findet am Brandenburger Strand von Westerland statt und ist auch für Tagesgäste interessant, da es gut zu Fuß vom Bahnhof zu erreichen ist. Zehn Tage dauert der Weltcup, bei dem erst in morgendlichen Meetings festgelegt wird, welche Wettbewerbe stattfinden können. Der Veranstaltungskalender richtet sich nach dem Wetter, meist finden die Wettkämpfe zwischen 10 und 17 Uhr statt. Plätze zum Zuschauen gibt es übrigens genug.

ⓘ *Mit Inselbus 1 bis Westerland, Johann-Möller-Platz, zu Fuß durch die Brandenburger Straße | Mit dem Auto zum Parkplatz, Brandenburger Straße 9 windsurfworldcup.de* 🕐 *Jährlich Ende Sept., Anfang Okt.* 📍 *54.912108, 8.299900*

Schweinswale beobachten

9 ⊚ **Mit dem Rad auf dem Waldpfad von Westerland nach Hörnum, ca. 16 km, 2 Std.**

Das Gebiet vor der Westküste Sylts ist ein geschütztes Walgebiet, in dem sich reichlich Schweinswale

tummeln. Schön, dass es einen Walpfad gibt, den du mit dem Rad entdecken kannst. Für die Südtour von Westerland nach Hörnum sollte man etwas Zeit einplanen, es gibt Info- und Beobachtungspunkte, an denen man die quirligen Schwimmer im offenen Meer entdecken kann. Start der Südtour ist die Himmelsleiter in Westerland, Ziel nach etwa 16 Kilometern die Arche Wattenmeer mit einer Erlebnisausstellung. Auf der Plattform der Himmelsleiter findet sich gleich ein erstes ausführliches Infoschild. **Insider-Tipp** ==Nebenbei ist es auch einer der schönsten Orte der Insel und der Blick über die weite Dünenlandschaft wundervoll.==

ⓘ *Mit Bus A von Westerland ZOB bis Schützenplatz | Mit dem Auto zur Himmelsleiter, Parkplatz kurz vor dem Sylt-Aquarium | nationalpark-wattenmeer.de (> Schleswig-Holstein > Walschutzgebiete > Walpfad)* 🕐 *Im Sommer* ⚙ *Fahrrad, Fernglas, Verpflegung* 📍 *54.902545, 8.297127 (Start)*

Die Fahrrad-Infrastruktur ist auf Amrum gut ausgebaut: Radwege, Verleih und die Mitnahme auf den Fähren

Wellnessprogramm in den Dünen

10 ❄ **Winterlicher Saunabesuch in Hörnum**

Vier Strand-Saunen gibt es auf Sylt, aber nur diese ist ganzjährig geöffnet. Und vor allem in den Wintermonaten, wenn die Nordsee vor der Tür stürmt, stehen hier alle Zeichen auf Entspannung. Eine kleine finnische Blockhütte erwartet dich, wenn du kurz vor dem Strandrestaurant Kap Horn durch die Dünen kommst. Die klassische finnische Sauna ist am Nachmittag geöffnet und hat konstant 90 Grad und einen kleinen Außenbereich mit Liegen sowie eine kleine Bar. Der Sprung in die Nordsee ist nur einen Steinwurf entfernt. Außerhalb der Hochsaison tummeln sich gerne Gäste hier, vor allem auch in den schmuddeligen und kalten Jahreszeiten im Herbst und Winter: Da kostet ein Bad in der Nordsee dann schon etwas mehr Überwindung.

ⓘ *Mit dem Auto von der Rantumer Straße zum Parkplatz am Greth-Skrabbel-Wai und durch die Dünen zur Sauna, Süderende 25, Hörnum | strandsauna-sylt.com, €€ (nur nach Reservierung)* 🕐 *Ganzjährig, 12–17 Uhr* ⚙ *Handtuch* 📍 *54.753446, 8.280650 (Sauna)*

AUF AMRUM
Mit dem Rad über die Insel

11 🚲 **Mittelschwere Radrundtour auf Amrum, ca. 20 km, 2,5 Std. (als Tagesausflug planen)**

Die große Amrumrunde (Tagestour B) ist genau das Richtige, wenn man die Insel erstmals besucht und auf eigene Faust entdecken möchte. Vom Fähranleger in Wittdün führt die Route an der Ostseite der Insel über Nebel nach Norddorf und wieder zurück, kommt am Öömrang-Haus vorbei, dem Amrumer Heimatmuseum, und der St.-Clemens-Kirche mit den sprechenden Grabsteinen. Beides sind lohnende Stopps, denn sie gehören zu den sehenswertesten Orten der Insel. Im Öömrang-Haus sind gleich mehrere Zimmer zu besichtigen, die das Leben auf der Insel in früheren Zeiten dokumentieren. Ein Kapitän wohnte einstmals hier und richtete das Heim für seine Familie her. Der Rückweg erfolgt durch die Dünenlandschaft und über den westlichen Kniepsand. Möglichkeiten zur Einkehr gibt es unterwegs genügend und auch einem Strandspaziergang und Sprung ins Meer steht auf dem Rückweg nichts im Weg.

Mit dem Kajak auf dem Meer unterwegs zu sein, ist nicht ohne – aber auch ohnegleichen

Mit selbst gebastelten Papierbooten geht es zum Molenfest auf Amrum ins Wasser

ⓘ *Mit der Fähre von Schlüttsiel, Dagebüll oder Nordstrand zum Hafen in Wittdün auf Amrum | Fahrradverleih: amrumer-radhaus.de, € | Tourist-Information, Inselstraße 14, Wittdün, amrum.de/tagestour-b* ⏱ *Im Sommer, im Aug. zur Heideblüte* ⚙ *Fahrrad, Badebekleidung, Sonnenschutz* ◉ *54.628253, 8.397257 (Start)*

Mit dem Kajak aufs Meer

12≋ **Mittelschwere Kajaktour bei Wittdün auf Amrum, ca. 5 km, 2 Std.**

Zugegeben, eine Tour von Amrum nach Föhr ist wirklich nur was für Profis, allein schon wegen der Strömungen, die es hier gibt. Aber eine Kajaktour in Landnähe ist ein unglaubliches Erlebnis und für etwas geübtere Fahrer bestens machbar. Am Fähranleger in Wittdün gibt es einen SUP- und Kajakverleih, der auch Kurse anbietet. Von hier kannst du direkt loslegen. In Richtung Norden wirkt die Insel vom Kanu aus gleich noch idyllischer. Vorbei am Jachthafen und der Steenodder Mole, die auch vom Wasser aus noch eindrucksvoller aussieht als an Land. Bis hierhin sind es schon gut 2,5 Kilometer, das muss man erst mal in den Armen haben. Aber vielleicht legst du ja unterwegs irgendwo am Strand eine Pause ein oder genehmigst dir im Restaurant Seefohrerhus eine leckere Mahlzeit

ⓘ *Mit der Fähre zum Hafen in Wittdün | SUP-Verleih: SUP Amrum, Inselstraße 14, Wittdün, direkt am Fähranleger, sup-amrum.com, €€* ⏱ *Im Sommer* ⚙ *Badebekleidung, Handtuch, Verpflegung* ◉ *54.627474, 8.396094 (Start)*

Zum Papierbootrennen

13≋ **Ausflug zum Molenfest auf Amrum**

Mitten in der Ferienzeit findet auf der Amrumer Steenodde nördlich des Fährhafens ein maritimes Sommerfest statt. Der Segel- und Regattaverein der Insel organisiert das Event, an dem es neben allerlei Ständen mit Leckereien so manches Highlight gibt. Außer dem Auftritt des Amrumer Shantychores ist das vor allem die Papierbootregatta. Dabei handelt es sich aber nicht um die kleinen gefalteten Bötchen, sondern um richtig große, die meistens von Kindern oder Jugendlichen gefahren werden. Je nachdem, wie stabil die Papierkonstruktion ist, desto länger bleibt das Boot über Wasser. Das Spektakel wird lautstark vom Publikum am

Das Watt vor der Abbruchkante des Steenodder Kliffs auf Amrum ist ein beliebter Brutplatz, u. a. für Austernfischer

Strand unterstützt. Natürlich ist aber noch mehr los auf dem beliebten Hafenfest. Es gibt Kunsthandwerker, die ihre Produkte verkaufen, und die drei Naturschutzverbände der Insel stellen sich vor.

ⓘ Mit der Fähre zum Hafen in Wittdün, mit dem Rad oder zu Fuß zur Steenodde Mole, Stianoodswai 1000, Nebel | Fahrradverleih: amrumer-radhaus. de, € ⊙ Im Aug. ⊚ 54.639484, 8.379954

Atmen und Relaxen am Strand
14 🧘 **Yoga auf dem Kniepsand bei Nebel**

Klemm dir die Yogamatte unter den Arm und auf geht's an den Strand. Ein wundervoller Platz für eine ruhige Yogasession ist auf Höhe von Nebel beim Restaurant Strandpiraten, wo es auch einen (Fahrrad-)Parkplatz gibt. **Insider-Tipp** Am Strand angekommen, biegst du am besten gleich linksrum ab und läufst noch etwa 200 Meter weit, dann liegt der große Trubel hinter dir und du kannst dir ein schönes Plätzchen suchen. Besonders am Abend, wenn die Sonne am Horizont ins Meer taucht, ist es eine wundervolle Stimmung, die man durch eine Yogaeinheit noch verstärken kann. Danach einfach die Augen schließen und den Strand genießen.

Wer weiß, vielleicht hörst du sogar die Wellen der Nordsee auf den Kniepsand schwappen.

ⓘ Mit der Fähre zum Hafen in Wittdün, mit dem Auto oder Rad zum Strunwai 44, Nebel, Fahrrad- und Auto-Parkplätze vorhanden ⊙ Im Sommer, abends ⚙ Yogamatte, Sportbekleidung ⊚ 54.643203, 8.327202

Vogelsafari auf Amrum
15 🕊 **Vögel beobachten am Steenodder Kliff auf Amrum**

Bei gut zwölf Millionen Vögeln, die jährlich im Norden zu Besuch sind und sich im Wattenmeer den Magen für den Weiterflug vollschlagen, gibt es überall tolle Beobachtungsorte. Auf Amrum liegt ein schöner Platz mittig am Steenodde Kliff, bei dem du wirklich viele unterschiedliche Vögel sehen kannst. Vor deinen Füßen brüten Austernfischer und ziehen Eiderenten ihren Nachwuchs groß. Pack das Fernglas ein und mach einen schönen Morgenspaziergang oberhalb des Steenodde Kliffs, vielleicht sogar zum Sonnenaufgang, sicher aber immer mit Möwengeschrei. Unterwegs gibt es Bänke zum Sitzen. Im Frühjahr und Herbst sind

Auf der anstrengenden, geführten Wattwanderung von Föhr nach Amrum darf man keine Angst haben, nass zu werden

die Vögel zu ihren Brut- oder Winterquartieren unterwegs, dann lassen sich sogar richtige Exoten entdecken, die sonst eher selten zu Besuch sind.

ℹ️ *Mit der Fähre zum Hafen in Wittdün, mit dem Auto oder Rad zum Beobachtungsplatz am Steenodder Kliff, Ualaanj, Nebel* 🕐 *Im Frühjahr und Herbst zum Vogelzug* ⚙️ *Fernglas, Kamera* 📍 *54.646359, 8.369677 (Aussichtspunkt)*

AUF FÖHR

Durchs Watt von Föhr nach Amrum

16 🚶 **Mittelschwere Wattwanderung bei Utersum, ca. 8 km, 4 Std.**

Inselhopping mal anders. Eine Wattwanderung von Föhr nach Amrum ist ein einzigartiges Erlebnis und sei jedem ans Herz gelegt, der mal eine ganz andere Herausforderung sucht: ein bisschen nass, schon eine Spur sportlich, dafür aber mit den schönsten Aus- und Weitblicken beschenkt und mit vielen Informationen vom Wattführer versorgt. Das ultimative Highlight der Tour ist sicherlich die Durchquerung des Priels, der auch schon mal bis zu 90 Zentimeter Wassertiefe haben kann. Man wird also durchaus auch mal nass. Das sollte dir vor der Wanderung klar sein, vor allem im Hinblick auf kleine Kinder oder Vierbeiner. Außerdem: Durch einen Priel zu waten ist nicht jedermanns Sache, denn die Strömung kann durchaus etwas stärker sein und der Boden ist bei dem grauen Wasser nicht zu erkennen. Du kannst dem Wattführer aber blind vertrauen. Nach einer dreistündigen Tour bist du im Norden Amrums und kannst den restlichen Tag nach eigenen Vorstellungen gestalten. Bei den Touren ist eine Anmeldung obligatorisch.

ℹ️ *Mit der Fähre bis Wyk auf Föhr, faehre.de | Mit Bus 1, X1 bis Utersum Mitten | Mit dem Auto oder Rad zum Parkplatz der Tourist-Info, Klaf 2, Utersum | Fahrradverleih: foehr.de/radfahren | Infos, Zeiten und Termine in der Tourist-Info, foehr.de, €€* 🕐 *Im Sommer* ⚙️ *Wattsocken, Bade-, Wechselbekleidung, Handtuch* 📍 *54.713868, 8.396184 (Start)*

Im Strandkorb an Föhrs Südküste

17 〰️ **Badetag am Strand von Goting, Nieblum**

Nur wenige Schritte vom Fähranleger hat man am Hafenstrand Wyk das erste Mal die Möglichkeit, einen Strandkorb zu mieten und das Strandleben zu genießen. Um das Getümmel etwas hinter sich zu

Strandkörbe am Strand von Goting, Nieblum: Einem entspannten Tag am Meer steht nichts entgegen

Am Föhrer Südstrand ist einiges los – mit dem SUP kann man auch ruhigere Ecken finden

lassen, eignet sich eine Radtour an den Strand von Goting, Nieblum. Hier geht alles etwas gemächlicher zu und am Klafwai kannst du dir einen Strandkorb mieten. Nun gilt es: Schuhe aus, Strandkorb gegen den Wind drehen, Sonnenbrille und Buch raus, fertig ist der perfekte Strandtag.

ⓘ *Mit der Fähre bis Wyk auf Föhr | Mit dem Rad oder Auto zum Parkplatz am Strand von Goting/ Nieblum, Klafwai, Nieblum | €–€€* ⏱ *Im Sommer* ⚙ *Buch, Badebekleidung, Handtuch* 📍 *54.683477, 8.471302 (Parkplatz)*

Mit dem SUP in den Sonnenuntergang

18≈ **Einfache SUP-Tour am Föhrer Südstrand, ca. 500 m, 1 Std.**

Am Föhrer Südstrand ist in lauen Sommernächten einiges los. Ein perfekter Standort, um sich auf sein SUP zu begeben und am Strand entlang Richtung Westen in den Sonnenuntergang zu paddeln. Oder um einfach die Beine ins kühle Wasser baumeln zu lassen und den Moment zu genießen. Vor allem im Sommer, wenn die Tage schier endlos scheinen, ist das ein perfekter Tagesausklang.

Insider-Tipp Zurück am Strand gibt's einen Drink auf die Hand an der Surf-Bar Pitschi's – wo man auch ein SUP leihen kann – und rein in den Sand, wie so viele andere auch und das Flair der friesischen Karibikinsel einzufangen. Außerhalb der Sommermonate solltest du einen Neoprenanzug anhaben, denn die Nordsee ist kalt und die Wellen höher.

ⓘ *Mit der Fähre bis Wyk auf Föhr | Mit dem Bus 1 bis Gmelinstraße/Osterstraße und zu Fuß zum Strand | Mit dem Rad oder Auto zum Parkplatz am Südstrand Föhr, Stockmannsweg 14, Wyk | SUP-Verleih: windsurfing-foehr.com, €€* ⏱ *Im Sommer* ⚙ *SUP, Badesachen, Handtuch, Decke* 📍 *54.679650, 8.559436 (Strand)*

Preisgekrönte Architektur erleben

19🖼 **Besuch des Museums Kunst der Westküste und Spaziergang im Museumsgarten**

Das Museum Kunst der Westküste auf Föhr wird nicht nur wegen seiner wechselnden Ausstellungen hoch gelobt, auch die Architektur des Hauses ist außergewöhnlich. Hier kannst du auf einen Blick er-

Unzählige Schafe, viele Kühe und kein Sandstrand – auf Pellworm geht es noch recht gemächlich zu

Im Maislabyrinth in Borgsum kann man sich verlieren, aber alle finden wieder heraus

Im Museum Kunst der Westküste konkurrieren Werke aus den Nordsee-Anrainerstaaten von 1830 bis 1930 und der schöne Museumsgarten

kennen, wie Tradition mit Moderne verknüpft wird. An die reetgedeckte Ausstellungshalle schmiegen sich Saalkuben und ein Glasgang an. Im Museumsgarten, auf den man von innen immer wieder einen Blick erhaschen kann, erblühen Föhrer Rosen und ein historischer Baumbestand sorgt für viel Schatten. **Insider-Tipp** Ist es noch warm genug, kann man im Garten sitzend die Trümmertorte oder Friesische Pflaume von Grethjens Gasthof probieren.
ⓘ *Mit der Fähre bis Wyk auf Föhr, faehre.de | Fahrradverleih: foehr.de/radfahren | Mit dem Auto, Rad oder Bus X1 zum Museum Kunst der Westküste, Hauptstraße 1, Alkersum | mkdw.de, € ⏱ Zur Rosenblüte im Juni/Juli ⚲ 54.708312, 8.510402*

Sich im Föhrer Mais verirren

20 🚴 **Besuch des Maislabyrinths in Borgsum, ca. 3 km, 1,5 Std.**

Link- oder rechtsrum, oder geradeaus? Das Föhrer Maislabyrinth ist gar nicht mal so ohne und kann jedes Jahr von Mitte Juli bis zur Ernte Anfang Oktober besucht werden. Jedes Jahr lassen sich die Inhaber ein neues Gesamtbild für die 4,5 Hektar einfallen, immer ist die Strecke zwischen 2,8 und 3,5 Kilometer lang. Sechs Stempelstationen muss man finden, wer mindestens vier von ihnen nachweisen kann, darf sich ein kleines Geschenk abholen. Spannend sind auch die QR-Codes im Feld, mit denen man seine Position auf einem Luftbild bestimmen kann. Auch das Motiv des Labyrinths sieht man hier. Nach dem Abenteuer kann man auf einer Minigolf-Anlage sowie einer Carrera-Bahn für sechs Spieler seine Kräfte messen. **Insider-Tipp** Zwei Grillhütten samt mit Grillgut gefüllten Kühlschränken stehen für einen Grillabend bereit.
ⓘ *Mit der Fähre bis Wyk auf Föhr | Mit dem Auto oder Rad zum Adventure Golf, Borgsum Feld, Borgsum | adventuregolf-foehr.de, € ⏱ Im Sommer bis zur Maisernte im Okt. ⚙ Gutes Schuhwerk, Verpflegung ⚲ 54.708659, 8.442463*

AUF PELLWORM
Die Sinne schärfen

21 🚶 **Auf dem Barfußpfad am Kaydeich**

Der Barfußpfad auf Pellworm liegt etwas versteckt neben dem Bouleplatz am Kaydeich. Das neu angelegte Gelände ist schön gestaltet worden. Ein Rundkurs von etwa 120 Metern Länge mit unter-

Den Barfußpfad am Kaydeich kann man gut während einer Tour einschieben

Begegnung der anderen Art auf einer Wattwanderung zur Hallig Süderoog

schiedlichem Untergrund schärft die Sinne. Neben verschiedenen Steinchengrößen gibt es auch Sand, Glas und Mulch zu erlaufen. Der Platz ist frisch angelegt worden und wird in den nächsten Jahren sicherlich üppig zuwachsen, womit etwas mehr Gemütlichkeit aufkommen sollte. Bänke stehen für Pausen zur Verfügung. **Insider-Tipp** Bei jedem neuen Gang spürst du mehr, daher lohnt es sich auf jeden Fall bei einem Pellworm-Aufenthalt mehrmals vorbeizuschauen und eine Runde zu drehen.

ⓘ *Mit der Fähre von Nordstrand bis Pellworm, faehre-pellworm.de | Mit dem Auto oder Rad zum Kaydeich 14, Pellworm | Fahrradverleih: fahrraeder-pellworm.de* 🕐 *Ganzjährig* ⚙ *Verpflegung* 📍 *54.502893, 8.654360 (Barfußpfad)*

Durchs Watt zur Hallig Süderoog

22 🚶 Mittelschwere Wattwanderung von Pellworm zur Hallig Süderoog, ca. 12 km, ca. 5 Std.
Auf der Pellworm vorgelagerten Hallig Süderoog lebt eine junge Familie alleine mit ihren Kindern. Sie sind das ganze Jahr über den Gezeiten ausgesetzt und ein Besuch der Hallig ist ein unvergessliches Erlebnis. Los geht's entweder mit dem Team der Schutzstation Wattenmeer oder mit dem Postboten und Wattführer Knud Knudsen über den Meeresboden. Unterwegs lernt man eine Menge über die Einzigartigkeit des Weltnaturerbes und seine Fauna. Auf der Hallig bleibt dann eine gute Stunde Zeit, um sich über das Halligleben zu informieren oder um einfach den Ort und die Stille zu genießen, bevor es wieder zurück nach Pellworm geht. Wenn du dir vorher einen Eindruck über das Leben auf der Hallig Süderoog verschaffen möchtest, lohnt ein Blick in die sozialen Netzwerke oder die Homepage. Die Familie nimmt dich hautnah mit in ihren Alltag oder bei Land unter, wenn die Nordsee bis an die Haustür reicht. Das kannst du dir vermutlich bei einem Aufenthalt im Sommer kaum vorstellen, wenn das Watt unter deinen Füßen warm ist und die Sturmfluten weit weg sind.

ⓘ *Mit der Fähre von Nordstrand bis Pellworm | Mit dem Rad zur Abgangsstelle Süderoog WW4 | Treffpunkte und Abgangszeiten: Tourimuszentrale Pellworm, Uthlandestraße 2, pellworm.de/aktivitaeten/wattwanderung-in-der-nordsee, €€*

Der Leuchtturm ist auf Pellworm von überall zu sehen und damit ein guter Orientierungspunkt

🕐 *Mai bis Sept.* ⚙ *Wattsocken, kurze Hosen, Wechselbekleidung, Kopfbedeckung, Sonnencreme, Handtuch, Verpflegung* 📍 *54.520061, 8.684587 (Tourismusbüro)*

Mit dem Rad durch den Koog

23 🚲 **Einfache Radrundtour auf der Koogrunde auf Pellworm, ca. 14 km, 1,5 Std.**

Auf dieser kurzen Koogrunde kommst du voll auf deine Kosten. Vom Hafen aus geht es in Richtung Leuchtturm. Dort befindet sich ein Badestrand, wo man bei Ebbe hervorragend einige Schritte ins Watt machen kann. Der Turm ist von überall auf der Insel zu sehen, man kann sich also immer gut an ihm orientieren. Wer den Blick von oben genießen möchte, muss sich vorher beim Kur- und Tourismusservice Pellworm anmelden. Kurz nach dem Leuchtturm geht es am Kaydeich nach rechts, am großen Pellwormer Abenteuerspielplatz vorbei und über den Lilliencronweg zur Neuen Kirche. An der Schulstraße biegst du wieder rechts ab. Hier draußen im Koog hast du einen wundervollen Blick zum Leuchtturm. An der nächsten Möglich-

keit radelst du rechts auf der Straße In de See bis zum Deich. Von hier aus geht's wieder links, du kommst noch am Freizeitbad Pelle Welle vorbei und beendest die Tour wieder am Hafen.

ℹ *Mit der Fähre von Nordstrand bis Pellworm, faehre-pellworm.de | Start am Fahrradverleih: fahrraeder-pellworm.de, Uthlandestraße 4, Pellworm | pellworm.de/aktivitaeten/fahrradfahren-auf-der-nordseeinsel* 🕐 *Im Sommer* ⚙ *Fahrrad, Verpflegung* 📍 *54.519936, 8.684565 (Start)*

Hinein in die Welle

24 ≋ **Badetag mit Sauna im Freizeitbad Pelle Welle auf Pellworm**

Mit dem kleinen Freizeitbad Pelle Welle kann dir das Wetter auf der Insel Pellworm egal sein, denn hier kannst du jederzeit baden gehen. Oder dich an einem Regentag in den warmen Whirlpool setzen, an einem Aquafitness-Kurs teilnehmen, auf einer Ruheinsel vor dich hindösen oder in der Saunalandschaft schwitzen. Wer ein bisschen mehr Action mag, saust über die mehr als 60 Meter lange Rutsche hinab. Auch Sonnenbänke für eine leichte

Das Rosenfest haben sich die Menschen auf Pellworm Mitte Juni dick im Kalender angestrichen – die Insel putzt sich raus

Urlaubsbräune gibt es hier, so steht einem über-dachten Urlaubstag am Wasser nichts im Weg.

ℹ *Mit der Fähre von Nordstrand bis Pellworm | Zu Fuß oder mit dem Auto zum Freizeitbad, Uthlande-straße 6 | pellworm.de/aktivitaeten/schwimmen-auf-der-nordseeinsel/ € ⏱ Ganzjährig ⚙ Badebeklei-dung, Handtuch ⊙ 54.518906, 8.684552 (Bad)*

Rosenduft auf Pellworm

25 🌹 **Ausflug zum Rosenfest auf Pellworm**

Jedes Jahr Mitte Juni dreht sich auf der Insel Pell-worm alles um die Rose. Sie scheint die salzige Luft an der Nordseeküste besonders gern zu mö-gen und wächst auf den fruchtbaren Marschböden bestens. Eine Woche lang gibt es unterschied-liche Veranstaltungen zum Thema, Lesungen, Führungen und Verkostungen. Die Menschen auf Pellworm öffnen ihre Gärten für alle Interessier-ten und geben gerne über Sorten und Pflanzung Auskunft. Highlight ist sicherlich der Rosenmarkt, an dem Züchter zu Besuch sind und ihre Pflanzen präsentieren. Der Andrang ist jedes Jahr sehr groß, denn in Sachen Romantik ist ein von duftenden Rosen umwachsenes Reetdachhaus wohl einzig-artig. Für die Pellwormer selbst ist das Fest ein Highlight im Jahreskalender. So ist es nicht ver-wunderlich, dass sich alle große Mühe geben, ihre Gärten schönstens herzurichten. Die lokalen Res-taurants und Café sind in diesen Tagen besonders kreativ und zaubern unterschiedliche Gerichte mit Rosenaromen. Neben Kuchen und Torten können das auch durchaus deftige Gerichte sein.

ℹ *Mit der Fähre von Nordstrand bis Pellworm | Infos zu Veranstaltungen hat die örtliche Tourist-In-formation, Uthlandestraße 2, Pellworm | pellworm. de/aktivitaeten/veranstaltungs-highlights/ ⏱ Mit-te Juni ⊙ 54.520058, 8.684598 (Tourist-Info)*

AUF DEN HALLIGEN
Spaziergang auf dem Sommerdeich

26 🚶 **Einfache Wanderung auf der Hallig Hooge, ca. 15 km, 3 Std.**

Vom Fähranleger auf Hooge kann man direkt nach links auf den Deich abbiegen und loslaufen. Hier erwartet dich Ruhe und Abgeschiedenheit, nur du und die Gezeiten. Eine Wanderung auf dem Hoo-ger Sommerdeich führt einmal rund um die Hallig

Auf Hooge tankst du viel Ruhe, wenn überhaupt, begegnest du mehr Schafen als Menschen

und ist rund 15 Kilometer lang. Unzählige Vögel sind in den Salzwiesen von Hooge zu Hause und auch der Seeadler zieht regelmäßig seine Kreise. Grasende Schafe und Kühe begegnen dir auf der Hallig wesentlich häufiger als Menschen. Vom Sommerdeich ist auch die Hanswarft nicht weit, sozusagen die Hauptwarft, auf der sowohl Restaurants, Sturmflutkino und Supermarkt zu finden sind. Besonders schön ist eine Wanderung im August, wenn sich die Hallig zur Strandfliederblüte in ein lilafarbenes Blütenmeer verwandelt. **Insider-Tipp** Wenn du zwischenzeitlich keine Lust mehr hast, kannst du den Sommerdeich verlassen und einen Pfad zur größeren Straße zurück nehmen.

ⓘ *Mit der Fähre ab Schlüttsiel, Ockholm auf die Hallig Hooge, Parkplätze am Anleger, die Fähre (MS Hilligenlei) verkehrt ganzjährig, faehre. de* ◷ *Zur Strandfliederblüte im Juli/August* ⚙ *Sonnenschutz, Windjacke, gutes Schuhwerk, Fernglas* 📍 *54.578106, 8.556809 (Start)*

Baden auf der Hallig Hooge

27 ≋ **Badetag an der Westerwarft auf Hooge**
Ja, auch auf der Hallig kann man im Meer baden, wenn es denn da ist, sonst ist das Watt freigelegt

und es geht höchstens eine Schlammpackung. Obwohl die ja auch sehr gesund ist. Eine der beliebtesten Badestellen auf Hooge ist nur wenige Meter vom Fähranleger entfernt und hat sogar eine kleine Liegewiese und Bänke. Je weiter weg von der Fähre, umso ruhiger wird es. Wenn du also auf Stille stehst, ist die Badestelle an der Westerwarft zu empfehlen. Hierfür gleich bei der Ankunft ein Fahrrad ausleihen und am Deich entlang Richtung Westen radeln bis zur kleinen Badestelle an der Westerwarft.

ⓘ *Mit der Fähre ab Schlüttsiel, Ockholm, auf die Hallig Hooge | Mit dem Rad zur Westerwarft | Fahrradverleih: hooge.de (> Halligurlaub > Mobilität), €* ◷ *Im Sommer* ⚙ *Badebekleidung, Handtuch* 📍 *54.578691, 8.516740 (Westerwarft)*

Konzerte im Schafstall erleben

28 🎙 **Konzertabend auf der Hallig Langeneß**
Im Sommer findet auf der Hallig Langeneß eine besondere Veranstaltungsreihe statt – Live-Konzerte und Kultur im Schafstall. Große Künstler-Namen machen hier gerne Station. Bei Lagerfeueratmosphäre und überschaubaren Zuschauerzahlen sind die Abende echte Erlebnisse. Start des Besuchs ist

111

Keine Lichtverschmutzung auf der Hallig Gröde, nur Meeresrauschen und ab und zu ein Vogel

Während der Ringelgans-Tage dreht sich auf der Hallig Hooge alles um das Tier

Schlüttsiel, denn die Überfahrt mit dem kleinen Schiff Seeadler ist inkludiert. Die einzigartige Stimmung wird auch von Kapitän Heini von Holdt mitgetragen, der die Zuschauer nach dem Konzert wieder sicher an Land bringt. Wenn du Glück hast, fahren die Künstler mit dir gemeinsam auf die Hallig. Und wenn du im Vorfeld eine Unterkunft auf der Hallig ergattert hast, steht einem gemütlichen Ausklang am Abend in kleiner Runde nichts mehr im Weg.

ⓘ *Mit der Fähre von Schlüttsiel, Ockholm, zur Hallig Langeneß | kulturaufdenhalligen.com, €€–€€€ (Ticket mit Fähr-Shuttle oder ermäßigt, bei Unterkunft auf der Hallig)* 🕐 *Mai bis Sept.* ⚙ *Dem Wetter angepasste Kleidung* 📍 *54.620993, 8.551950 (Schafstall Kultur)*

Ringelgänse beobachten

30🖉 **Während der Ringelganstage die Hallig Hooge besuchen**

Die Ringelgans ist aus der Halligwelt kaum wegzudenken, So ist ihr auch eine ganze Veranstaltungsreihe gewidmet. Während sie Mitte des 20. Jahrhunderts fast ausgestorben war, gibt es heute wieder um die 250 000 Tiere, die jährlich im Frühjahr auf den Halligen Station machen. Die Ringelganstage werden von verschiedenen Naturschutzverbänden begleitet, die Veranstaltungen, Führungen, Fotokurse oder Malwettbewerbe durchführen.

ⓘ *Mit der Fähre ab Schlüttsiel, Ockholm, auf die Hallig Hooge | ringelganstage.de, €–€€€* 🕐 *April bis Mai* ⚙ *Dem Wetter angepasste Kleidung, Fotoapparat, Fernglas* 📍 *54.577930, 8.556392 (Start)*

Sterne gucken auf der Hallig Gröde

30🖉 **Ausflug auf die Hallig Gröde**

Auf der Hallig Gröde mitten im Meer gibt es keine Laternen und Straßen. Der Blick übers Meer ist auch in der Nacht weit, die Lichter am Horizont gehören zu Pellworm, Wyk auf Föhr oder Dagebüll. Alleine für dieses Erlebnis lohnt eine Übernachtung in einer der wenigen Unterkünfte. **Insider-Tipp** ==Einfach die Decke ausrollen, auf den Rücken legen und den Sternenhimmel beobachten, der hier so viel klarer ist als anderswo.== Nebenbei begleiten dich die Stille, Meeresrauschen und die vereinzelten Vögel, die auch in der Nacht ein Lied trällern.

ⓘ *Mit der Fähre von Schlüttsiel auf die Hallig Gröde, adler-schiffe.de, €€ | Übernachtung: groede.de* 🕐 *April bis Sept.* 📍 *54.632609, 8.710003*

DER SCHÖNSTE SONNENUNTERGANG
Weiter Blick von der höchsten Düne

31 **Am Abend auf Sylt auf der Uwe-Düne**

Wenn man schon die höchste Düne Nordfrieslands vor der Nase hat, ist das natürlich der schönste Platz für einen Sonnenuntergang. Das vorgelagerte Rote Kliff zeigt sich beim Sonnenuntergang von seiner schönsten Seite und die Düne verändert ihr Farbbild minütlich. Du musst nur um die 100 Stufen zur Aussichtsplattform erklimmen und schon stehst du inmitten der Dünenlandschaft mit weitem Blick über das Meer.

ⓘ *Mit dem Inselbus 1 bis Kampen Mitte und zu Fuß zur Uwe-Düne | Mit dem Auto bei Kampen Mitte zum Parkplatz am Westerweg* ⏱ *Ganzjährig* 📍 *54.954349, 8.330687 (Aussichtspunkt)*

LOKALE SPEZIALITÄTEN
*UND WO DU SIE PROBIEREN KANNST

Die Bedingungen vor der Sylter Ostküste sind für die Austernzucht ideal. Die gute Wasserqualität spiegelt sich im Geschmack wider

Frischer Fisch und Meeresgetier wie Krabben, Muscheln und Austern stehen auch auf den Inseln und Halligen Nordfrieslands hoch im Kurs. Aber auch einiges, was man hier nicht vermuten würde. Was die Menschen hier sonst noch gerne essen und trinken, erfährst du hier:

Traditionell nordisch
1 ¶ **Grünkohl**

Kaum ein Gericht wird in den Wintermonaten so häufig angeboten wie Grünkohl. Während er in den Restaurants meistens mit Kasslerscheiben und Salzkartoffeln serviert wird, sind die Familienrezepte abwechslungsreich. Bei einigen gibt es süße Kartoffeln oder Bratkartoffeln dazu, bei anderen Kohlwurst. Traditionell wird nach dem Volksfest Biike-Brennen Grünkohl gereicht.

ⓘ **Im Ual Öömrang Wiartshüs in Norddorf auf Amrun** *gibt es im Herbst und Winter leckere Grünkohl-Gerichte | Bräätlun 4, Norddorf, Amrum | uoew.de, €€ |*

Kulinarisches Neuland
2 ¶ **Fliederbeersuppe**

Zugegeben, das ist nicht unbedingt jedermanns Geschmack, aber das Probieren dieser traditionellen Suppe lohnt sich. Die dunkelrote Fruchtsuppe aus schwarzen Holunderbeeren wird gern im Herbst und Winter gereicht, denn sie strotzt vor Vitamin C. Sie wird manchmal mit Kartoffeln zubereitet, mit Zimt und Zucker abgeschmeckt und wird entweder mit Mehl- oder Griesklößchen kalt oder warm serviert.

ⓘ **Von der Baumann Delikatessen Manufaktur in Wyk auf Föhr** *kann man direkt welche mit nach Hause nehmen | Koogskuhl 3, Wyk auf Föhr | baumann-delikatessen.de, €*

Die Sylter Royals
3 ¶ **Austern auf Sylt**

Vor Sylt liegen Deutschlands einzige Austernbänke, und die Austern sind sogar ausgesprochen gut. Da sollte man es sich nicht entgehen lassen, in List frische Exemplare zu probieren. Ob pur mit Zitrone oder mit den unterschiedlichsten Variationen an Dips und Beilagen serviert.

ⓘ **In der Austernbar Sylter Royal in List** *gibt es Austern für jedermann direkt auf die Hand | Hafenstraße 10, List, Sylt | sylter-royal.de, €–€€€*

Norddeutsche Früchtchen

4 ⑪ **Rote Grütze**

Das Lieblingsdessert der Norddeutschen: Rote Grütze. Vor allem an lauen Sommertagen wird sie kühl mit Vanillesoße oder -eis gereicht, geschmacklich unübertrefflich. Dabei haben alle ihr eigenes Rezept, meistens mit den Beeren, die gerade Saison haben. So ist die Grütze ja auch entstanden. So gut wie jedes Restaurant hat die Köstlichkeit im Sommer auf der Speisekarte.

ⓘ **Im Gasthaus Hooger Fähre auf Pellworm** *ist sie besonders lecker | Hooger Fähre, Pellworm | gasthaus-pellworm.de, €€*

Einer für alles

6 ⑪ **Hofladen Hartmann**

Unweit des Museums Kunst der Westküste gibt es hier alles, was das Herz begehrt: regionale Produkte von der Insel – und dazu den eigenen Inselkäse.

ⓘ *Hauptstraße 9, Alkersum, Föhr | foehrer-inselkaese.de*

Aus der neuen Heimat

5 ⑪ **Föhrer Manhattan**

Auswanderer von Föhr brachten die Cocktail-Idee aus Amerika mit auf die Insel, wo sie seitdem zur festen Tradition gehört. Hier wird der Drink mit je drei gleichen Teilen Whiskey, weißer Wermut und roter Wermut gemischt und serviert. Ob noch eine Cocktailkirsche den Geschmack abrundet, ist umstritten.

ⓘ **Im Pitschi's in Wyk auf Föhr** *kannst du ihn probieren | Promenade 13, Wyk auf Föhr | windsurfing-foehr.de, €€*

Bis zu zwei Kilometer breit ist der Sandstrand bei St. Peter-Ording. Genügend Platz für alle, die Erholung suchen

Mitte

STRAND UND WILDES HINTERLAND

Der zwölf Kilometer lange Sandstrand am Seeheilbad St. Peter-Ording ist für endlose Strandspaziergänge bekannt – und für Kite-Buggy-Fahrer und Windsurfer. Die vorgelagerte Dünenlandschaft ist ein Naturparadies und im Hinterland der Halbinsel Eiderstedt gibt es viel Weite. Das lädt zum Radfahren auf gut ausgeschilderten Wegen ein, an Eider und Treene kann man sogar Mehrtagestouren unternehmen. Die beiden Flüsse prägen das grüne Hinterland, das sogar etwas hügelig ist. Vor allem die Treene ist für Kanu- und SUP-Touren bestens geeignet. Durch Moore und Wälder führen Naturpfade oder Wandertouren und im großen Naturschutzgebiet Katinger Watt rasten im Frühjahr und Herbst Millionen Vögel.

AUF EINEN BLICK
*MITTE

Mit Theodor Storm in und um Husum herum ★

Romantik am Leuchtturm Westerheversand ★

Ein verstecktes Herrenhaus entdecken ★

Beach life in St. Peter-Ording ★

Auf dem längsten Radweg der Welt unterwegs ★

Durchs Katinger Watt zum Eidersperrwerk ★

🚗 46 km, 45 Min.

🚗 17 km, 15 Min.

Hallig Hooge

Hooge

Pellworm

Nordstrandischmoor

Tammensiel

Tilli

Nordstrand

Wobbenbüll

Bredstedt

Breklum

Bordelum

Dör

büll

N O R D -

S E E

Westerhever

Osterhever

Oldenswort

Katharinenheerd

Tönning

Kattinger Watt

Sankt Peter-Ording

Eidersperrwerk

Wesselburenerkoog

Kre

He

4 ≋

5 ≋

5 ▮

20 🎣

3 ▮

16 🚲

2 ▮

21 🚶

18 ≋

19 ≋

15 🚶

17 🚲

13 🚶

23 🚲

7 ▮

4 ▮

24 🍃

26 ❄

22 🚶

14 🚶

27 🍃

6 ▮

MARCO POLO
OUTDOOR-HIGHLIGHTS ★

★ **Romantik am Leuchtturm Westerheversand**
Durch die Salzwiesen zum bekanntesten Leuchtturm Deutschlands → S. 120

★ **Beach life in St. Peter-Ording**
Endlose Spaziergänge oder Action am zwölf Kilometer langen Strand → S. 122

★ **Durchs Katinger Watt zum Eidersperrwerk**
Vom Naturschutzgebiet zum größten Küstenschutzbauwerk Deutschlands → S. 124

★ **Mit Theodor Storm in und um Husum herum**
Eine literarische Schnitzeljagd durch das Marschland rund um Husum → S. 126

★ **Ein verstecktes Herrenhaus entdecken**
Ein Spaziergang durch den Skulpturengarten am Herrenhaus Hoyerswort → S. 128

★ **Auf dem längsten Radweg der Welt unterwegs**
Mitten durchs grüne Herz der Halbinsel Eiderstedt führt dieser Abschnitt des Nordseeküstenradwegs → S. 130

★ **Durchs Wilde Moor bei Schwabstedt**
Auf einem Naturlehrpfad und Bohlenweg durch ein einzigartiges Hochmoor → S. 132

★ **Störche besuchen in Bergenhusen**
Ein Rundweg zu den 20 Storchenpaaren, die hier ihre Jungen aufziehen → S. 134

Romantik am Leuchtturm Westerheversand ★

Er ist der bekannteste Leuchtturm Deutschlands, allein wegen ihm kommen Schleswig-Holstein-Urlauber aus dem ganzen Land angereist: der Leuchtturm Westerheversand. Stolz steht er weit draußen in den Salzwiesen und ist sogar vom Strand in St. Peter-Ording zu sehen.

Durch die Salzwiesen zum Leuchtturm

Genügend Zeit solltest du mitbringen, wenn ein Ausflug zum Leuchtturm Westerhever, wie er umgangssprachlich genannt wird, geplant ist. Immerhin liegt er gut einen Kilometer vor der Deichlinie und der Rundweg führt dich auf knapp 4,5 Kilometern durch die Salzwiesen. Der Pfad ist auch mit dem Rad zu absolvieren, allerdings ist dann der Rückweg über den historischen Stockenstieg, eine mehr als 100 Jahre alte kleine Brücke, nicht möglich, da er nur von Fußgängern überquert werden darf. Am großen Parkplatz vor dem Deich befinden sich ein Imbiss, der in den Sommermonaten geöffnet hat, und das Info-Hus des örtlichen Tourismusvereins. Nur in diesem Shop und online sind Tickets zur Leuchtturmbesichtigung inklusive Führung erhältlich, die jährlich ab Ostern stattfindet. Sie sind allerdings ziemlich begehrt, eine telefonische Anmeldung ist erforderlich. Denn ohne eine Führung (und für Kinder unter acht Jahren) ist eine Besichtigung des Leuchtturms nicht möglich.

Aufstieg zum Blick über die Halligen

Der Leuchtturm ist mehr als 40 Meter hoch und die neun Stockwerke können über 157 Treppenstufen bestiegen werden. Die Aussicht über die Nordsee und die Halligen ist traumhaft schön. Die beiden Häuser, die rechts und links des Lichtsignals stehen, beherbergen nicht wie früher die Wärter und ihre Familien, sondern werden von der Schutzstation Wattenmeer belegt. Das jeweilige Team besteht aus FSJlern und anderen Freiwilligen, die Führungen durch die Salzwiesen und Wattwanderungen anbieten und die kleine Ausstellung in einem der Häuser betreuen. Sie bleiben jeweils für ein Jahr vor Ort, bevor sie von einem neuen Team abgelöst werden. Der Leuchtturm, der seit 1908 in Betrieb ist, steht etwas höher auf einer aufgeschütteten Warft (Erdhügel). Das dient der Sicherheit, denn bei Sturmflut werden die vorliegenden Salzwiesen überflutet, dann ragt nur noch der Turm samt der Häuser aus dem Meer. ==Insider-Tipp== Von der gegenüberliegenden Mole an der Tümlauer Bucht hat man einen grandiosen Blick auf den Leuchtturm. Über den Stockenstieg, einen mit Ziegeln gepflasterten schmalen Weg, geht es wieder zurück zum Info-Hus am Parkplatz.

Die Tour im Überblick

🚶 **Einfache Wanderung zum Leuchtturm Westerheversand, ca. 4,5 km, 1,5 Std.**

ℹ️ *Mit der Bahn von Husum nach Garding und dem Rufbus zum Infopoint | Mit dem Auto über die B202 Richtung St. Peter-Ording, in Garding in Richtung Westerhever, Beschilderung zum Leuchtturm folgen bis zum Infopoint | Anmeldung unter Tel. 04865/1206, westerhever-nordsee.de, €*

🕐 *Im Sommer, Stockenstieg Juni bis Sept.*
⚙️ *Gutes Schuhwerk, Fernglas*
📍 *54.373524, 8.639919 (Leuchtturm)*
54.384009, 8.653504 (Parkplatz)

✓ **DOWNLOAD GPX-Track**

Den Leuchtturm Westerheversand (li., u.) hat man bei der Wanderung vom Info-Hus (o.) aus immer im Blick

Beach life in
St. Peter-Ording ★

Mit zwölf Kilometern Länge ist am Strand von St. Peter-Ording für alle genügend Platz: Ob du endlose Spaziergänge und an einem ruhigen Plätzchen die Weite genießen oder planschen, kiten oder durch die Wellen paddeln willst.

Auf dem langen Weg zum Meer

Wenn du das erste Mal in St. Peter-Ording über den Deich oder die Dünen schaust, wirst du von der Weite des Sandstrands beeindruckt sein. Irgendwo weit am Horizont scheint man das Meer zu erahnen. Bei Ebbe hat es sich sogar noch weiter zurückgezogen. Der Strand ist so weitläufig, dass er an seiner breitesten Stelle um die zwei Kilometer misst. Das ist eine ganz schöne Strecke, die man häufig gegen den Wind zurücklegen muss, um bis ans Wasser zu kommen.

Zu den historischen Pfahlbauten

In der Ferne am Strand sind die historischen Pfahlbauten zu erkennen, in denen Restaurants, Badeaufsicht und Toiletten untergebracht sind. Eins ist

versprochen: Es sind die Toiletten mit der besten Aussicht an der Westküste! Beim Spaziergang über den Strand kannst du dich irgendwo hinplumpsen lassen. Die Decke ausbreiten und den Augenblick genießen. Kids können an Ort und Stelle munter Sandburgen bauen und Muscheln sammeln. Hunde haben ihren eigenen Strandabschnitt, wo sie sich so richtig austoben können. Und auch die Kite-Buggy-Fahrer und Drachenflieger haben ihre Plätze. An einigen Abschnitten stehen Strandkörbe auf erhöhten Terrassen (wegen der Flut und manchmal auch wegen Hochwasser). Der Strand ist abseits der Dünenlandschaft und Salzwiesen fest und sehr gut begehbar. Eine morgendliche Joggingrunde lässt sich hier ebenso gut absolvieren wie Yogasessions, Nordic Walking und Reiten.

Auf Bohlenwegen durch die Dünen

Es gibt durch die Dünenlandschaft mehrere breite Bohlenwege, damit ist der Zugang zum festen Strand auch für Radfahrer, Rollstuhlfahrer und Kinderwagen bestens machbar. Die Seebrücke im Ortsteil Bad, dem trubeligen Abschnitt St. Peter-Ordings, ist gut zu erreichen und eignet sich auch für einen Tagesausflug, da der Strandbesuch locker mit einem Ortsbummel verbunden werden kann. Die südlich liegende Brücke im Ortsteil Böhl führt in den ruhigeren Strandbereich. ==Insider-Tipp Vom nördlichen Strandabschnitt in St. Peter-Ording hat man einen tollen Ausblick auf den Leuchtturm Westerheversand.== Und dann ist da noch das Meer, in dem man baden kann, kiten, windsurfen oder mit dem SUP paddeln. Am Ende des Tages sind Haare und Klamotten voll mit Sand, ist das nicht schön, so soll es ja sein nach einem Strandtag.

Die Tour im Überblick

🚶 **Leichter Strandspaziergang in St. Peter-Ording, ca. 5 km, 1,5 Std.**

ℹ️ *Mit der Bahn von Husum nach St. Peter-Ording und zu Fuß zum Strand | Mit dem Auto auf der B202 bis St. Peter-Ording, Parkplätze ausgeschildert, z. B. an der Dünen-Therme | st-peter-ording.de*

🕐 *Ganzjährig, gerade auch im Herbst und Winter sind die Strandspaziergänge ein echtes Erlebnis*
⚙️ *Badebekleidung, Windjacke*
📍 *54.312962, 8.594352 (Strand), 54.315615, 8.605856 (Parkplatz)*

✔ **DOWNLOAD GPX-Track**

Im Norden des Strands von St. Peter-Ording sieht man bis zum Leuchtturm Westerheversand (li.). Toilette mit bester Aussicht (o.)

Durchs Katinger Watt zum Eidersperrwerk ★

Natur und monumentale Bauwerke passen nicht zusammen? Doch, an der Eidermündung ist beides eindrucksvoll zu bewundern. Nach einer schönen Wanderung durch ein Natur- und Vogelschutzgebiet kannst du das beeindruckende Eidersperrwerk erklimmen und den Weitblick genießen.

An der Grenze zwischen Nordfriesland und Dithmarschen

Die Eider markiert die Grenze zwischen Nordfriesland und Dithmarschen. Als die Mündung vor den 1960er-Jahren noch offen war, drückte die Nordsee bei Sturmfluten mit ihrer ganzen Kraft das Wasser bis ins Binnenland. Die Sturmflut 1962, die viel Verwüstung angerichtet hatte, war Auslöser für das Projekt des Eidersperrwerks, das bis heute das größte Küstenschutzbauwerk Deutschlands ist. Nicht nur der Blick Richtung Nordsee ist von dem Gebäude aus grandios, gerade auch die riesige Mündung auf der Landseite ist absolut beeindruckend. Bei Ebbe liegt viel Fläche trocken und Watvögel bedienen sich im Watt. Und bei Flut drücken

die Wassermassen gegen die geschlossenen Tore.

Insider-Tipp Ausflugsschiffe fahren vom Eidersperrwerk im Sommer zu den Seehundbänken.

Wanderung vom Katinger Watt zum Sperrwerk

Das Katinger Watt liegt nordöstlich des Eidersperrwerkes und ist erst auf den zweiten Blick als richtig gutes Wander- und Naturgebiet zu erkennen. Die rund 1500 Hektar große Fläche ist in verschiedene Bereiche unterteilt, um Flora und Fauna zu erhalten. Ab dem Parkplatz am Naturerlebnispfad können Wanderungen von zwei bis 13 Kilometern unternommen werden. Hier steht auch der Kiek ut, ein Aussichtsturm, von dem aus ein schöner Rund-

Das Eidersperrwerk (li.) ist das größte Küstenschutzbauwerk in Deutschland. An der Mündung der Eider (re.) schützt es vor allem das Hinterland vor Sturmfluten

umblick garantiert ist. Vom Aussichtsturm führt der Weg auf dem Deich am Ufer der Eider entlang, die hier bis zur Mündung in die Nordsee immer breiter wird. Dort versperrt das Sperrwerk mit fünf, jeweils 40 Meter breiten Sielöffnungen eindrucksvoll den Fluss. Nach einem Abstecher auf das Bauwerk wanderst du durch den Katinger Wald zurück zum Parkplatz.

Wer noch etwas weiter wandern möchte: Nördlich des Sperrwerks gibt es ein Naturzentrum Katinger Watt des NABU. Eine kleine Ausstellung und Führungen durch die Region werden hier angeboten. Wer eine schöne Pause einlegen möchte und nach dem Ausflug noch Hunger hat, dem sei der Imbiss auf dem südlichen Parkplatz des Eidersperrwerks empfohlen. Hier gibt es Fischbrötchen auf die Hand, Krabbengerichte oder ein kaltes Bier. Einige Sitzplätze sind windgeschützt.

Die Tour im Überblick

🚶 **Einfache Rundwanderung im Katinger Watt mit Besichtigung des Eidersperrwerks, ca. 10 km, 3 Std.**

ℹ️ *Mit dem Auto über die B5 oder B202 nach Tönning und über die Katinger Landstraße Richtung Eidersperrwerk zum Parkplatz am Katinger Watt | nabu-katinger-watt.de*

🕐 *Im Sommer*
⚙️ *Wanderschuhe, Proviant, Fernglas*
📍 *54.288238, 8.886973 (Parkplatz am Aussichtsturm im Katinger Watt), 54.264840, 8.845592 (Eidersperrwerk)*

✔ DOWNLOAD GPX-Track

Mit Theodor Storm in und um Husum herum ★

„Am Strande weht das Gras. Doch hängt mein ganzes Herz an dir, Du graue Stadt am Meer ...", so beschrieb Theodor Storm einst Husum. Der bekannte deutsche Schriftsteller wurde in Husum geboren. Da liegt es nahe, sich auf seine Spuren zu begeben: mit dem Rad durch die Weite ins Marschland rund um Husum.

Spuren der Kindheit

Klar, dass ein Schriftsteller dort einige Spuren hinterlassen hat, wo er aufgewachsen ist. So lassen sich in Husum das Geburtshaus und Wohnhaus Theodor Storms per Kulturpfad entdecken und auch das Grab des Künstlers liegt nicht weit von der Innenstadt entfernt. Zur Förderung seiner Kreativität war Storm allerdings viel im Umland unterwegs und sog die Geschichten von Land und Leuten in sich auf. So ist es nicht verwunderlich, dass die bekannteste Novelle Storms „Der Schimmelreiter" in Nordfriesland angesiedelt ist und Astronom Hans Momsen für den Protagonisten Hauke Haien als Vorlage gedient haben soll. Es gibt also viel zu entdecken von Theodor Storm in der Region. Diese

Radtour startet am Museum Storm-Haus in der Innenstadt von Husum und führt dann als gut 20 Kilometer lange Rundtour wieder dorthin zurück.

Storm in Hattstedt

Vom Stormhaus geht es aus der Stadt hinaus und rund sieben Kilometer in Richtung Norden nach Hattstedt, wo Storm regelmäßig zu Besuch beim Pfarrerssohn war. Hier finden sich noch die Linden, unter denen Storm 1866 seine zweite Frau Dorothea heiratete. Die Storm-Linden sind auf dem Grundstück am Lindenweg 1 zu sehen. Die Radtour führt weiter durch die üppige Marschlandschaft nach Arlewatt, einem kleinen Ort, der ebenfalls in rund sieben Kilometern erreicht wird. Nur knapp mehr als 300 Menschen leben in dem idyllischen Ort, der an der Arlau liegt und mal ein richtiges Schloss besaß. Theodor Storm wurde von dem einstigen Schloss, das eine Art Zweigstelle zum Husumer Schloss darstellte, so inspiriert, dass die Novelle „Zur Chronik von Grieshuus" entstand. Leider existiert das Gebäude nicht mehr, sondern nur noch die Nebengebäude, die beim Hof Arlewatt stehen. Man kann nur erahnen, welche Ausstrahlung ein Schloss in dieser weiten Umgebung hatte. Weiter geht es nach Osten bis nach Olderup, wo die Route wieder Richtung Süden abbiegt. Über weite Felder und durch Windparks geht es zurück nach Husum. Die Radtour endet am Schloss vor Husum, das einmal vor den Stadttoren lag daher der Name. Im Schlosspark ist noch eine Büste Theodor Storms zu bewundern. Wird ein neuer Pächter gefunden gibt es im Schlosscafé Kuchen und Eis.

Die Tour im Überblick

🚲 **Einfache Radrundtour ins Umland von Husum, ca. 23 km, 2,5 Std.**

ℹ️ *Mit der Bahn bis Husum Bahnhof, Radverleih im Bahnhof | Mit dem Auto von der B5 nach Husum Zentrum, Parkplatz am Binnenhafen | Mit dem Rad zum Storm-Haus, Wasserreihe 31, Husum | husum-tourismus.de/reisefuehrer/typisch-husum/theodor-storm*

🕐 *Ganzjährig*
⚙️ *Fahrrad, Verpflegung*
📍 *54.475621, 9.047801 (Storm-Haus)*
54.473984, 9.048541 (Parkplatz)

✔ **DOWNLOAD GPX-Track**

Wie aus einem Gedicht von Theodor Storm (o.): das Marschland um Husum (li.). Dort liegt auch das Geburtshaus des Schriftstellers (u.)

Ein verstecktes Herren- haus entdecken ★

Hier möchte man einmal Burgfräulein sein. Es ist ein Wahrzeichen Eiderstedts und trotzdem nicht allen bekannt: das Herrenhaus Hoyerswort in Oldenswort. Das Anwesen ist eine Kulturstätte, verfügt über einen Skulpturenpark, ein Café und eine Brasserie – und noch viel mehr. Ein Spaziergang übers Gelände lohnt sich.

Die Ankunft im Herrenhaus Hoyerswort ist herrschaftlich

Der erste Anblick des Herrenhauses Hoyerswort kann einem schon mal den Atem rauben. Vor allem im Sommer, wenn man dem kleinen Schild an der Straße folgt, das Auto auf einem unspektakulären Parkplatz abstellt und ein paar Meter zum Herrenhaus läuft. Auf Kopfsteinpflaster führt einen der Weg an großen Bäumen entlang, dadurch wird der Blick auf das Gebäude erst kurz vorher frei. Dann kommt das imposante weiße Gebäude mit dem Treppengiebel zum Vorschein, das heute als Museum und Veranstaltungsort genutzt wird. Es wurde im 16. Jahrhundert erbaut und diente der Familie Hoyerswort als Wohnsitz. Das Herrenhaus ist von einem Wassergraben umgeben und verfügt über einen großen Skulpturenpark

Spaziergang im Skulpturenpark

Wer sich den Wow-Moment für später aufheben möchte, der dreht erst mal eine Runde im nebenan liegenden Skulpturenpark. Auf den mehr als 5000 Quadratmetern können die Werke von Hans Adolf Schumann, Paul Heinrich Gneckow oder Constantin Jaxy bewundert werden. Der Zugang ist kostenlos und jederzeit möglich, auch ohne Aufenthalt im Herrenhaus. Mehr Kultur findet sich in wechselnden Ausstellungen im alten Haubarg, einem originalen Eiderstedter Bauernhaus, in dem die Brasserie untergebracht ist. In den Werkstätten des Hauses werden noch alte Fliesen nach holländischer Tradition hergestellt. <mark>Insider-Tipp Einzelne Exemplare können im Eingangsbereich bewundert oder auch erworben werden.</mark>

Auf den Spuren der Vergangenheit

Noch immer sind die Zeugnisse der Geschichte des Orts zu sehen. Der alte Wassergraben und im inneren von Hoyerswort die mächtige Treppe, die ins Obergeschoss führt. Im Untergeschoss ist das Café untergebracht, das ganzjährig geöffnet ist und wechselnde Kuchen und Torten anbietet. Die im Nebengebäude untergebrachte Brasserie mit französischer Küche ist von Mittwoch bis Samstag geöffnet. Wer tiefer in die Geschichte des Herrenhauses Hoyerswort einsteigen möchte, kann sich einer Führung durch das Gebäude anschließen, die ab April jeweils mittwochs um 15 Uhr startet.

Die Tour im Überblick

🚶 Spaziergang durch den Skulpturenpark des Herrenhauses Hoyerswort, ca. 1 km, 20 Min.

ℹ️ *Von Oldenswort ZOB mit Bus 177, 175 bis Schloss Hoyerswort | Mit dem Auto von der B5/B202 bei Harblek Richtung Oldenswort, Ausschilderung nach Hoyerswort folgen | Herrenhaus Hoyerswort, Oldenswort, hoyerswort.de*

🕐 *Ganzjährig, der Garten ist jederzeit zugänglich, das Café ist am Di geschl., die Brasserie So bis Di*
📍 *54.359001, 8.946562 (Start)*

✔ **DOWNLOAD GPX-Track**

Das Herrenhaus Hoyerswort in Oldenswort (li., u.) aus dem 16. Jh. ist so imposant, wie die Kuchen (o.), die es hier gibt

Herrenhaus
Hoyerswort

Hoyerswort

Hoyerswort

0   20   40 m

Auf dem längsten Radweg der Welt unterwegs ★

Auf diesem Teilstück des Nordseeküsten-Radwegs entdeckst du die Halbinsel Eiderstedt. Begleitet von Schafen, Deichen, Vogelscharen und Wind. Du lernst, gegen den Wind zu radeln und die besten Methoden, um Schafgitter zu öffnen. Dafür radelst du meistens direkt am Wasser vor dem Deich. Das ist einzigartig!

Immer am Meer entlang, auf dem Nordseeküsten-Radweg

Der Nordseeküsten-Radweg ist mit rund 7000 Kilometern der längste der Welt. Auf ihm durchquert man insgesamt neun Länder. In Deutschland führt er entlang der Küste durch Niedersachsen über Hamburg nach Schleswig-Holstein und bis zur dänischen Grenze. Das Teilstück in Schleswig-Holstein ist 350 Kilometer lang. Vor allem das mittlere Teilstück vom Eidersperrwerk bis nach Husum ist sehr abwechslungsreich und verläuft am langen Strand von St. Peter-Ording entlang durch das Herz der Halbinsel Eiderstedt bis nach Husum. Von dort geht es dann über Nordstrand, Dagebüll und Niebüll weiter in Richtung dänische Grenze.

Gegen den Wind radeln

Klar, der Wind kann manchmal wirklich nerven. Und die Tour auf dem Nordseeküsten-Radweg kann noch so gut geplant sein: Von vorne wird er irgendwann immer kommen. Gegen den Wind zu radeln, macht stark, und das Erlebnis, so nah am Wasser zu sein, sich mitten in der Natur zu bewegen, die vor mehr als zehn Jahren zum Weltnaturerbe ernannt wurde, ist wirklich schön.

Abseits der großen Straßen

Die Tour beginnt am monumentalen Eidersperrwerk, das die Mündung der Eider am Katinger Watt überspannt. Über Vollerwiek und dem Grothusenkoog führt die Strecke bis zum Strand nach

Am Eidersperrwerk am Katinger Watt (li.) beginnt und endet die Radtour auf der Halbinsel Eiderstedt, die dich an der Küste entlang und zu Höhepunkten im Hinterland (re.) führt

St. Peter-Ording. Es ist überwältigend, wenn plötzlich die Dünenlandschaft von St. Peter-Ording vor dir auftaucht und ein weiter Blick über die Salzwiesen möglich wird. Dann folgt auch gleich der Böhler Leuchtturm, an dem man wunderbar pausieren kann. Er ist nur mit dem Rad oder zu Fuß zu erreichen, aber leider nicht zu besichtigen. Dann geht's immer an der Dünenkante entlang. In St. Peter-Ording findet sich bestimmt ein schöner Platz zum Innehalten, bevor der Weg weiter in Richtung Husum führt. Vom Norderdeich nördlich von St. Peter-Ording geht es hinaus Richtung Tating und Garding, parallel zur Bundesstraße. In Garding verlässt du den Nordseeküsten-Radweg in Richtung Welt. Insider-Tipp Das Welt-Café hat wundervolle selbst gebackene Torten! Jetzt ist man dem Ausgangspunkt der Tour schon richtig nah und radelt wieder zurück zum Eidersperrwerk.

Die Tour im Überblick

🚴 **Mittelschwere Tour mit dem E-Bike auf dem Teilstück des Nordseeküsten-Radwegs zwischen dem Eidersperrwerk und Husum, ca. 50 km, 4,5 Std.**

ℹ️ *Mit dem Auto über die B5 oder B202 nach Tönning und über die Katinger Landstraße Richtung Eidersperrwerk, am Eidersperrwerk gibt es mehrere Parkplätze an Nord- und Südseite (unbewacht)*

🕐 *Im Sommer, bei der Planung den Wind im Auge behalten*
⚙️ *E-Bike, wetterfeste Kleidung, Verpflegung*
📍 *54.264840, 8.845592 (Start)*

✔ DOWNLOAD GPX-Track

Durchs Wilde Moor bei Schwabstedt ★

Das Naturschutzgebiet Wildes Moor bei Schwabstedt ist auf den ersten Blick nicht zu sehen. Nur ein kleines Schild weist den Weg zum Parkplatz, hinter dem sich eine wundervolle Landschaft öffnet. Von den knapp 800 Hektar stehen 600 unter Naturschutz und ein Teil kann auf dieser gemütlichen Wanderung erkundet werden.

Über Bohlen auf einem Lehrpfad das Moor entdecken

Am Parkplatz Wildes Moor bei Hollbüllhuus befindet sich eine große Infotafel, auf der man nicht nur das gesamte Moorgebiet überblicken kann, sondern auch gleich Informationen über die Flora und Fauna des Gebietes erfährt. Wie abwechslungsreich und besonders die sind, kann man ausführlich auf einem Spaziergang durch das Moorgebiet selbst erleben. Der Weg führt zunächst über Wiesen, bevor nach gut 500 Metern links der Bohlenweg beginnt. Hier läuft man mitten durch das Moor, ohne Angst haben zu müssen, irgendwo einzusacken. Die Bohlenwege wurden 2020 erneuert und sind sehr gut zu laufen. Durch Pfei-

fengras, über Heidekräuter und Moosbeeren führt der Weg, selbst den fleischfressenden Sonnentau kann man in dem Hochmoor entdecken, in dem schon mehr als 80 Vogelarten gezählt wurden.

Frischen Torf anfassen

Gleich zu Beginn findest du links einen kleinen Mitmachplatz. Torfabbau mit der Hand! In einer kleinen wasserdichten Box liegen liebevoll gefertigte Anleitungen – das ganze Gebiet ist unglaublich schön hergerichtet. Überall stehen Schilder entlang des Wegs, auf denen die Moorpflanzen benannt werden. Lässt du deinen Blick in die Weite schweifen, kann das Gebiet voll auf dich wirken und du entdeckst vielleicht seltene Vögel wie Bekassine, Wiesenpieper oder Goldammer. Sie sind hier beheimatet und besonders schützenswert.

Auf einem Aussichtsturm die Weite des Moors erleben

Nach etwa einem Kilometer bist du an den Info-tafeln der Bohlenwege angelangt. Wer Lust hat, taucht hier noch tiefer in die Entstehungsgeschichte des Moores ein, dessen Renaturierung in den 1980er-Jahren begonnen hat. Schon seit 1992 steht das Gebiet unter Naturschutz und ist Heimat für viele seltene Lebewesen wie Kreuzotter, Kamm-molch oder Fledermaus. Auf dem Bohlenweg laden zahlreiche Bänke dazu ein, innezuhalten und die Natur zu beobachten. Nach der kurzen Runde kannst du am Ende des Bohlenweges noch knapp 400 Meter nach links zu einem Beobachtungsturm laufen, der einen schönen Blick bietet.

Die Tour im Überblick

🏃 **Einfache Rundwanderung durch das Wilde Moor bei Schwabstedt, ca. 3 km, 1 Std.**

ℹ️ *Mit dem Auto von der B202 bei Seeth über Schwabstedt zum Parkplatz Wildes Moor, Hollbüllhuus 1, Schwabstedt | Bohlenweg barrierefrei |*

🕐 *Ganzjährig, von März bis Oktober ist im Moor am meisten zu sehen*
⚙️ *Festes Schuhwerk, Verpflegung, Fernglas, Kamera*
📍 *54.406770, 9.234736 (Parkplatz), 54.414046, 9.246398 (Aussichtsturm)*

✓ **DOWNLOAD GPX-Track**

Das Wilde Moor bei Schwabstedt (li.) ist durch einen Bohlenweg (o.) gezähmt. Es ist ein Rückzugsgebiet für Pflanzen und Tiere (u.).

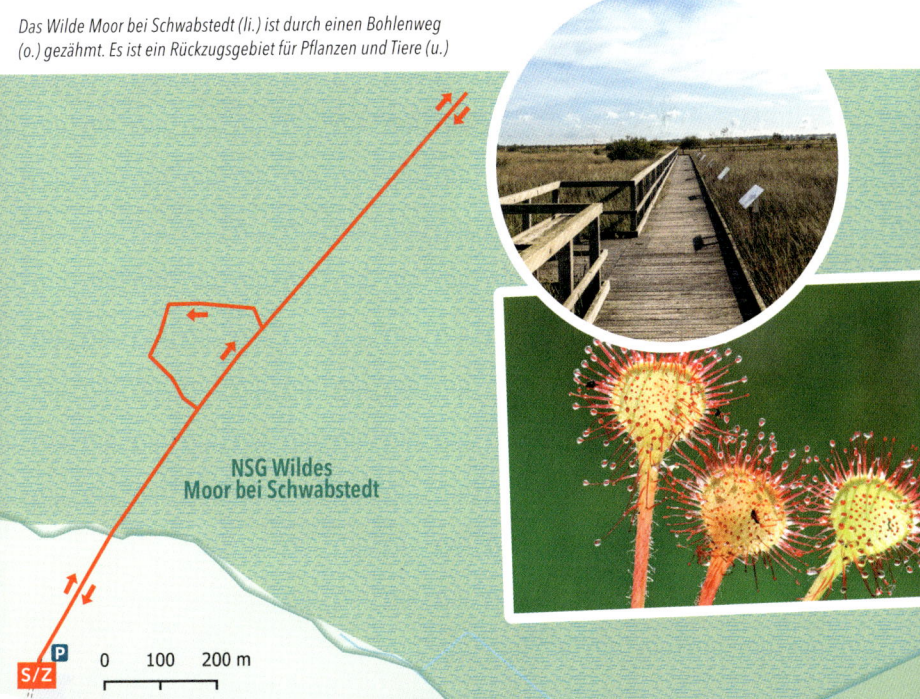

NSG Wildes
Moor bei Schwabstedt

0   100   200 m

S/Z

Störche besuchen in Bergenhusen ★

Sie kommen jedes Jahr nach Bergenhusen: Etwa 20 Weißstorchpaare ziehen in dem kleinen Ort zwischen den Flüssen Treene und Alte Sorge ihre Jungen groß, bevor es dann Mitte bis Ende August in die südlichen Winterquartiere geht. Bergenhusen hat sich voll eingerichtet, mit den Störchen zu leben, und bietet unterschiedliche Möglichkeiten zur Erkundung an.

Es klappert über den Dächern

Wenn die ersten Störche ab März nach Bergenhusen kommen, ist die Freude bei den Einheimischen groß. Per Live-Kamera können Interessierte die Ankunft mitverfolgen und beobachten, in welchem Nest sie sich niederlassen. Schon bei der Ankunft im Ort wird klar: Hier sind Störche zu Hause, denn die Masse an bereitgestellten Storchennestern ist unübersehbar. Selbst wenn die Vögel vielleicht schon wieder unterwegs sind, lohnt sich dieser kleine Spaziergang, denn man lernt viel über die jeweiligen Paare, und dass in Bergenhusen eine der größten Weißstorchkolonien Europas im Sommer zu Gast ist. Sobald der Nachwuchs flie-

gen kann, geht es hoch her in der Region, denn die Jungen müssen sich ordentlich Gewicht anfuttern, bevor es nach gut zwei Monaten wieder auf den langen Flug in die Winterheimat geht.

Auf der Dorfstraße zur NABU-Storchenausstellung

Der kleine Rundweg führt direkt an einer Weißstorchausstellung des NABU vorbei. Das große weiße Reetdachhaus ist ein echter Blickfang. Hier kannst du direkt einen Blick in ein echtes Storchennest werfen, live, und das Team steht für alle Fragen bereit. Außerdem lernt man vieles über den Lebensraum der Störche und die Landschaft in der Region. In den Wintermonaten ist das Haus geschlossen und wird nur auf Anfrage geöffnet. Auf Infotafeln, die unterwegs an unterschiedlichen Stationen oder Nestern angebracht sind, kann man über QR-Codes mit dem Smartphone weiterführende Tipps und Hintergrundgeschichten zu den jeweiligen Störchen erfahren.

Rundweg durchs Storchendorf

Der kurze Rundwanderweg ist einen knappen Kilometer lang und die Route wirklich gut beschildert. Ein kleiner roter Pfeil weist den Routenverlauf, der auch über die heimische Landwirtschaft aufklärt, über die typischen Knicks, also Wallhecken am Feldrand, oder über die typischen Wiesenvögel. **Insider-Tipp** Kurz vor Ende der Tour kann man in der Dorfgaststätte Hoier Boier den Tag bestens bei Kaffee und Kuchen ausklingen lassen.

Die Tour im Überblick

🚶 **Einfache Rundwanderung in Bergenhusen, ca. 1 km, 20 Min.**

ℹ️ *Mit dem Auto von der B202 in Stapel Richtung Bergenhusen und zum Parkplatz am Friedhof | NABU-Forschungsinstitut (Weißstorch-Ausstellung), Goosstroot 1, 15. März–15. Sept., bergenhusen.nabu. de/wir-ueber-uns/ausstellung | Flyer zur Route: bergenhusen.de (>Tourismus > Sehenswertes)*

🕐 *Mitte März–Aug. (Brutzeit und Aufzucht)*
⚙️ *Fernglas, Verpflegung*
📍 *54.374787, 9.318101 (Parkplatz)*

✔ **DOWNLOAD GPX-Track**

Um die 20 Storchenpaare (li.) ziehen in Bergenhusen von April bis September ihre Jungen auf, das Dorf ist voll auf die Besucher eingestellt

In der Idylle des Naturerlebnisraums Mühlenau Mildstedter Tannen ist für Groß und Klein ganz schön was geboten

Kultur und Geschichte in Husum und dazu das wilde, aber liebliche Treenetal. Dazu noch der längste Sandstrand des Festlandes in St. Peter-Ording, die mittlere Region der Nordseeküste hat unglaublich viel Abwechslung zu bieten.

IN UND UM HUSUM
Wandern in der Flusslandschaft
1 Einfache Wanderung im Naturerlebnisraum Mühlenau Mildstedter Tannen, ca. 2,5 km, 1,5 Std.

In diesem Naturerlebnisraum ist ganz schön was los. Es summt, fliegt und quakt überall. Auf gut 70 Hektar kann man im Tal des Flüsschens Mühlenau und dem angrenzenden Mildstedter Wald eine Menge entdecken. Fische, Frösche und unzählige Insekten fühlen sich hier wohl. Wie auch du, wenn du den Aussichtsturm besteigst und den Ausblick über die Landschaft genießt. Es gibt einen Barfußpfad und ein Bienenhaus, ein Baumtelefon und so viel Tierisches zu entdecken. Ein Highlight ist sicherlich das kleine Floß, das dich sicher über den kleinen Teich am Naturspielplatz bringt.

Insider-Tipp Auch in der dunkleren Jahreszeit ist das Gebiet der Mildstedter Tannen einen Ausflug wert. Im Herbst verfärben sich die Blätter der Bäume, und im Winter, wenn sich der Raureif auf die Landschaft legt, wird es hier richtig mystisch.

ⓘ *Von Husum ZOB mit dem Bus Richtung Rendsburg, Ostenfeld bis zur Haltestelle Mildstedt Mauweg und zu Fuß zum Naturerlebnisraum Mühlenau/Mildstedter Tannen | Mit dem Auto von der B5 bei Husum über die Ostenfelder Straße, Parkplatz am südlichen Zugang* 🕐 *Ganzjährig* ⚙ *Verpflegung* 📍 *54.470335, 9.100102 (südlicher Zugang), 54.476020, 9.105211 (nördlicher Zugang)*

Husums Geschichte entdecken
2 Einfache Wanderung auf dem Kulturpfad durch Husum, ca. 3 km, 1 Std.

Wie schön ist es, durch Husum zu bummeln: Ein Hafen mitten in der Stadt, kleine Läden, zahlreiche Cafés und so viel Kultur. Der Kulturpfad verbindet 34 sehenswerte Orte in Husum. Start ist am Marktplatz der Tourist-Info, wo es auch kostenloses Kartenmaterial gibt. Am besten ist auch das Handy

Auf dem Kulturpfad kann man via QR-Code Infos zur Stadtgeschichte Husums abrufen

Alles in Sachen Küstenschutz erfährst du auf dieser Wanderung zur Dockkoogspitze

aufgeladen, denn über QR-Codes gibt es weiterführende Informationen zu den Stationen. Du kannst historische Häuser, Denkmäler und Kuriositäten entdecken. Die Tour kann je nach Interesse persönlich gestaltet werden und muss nicht nach einem ausgeschilderten Weg erlaufen werden. So ist es ganz easy, beim gemütlichen Schlendern die Stadtgeschichte zu entdecken oder auf Theodor Storms Spuren zu wandeln. Eine gemütliche Einkehr ist währenddessen jederzeit möglich.

ⓘ *Mit der Bahn bis Husum Bahnhof und in 10 Min. zu Fuß zur Tourist-Info im historischen Rathaus, Großstraße 27, Husum | Mit dem Auto von der B5 nach Husum Zentrum, Parkplatz am Binnenhafen | husum-tourismus.de (> Vor Ort > Stadtführungen > Rundgänge > Kulturpfad)* ⏲ *Ganzjährig* ⌖ *54.477116, 9.050965 (Start)*

In Sachen Küstenschutz unterwegs

3 🚶 **Einfache Wanderung auf der Küstenschutzroute zur Dockkoogspitze, ca. 4 km, 1,5 Std.**
Oha, kein Wasser im Hafenbecken? Es hat keiner irgendwo den Stöpsel gezogen, sondern es ist Ebbe. Warum das Meer zweimal täglich verschwindet und was der Mond damit zu tun hat, das und noch viel mehr erfährst du auf der Küstenschutzroute, die vom Nordfrieslandmuseum in der Innenstadt bis ans Meer führt. An zwölf Infopunkten wird das Zusammenspiel von Meer und Mensch gezeigt. Nicht nur Erwachsene können sich informieren, mit App und Rallyebögen ist die Tour auch für Kinder spannend gestaltet worden. Es geht vorbei am Binnenhafen mit den schmucken bunten Häusern, wo du Ebbe und Flut gleich vor Ort sehen kannst. Denn die Gezeiten reichen hier bis in die Innenstadt hinein und sorgen dafür, dass die Schiffe trocken liegen. Auch am Nationalparkhaus kommst du vorbei, in das du am besten gleich noch einen Abstecher machst: Eine kleine kostenlose Ausstellung zeigt dir einiges über die Bewohner der Nordsee und beschäftigt sich mit aktuellen Themen wie der Müllverschmutzung im Meer. Weiter geht es zum Außenhafen, wo die Kutter täglich frischen Fisch anlanden. An dessen Ende wartet der Husumer Dockkoog, wo du ein Bad in der Nordsee nehmen könntest.

ⓘ *Mit der Bahn bis Husum Bahnhof und in 5 Min. zu Fuß zum Nordfriesland Museum, Herzog-Adolf-Straße 25 | Mit dem Auto von der B5 nach Husum Zentrum, Parkplatz am Binnenhafen | kuestenschutzroute.de* ⏲ *Im Sommer* ⚙ *Badebekleidung, Verpflegung* ⌖ *54.475272, 9.055538 (Start)*

137

Auf dem Speicherbecken am Lundenbergsand kann man unabhängig von Ebbe und Flut beim SUP unterwegs sein

Einen Badetag nah und doch abseits des Rummels bietet der Husumer Dockkoog

Schwimmen in Stadtnähe

4 ≋ **Badeausflug an den Husumer Dockkoog**
Vom Stadtbummel direkt an die Nordsee fliehen, das funktioniert in Husum ganz hervorragend. Die Badestelle am Dockkoog ist nur etwa zwei Kilometer von der Innenstadt entfernt und lässt sich daher locker auch mit dem Rad erreichen. Im Sommer kann man sich einen Strandkorb mieten. Ein großer Spielplatz und öffentliche Toiletten sind vor Ort und die Strandbar Wunderbar versorgen einen mit Fischbrötchen, Kuchen und Getränken. Mehrere Treppen sorgen für einen entspannten Zugang zum Meer und bei Ebbe kann so richtig schön im Watt gebuddelt werden. Obwohl die Badestelle so nah an Husum und dem Hafen liegt, kann man hier einen wunderbaren Badetag verbringen.
ⓘ *Mit dem Auto oder Rad von Husum Zentrum über Gaswerk- und Dogkoogstraße zum Parkplatz am Dockkoog, Dockkoogstraße 25* 🕓 *Im Sommer* ⚙ *Badebekleidung* 📍 *54.479905, 9.003970*

Mit dem SUP unterwegs

5 ≋ **Einfache SUP-Tour auf dem Speicherbecken am Lundenbergsand, ca. 1 km, 1 Std.**
Auf der einen Seite der Nordseecamping-Platz zum Seehund, auf der anderen Seite ein Wellnesshotel. So unterschiedlich geht's zu an der Badestelle Lundenbergsand in Simonsberg. Der Sprung in die Nordsee ist tideabhängig, wie gut, dass hinter dem Deich gleich ein Speicherbecken liegt. Hier kann auch bei Ebbe eine Runde auf dem SUP-Board gedreht werden. Auch nur für eine kleine Feierabendrunde eignet sich das Areal bestens. Vor allem für Kinder und Anfänger ist die Location interessant, da es keine großen Strömungen gibt und die Tiefe des Beckens überschaubar ist. Die beste Einstiegstelle ist gleich neben dem Parkplatz gelegen. Von hier aus hat man auch das ganze Gewässer gut im Blick.
Insider-Tipp Wer Lust auf eine etwas größere Runde hat, paddelt einfach gegenüber dem Startplatz in den kleinen Siel und folgt seinem Lauf.
ⓘ *Mit dem Auto von Husum Richtung Simonsberg und zur Badestelle Lundenbergsand, Parkplatz direkt am Speicherbecken* 🕓 *Im Sommer* ⚙ *Badebekleidung, SUP, Verpflegung* 📍 *54.457028, 8.979872*

Durchs wunderschöne Treenetal führt die Radtour von Friedrichstadt nach Schwabstedt

Auf einer Krimi-Tour erkundest du die Gassen und Grachten von Friedrichstadt

IN UND UM FRIEDRICHSTADT
Auf Verbrecherjagd in der Grachtenstadt
6 🚶 **Auf dem Krimi-Trail durch Friedrichstadt (als Tagesausflug planen)**

Ein Mord in Friedrichstadt! Ein Grachtenschiffer treibt leblos im Wasser, es ist schnell klar: Durch einen Unfall ist er nicht ums Leben gekommen. Der Fall muss aufgeklärt werden und bestenfalls ermittelst du den Täter oder die Täterin. Die ausgeklügelte Tour führt zu wichtigen Orten in Friedrichstadt, wo man möglichst viele Hinweise sammeln muss, um das Rätsel zu lösen. Es ist dir selbst überlassen, ob du irgendwo länger bleibst oder eine Pause einlegst. Man kann währenddessen einen großen Eisbecher verspeisen, mit Blick auf die Grachten, oder ein Museum besuchen. Oder durch die Läden bummeln. Aber das Verbrechen solltest du aufklären. Ein Stadtrundgang, der viel Spaß macht und locker einen Tag in Anspruch nehmen kann, wenn du dir Zeit lässt, hier und da den Ausblick genießt oder einkehrst. Die Buchung des Krimi-Trails ist online oder in der Tourist-Info am Marktplatz möglich.

ⓘ *Mit der Bahn nach Friedrichstadt und 10 Min. zu Fuß zur Tourist-Info, Am Markt 9 | Mit dem Auto über die B202 nach Friedrichstadt, Parkplatz Seebüll Süd, Tönninger Straße | friedrichstadt.de/live-vor-ort/krimi-trails, €€€ (für bis zu 5 Personen)* 🕐 *Ganzjährig* ⚙ *Gutes Schuhwerk, Smartphone* 📍 *54.375796, 9.088868 (Start)*

Radeln im Treenetal
7 🚴 **Mittelschwere Radrundtour von Friedrichstadt nach Schwabstedt, ca. 32 km, 3 Std.**

Dass die Landschaft in Nordfriesland so entzückend sein kann, ahnt ja keiner. Dass Friedrichstadt mit seinen Grachten und Häusern als Holländerstädtchen durchgeht, auch nicht unbedingt. Die abwechslungsreiche Tour startet am Marktplatz in Friedrichstadt und führt dann über Koldenbüttel nach Schwabstedt, dem kleinen Dorf direkt an der Treene. Mit einem Smartphone kann die Tour via GPX-Track angegangen werden. Gleich nach dem Start geht es nach Koldenbüttel, wo das prächtige Pastorat bestaunt werden kann. Hier befindet sich auch der Naturerlebnisraum Koldenbüttler Marsch, in dem typische Landschaftsteile des Kulturraums wie Deich und Späting, Warft oder Weide erlebt werden können. Weiter geht es zu einer

Die Kirche in Schwabstedt ist mehr als 800 Jahre alt und einen Besuch wert

Die Naturbadestelle an der Eider bei Drage ist ein Ruhepol

schönen Naturbadestelle, hier kann man sich im Sommer mit einem Sprung ins kühle Nass wieder auf Temperatur bringen. Der Ausblick von der alten Mühle in Schwabstedt ins Tal ist wundervoll und in der küstennahen Region, wo sonst alles sehr flach ist, unbedingt zu genießen. Spätestens jetzt ist Zeit für einen Kaffeestopp: <mark>Insider-Tipp</mark> Mache einen kleinen Abstecher zur Waldbühne Holbek und dem Café Nachtigall! Im Frühjahr gibt es hier auch Bärlauch zu ernten. Von Schwabstedt geht es über Seeth wieder nach Friedrichstadt zurück.

ⓘ *Mit der Bahn nach Friedrichstadt und 10 Min. zu Fuß zur Tourist-Info, Am Markt 9 | Mit dem Auto über die B202 nach Friedrichstadt, Parkplatz Seebüll Süd, Tönninger Straße | Fahrradverleih an der Tourist-Info | Infos und Karte: friedrichstadt.de (> Friedrichstadt inspiriert > Mit dem Rad > Koldenbuettel-Treene-Radtour)* ⏱ *Im Sommer* ⚙ *Fahrrad, Verpflegung* 📍 *54.375796, 9.088868 (Start), Café Nachtigall (54.397173, 9.203666)*

Baden in der Eider

8 〰 **Badeausflug zur Naturbadestelle bei Drage**
Komm ins Hinterland und spring in den Fluss. In Drage liegt abseits jeder Hektik eine kleine Naturbadestelle mit Steg, großer Liegewiese und kleinem Sandstrand zwischen dem Schilf. Das Grundstück mit Bademöglichkeit liegt weit südlich vom Ort und ist ordentlich eingewachsen, so gibt es auch im Sommer genügend Schattenplätze für alle. Die Wasserqualität wird regelmäßig überprüft und auch sonst pflegt die Gemeinde Drage die Location liebevoll. Genügend Parkplätze stehen zur Verfügung und Kanus können gut ins Wasser gelassen werden. Badeaufsicht oder Ähnliches gibt es nicht, dafür viel Ruhe und Entspannung. Übrigens ist die Badestelle auch im Herbst zu empfehlen, wenn sich die umliegenden Bäume verfärben und der Nebel sanft über dem Wasser liegt. Das Wasser der Eider ist dann zwar ziemlich kalt, dafür steht die Natur im Vordergrund.

ⓘ *Mit dem Auto von Friedrichstadt von der B202 kurz vor Seeth Richtung Drage abbiegen und weiter zur Naturbadestelle Drage fahren* ⏱ *Im Sommer* ⚙ *Verpflegung, Badesachen* 📍 *54.337375, 9.155186 (Badestelle)*

Friedrichstadt ist von Grachten durchzogen, die man auch mit dem SUP erkunden kann

Ab in die Treene

9 ≋ Badeausflug in das Flussfreibad Schwabstedt (Tagesausflug)

Ein langer Steg ragt hinein in eine Schlaufe der Treene. An warmen Tagen lädt das geradezu dazu ein, mit Anlauf vom Steg zu springen. Hier am Treeneufer hat die Gemeinde Schwabstedt ein Flussfreibad geschaffen, das für alle etwas bietet: Relaxen auf der Badeinsel inmitten der Treene, eine große Liegewiese und die Kleinen freuen sich über eine Rutsche. Im Imbiss Friesenpub gibt es, wie es sich für ein Freibad gehört, beste Pommes und man sitzt mit schönem Blick auf der Terrasse. Das Flussfreibad liegt zentral in Schwabstedt und eignet sich übrigens auch sehr gut für einen Pausenstopp während einer Radtour. Selbst an heißen Sommertagen verspricht ein Bad richtig Abkühlung, da sich die Treene gar nicht so sehr aufwärmt. **Insider-Tipp** Wenn du Lust hast, in Schwabstedt den Abend ausklingen zu lassen, musst du nur die Straße überqueren und im Hotel zur Treene auf der Terrasse Platz nehmen. Es ist eines der bekanntesten und besten Restaurants der Region.

ⓘ *Mit dem Auto von Friedrichstadt von der B202 bei Seeth Richtung Schwabstedt und zum Parkplatz vorm Flussfreibad Schwabstedt, An der Treene 2a | flussfreibad-schwabstedt.de, € ⚙ Badesachen ⦿ 54.393228, 9.187003 (Freibad)*

Auf den Grachten durchs Venedig des Nordens

10 ≋ Einfache SUP-Tour durch Friedrichstadt, ca. 2 km, 2 Std.

Friedrichstadt ist komplett von Wasser umgeben und kleine Grachten führen durch die Innenstadt. Ein perfektes Revier, um das SUP-Board auszupacken und auf Tour zu gehen. Fast fühlt man sich wie in Holland oder Venedig, wenn man die Stadt auf dem Board auf den zum Teil schmalen Gewässern durchstreift. Am besten setzt man an der Blauen Brücke ein, von hier aus paddelt man gleich Richtung Norden am schiefen Haus vorbei und hält sich dann rechts. An der nächsten Möglichkeit biegt man bei den Grachtenschiffen wieder nach rechts ab und es geht in die Stadt hinein. Kleine Backsteinhäuser mit Treppengiebel empfangen dich. Es

Die Bargener Fähre wirst du nicht brauchen, wenn du mit dem Kanu auf der Eider unterwegs bist, aber Radfahrer und Wanderer queren hier gern den Fluss

kommen immer wieder gute Stellen für eine Pause. Halte doch am Marktplatz für eine Stärkung mit Kaffee und Kuchen. Die Tour durch die Grachten ist für Anfänger bestens geeignet, wer es sportlicher mag, folgt der Treene flussaufwärts Hier ist die Stadt schnell zu Ende und Natur breitet sich aus. Die Treene ist auch hier gut zu befahren, an lauen Sommerabenden ist aber einiges los.

ⓘ *Mit der Bahn nach Friedrichstadt und 5 Min. zu Fuß zum Parkplatz Seebüll Süd, Tönninger Straße | Mit dem Auto über die B202 nach Friedrichstadt und zum Parkplatz | Kanu-Einsatzstelle an der Blauen Brücke am Parkplatz | Verleih und Tour: friedrich stadt.de (>Friedrichstadt inspiriert > Auf dem Wasser > SUP)* ⏱ *Sommermonate* ⚙ *SUP-Board, Verpflegung* 📍 *54.376491, 9.083756 (Start)*

Die Eiderschlingen abpaddeln

11 ≈ **Mittelschwere Kanutour auf der Eider bei Delve, ca. 16 km (Tagesausflug)**

Flussauf- oder -abwärts? In Delve kannst du dir aussuchen, ob du dich auf der Eider in Richtung Nordsee oder Nord-Ostsee-Kanal aufmachst. Kurvig wird die Kanutour auf jeden Fall, denn in diesem mittleren Abschnitt der Eider mäandert der Fluss kräftig durch die schöne Landschaft. Die Eider ist der längste Fluss Schleswig-Holsteins, dementsprechend vielfältig kannst du deinen Kanutag planen. Unmittelbar am Campingplatz Eidertal liegt ein kleiner Hafen samt Kanueinstiegsstelle. Richtung Süden kommt nach einem Kilometer und der ersten Schleife die Bargener Fähre in Sicht, die bei Radfahrern und Fußgängern Kultstatus hat und sie in den Sommermonaten an die jeweils andere Eiderseite bringt. Folgst du dem Fluss Richtung Norden sind es bis zur Nordsee etliche Kilometer, aber Süderstapel ist, nach immerhin sieben Schlingen und neun Kilometern, gut erreichbar. Du musst schließlich noch zurück. Das Ufer ist vielfach bewachsen und bis zur Ausstiegsstelle passierst du nur das Schöpfwerk Steinschleuse. Sonst bist du Teil der Natur, keine Gebäude oder Brücken stören den Tag auf dem Wasser.

ⓘ *Mit dem Auto von Friedrichstadt über die L149 nach Hennstedt, kurz vor Glüsing nach Delve abbiegen und bis zum Parkplatz des Kanupoint Delve beim Eidertal Camping fahren | eidertal-camping.de, €–€€ (Kanumiete)* ⏱ *Im Sommer* ⚙ *Kanu, Verpflegung* 📍 *54.305518, 9.258220*

Im Juni dreht sich in Friedrichstadt alles um die Rose: schön anzusehen und schmeckt sogar

Der Erlebnispfad durch die Salzwiesen bei St. Peter-Ording ist spannend aufgemacht

Ein Traum von Rosen

12 🌹 **Besuch des Rosenfests in Friedrichstadt (Tagesausflug)**

Im Juni umhüllt süßer Rosenduft die Region, die Blume scheint den fruchtbaren Kleiboden hier zu mögen. Selbst in den Innenstädten klettert die Pflanze an Hauswänden empor. Auch in Friedrichstadt schmiegen sich Rosen in unterschiedlichen Farben an die Gemäuer. Neben den kleinen Grachten sind es diese Gassen mit den üppigen Pflanzen, die Friedrichstadt so besonders machen. Das Fest Rosenträume steht ganz im Zeichen der duftenden Schönheit und findet jährlich im Juni hier statt. Ausgewählte Züchter präsentieren ihr neues Sortiment und geben Tipps zur Pflege. Stände mit Kunst und Handwerk, z. B. Keramik und Schmuck, oder Garten-Accessoires thematisieren die Rose. **Insider-Tipp** Auf dem Marktplatz kommt auch das leibliche Wohl nicht zu kurz. Ob Rosenkuchen, Rosenkäse oder Rosenbratwurst, es gibt nichts, was es nicht gibt.

ℹ️ *Mit der Bahn nach Friedrichstadt und 10 Min. zu Fuß zum Marktplatz | Mit dem Auto über die B202 nach Friedrichstadt, Parkplatz Seebüll Süd, Tönninger Straße, und zu Fuß zum Marktplatz | friedrichstadt.de/die-stadt-entdecken/ veranstaltungen/rosentraeume* 🕐 *Im Juni* 📍 *54.376268, 9.088446 (Markt)*

IN UND UM ST. PETER-ORDING
Die Salzwiesen entdecken

13 🚶 **Abwechslungsreicher Spaziergang auf dem Erlebnispfad bei St. Peter-Ording, ca. 1 km, 30 Min.**

Einen Kilometer weit schlängelt sich der Naturpfad durch die Salzwiesen am südlichen Ende der Erlebnispromenade. Auf interessant gestalteten Informationstafeln wird viel Spannendes rund um den einzigartigen Lebensraum Salzwiesen aufbereitet. Mit so geschärftem Blick macht es viel Spaß auf Entdeckungstour zu gehen. Ob man hier wirklich die Flying Five des Wattenmeers, also Alpenstrandläufer, Brandgans, Austernfischer, Silbermöwe und Ringelgans, sehen wird, ist nicht sicher. Aber die Zeichen stehen gut. Austernfischer wirst du bestimmt entdecken, denn die kleinen Vögel sind mit ihren orangeroten Schnäbeln und Augen ziemlich auffällig. Hast du einmal den Laut dieser Vögel erfasst, wirst du sie später immer wieder bemerken. Mit viel Liebe zum Detail ist der Weg erarbeitet worden und auch außerhalb der Sommer-

Von Schafen begleitet, wanderst du auf dem Deich von Westerdeich nach Vollerwiek

monate lässt er sich gut laufen. Der Erlebnispfad ist pfiffig an das südliche Ende der Erlebnispromenade angeschlossen, wo auch ein Irrgarten sowie ein Abenteuer-Wasser-Spielplatz, ein Fitnesspark sowie weitläufige Themenspielplätze, große Sitzgruppen und das Erlebnis-Haus samt einer 47-Meter-Outdoor-Rutsche zu finden sind.

ⓘ *Mit der Bahn von Husum nach St. Peter-Ording und zu Fuß zum Startpunkt am südl. Ende der Erlebnispromenade | Mit dem Auto auf der B202 bis St. Peter-Ording und zum Parkplatz an der Fritz-Wischer-Straße* ⏲ *Ganzjährig* ⚙ *Verpflegung* ⌖ *54.308467, 8.610133 (Start)*

Wandern an der Wasserkante

14 🚶 **Einfache Wanderung von Westerdeich nach Vollerwiek, ca. 4 km, 1,5 Std. (Hin- und Rückweg)**

Einfach nur mal eben die Nase in den Wind halten, eine kleine Runde drehen und sich richtig durchpusten lassen. Dieser knapp vier Kilometer lange Spaziergang lässt sich zu jeder Jahreszeit absolvieren. In Westerdeich geht es über den Deich. Das Schöne an diesem Abschnitt ist, dass die Wasser-

kante bereits am Deichfuß liegt und keine Salzwiesen vorgelagert sind. Bei Flut hörst du also die Wellen direkt neben dir an Land schwappen. Das vorgelagerte Watt ist schlickig und wird auch von kleineren Prielen durchzogen. Eine Wattwanderung bei Ebbe ist hier also nicht zu empfehlen. Hinter dem Deich reiht sich ein uriges Ferienhäuschen ans nächste, du kannst Schafe beobachten, die bis weit in den Herbst hinein hier grasen. So kann ganz gemütlich nach Vollerwiek gebummelt werden. Im Sommer kannst du dort am Imbiss eine Pause einlegen, bevor es nach Westerdeich zurück geht.

ⓘ *Mit dem Auto von St. Peter-Ording in Richtung Eidersperrwerk und Vollerwiek fahren, nach Westerdeich abbiegen, Parkplatz am Seedeich | Imbiss Vollerwiek, 12 bis 19 Uhr, Di geschl.* ⏲ *Ganzjährig* ⚙ *Verpflegung* ⌖ *54.289512, 8.769425 (Start)*

Nachtwanderung am Strand

15 🚶 **Einfache Nachtwanderung bei St. Peter-Ording, ca. 4 km, 1,5 Std.**

Keine Angst, in den Sommermonaten, wenn die Tage sehr lang sind, wird es hier gar nicht richtig dunkel. Aus diesem Grund beginnt eine Nacht-

Nachts hinaus ins Watt – natürlich nur mit Guide: Das ist in St. Peter-Ording möglich und ein tolles Erlebnis

Noch heute wird diese Glocke am Tümlauer Koog geläutet, wenn ein Kind geboren wird

wanderung an den Strand von St. Peter-Ording im Sommer auch erst gegen 22:00 Uhr. Dafür erklären die Freiwilligen der Schutzstation Wattenmeer, welche Vögel da gerade in der Nacht trällern, welche Sterne über dir funkeln und welche Leuchttürme am Horizont blinken. Es ist schon ein besonderes Erlebnis draußen am Strand zu wandern, über dir nur die Weite des Sternenhimmels. Diese Wanderung schärft deine Sinne und dein Bewusstsein. Es ist spannend, seine gewonnenen Eindrücke bei Tag erneut zu testen und zu sehen, welche Vögel zu welchem Laut gehören. Am schönsten sind die Nachtwanderungen natürlich in lauen Sommernächten, in denen der Wind abflaut und du in kurzer Hose durch die Dunkelheit wanderst.

ⓘ *Mit der Bahn von Husum nach St. Peter-Ording und zu Fuß zum Nationalpark-Haus, Maleens Knoll 2 | Mit dem Auto auf der B202 bis St. Peter-Ording und zum Parkplatz an der Dünen-Therme | schutzstation-wattenmeer.de (> Stationen > St. Peter-Ording > Veranstaltungen > Nachtwanderung in den Nationalpark), €* ⏱ *Ganzjährig* ⚙ *Wetterfeste Bekleidung, festes Schuhwerk* 📍 *54.315949, 8.605232 (Start)*

Mit dem Rad um den Koog

16 🚲 **Einfache Radrundtour um den Tümlauer Koog, ca. 4 km, 30 Min.**

Das ist schon ein schönes Fleckchen Erde, der Tümlauer Koog. Eine kleine Rundtour mit dem Rad lohnt sich, auch wenn es auf den ersten Blick nicht so erscheint. Der kleine Hafen, von dem man einen grandiosen Blick auf den Leuchtturm Westerhever hat, ist der Ausgangspunkt für die knapp vier Kilometer. Es geht am Deich nach Nordosten, bevor man beim ersten Übergang Richtung Dorf abbiegt. Kurz vor der Kreuzung steht rechts ein kleiner Glockenturm mit der sogenannten Kinderglocke. Noch heute wird die Glocke bei jedem Neugeborenen geläutet. An der Kreuzung geht es rechts an typischen Kooghäusern vorbei und an der nächsten Kreuzung wieder rechts Richtung Hafen. **Insider-Tipp** ==Dort kannst du an einem Sturmflutpfahl eindrucksvoll sehen, wann die Nordsee hier besonders stark gewütet hat.== Der kleine Hafen ist nach den Sommermonaten eher ausgestorben und ein schöner Platz für den Sonnenuntergang.

Die Halbinsel Eiderstedt entstand durch Eindeichung und ist für ertragreiche Böden bekannt

Vom Eidersperrwerk, das am Wikinger-Friesen-Radweg liegt, ist der Ausblick fantastisch

Wassersport, vor allem das Kite-Surfen, wird in St. Peter-Ording großgeschrieben

🛈 *Von St. Peter-Ording mit Bus 183 bis Tümlauer Koog und zu Fuß zum Sportboothafen | Mit dem Auto auf der B202 in Tating nach Tümlauer Koog abzweigen und zum Parkplatz am Sportboothafen fahren* ⏱ *Ganzjährig* ⚙ *Rad, Verpflegung,* 📍 *54.351271, 8.674095 (Start)*

Mit dem Rad zu Wikingern und Friesen

17 🚲 **Mittelschwere Radtour auf dem Teilstück des Wikinger-Friesen-Wegs von St. Peter-Ording nach Friedrichstadt, ca. 55 km, 4 Std. (Tagestour)**
Der Wikinger-Friesen-Weg ist eigentlich ein Fernradweg, der 300 Kilometer lang über mehrere Tagesetappen an die Ostsee führt. Dieser 55 Kilometer lange Abschnitt führt von St. Peter-Ording bis nach Friedrichstadt und kommt an vielen Sehenswürdigkeiten vorbei oder informiert per Audio-Guide über die Besiedelung von Wikingern und Friesen in der Region. Los geht die Tour in St. Peter-Ording, von wo sie der Deichlinie nach Osten über Vollerwiek bis zum Eidersperrwerk folgt. Der Blick von dem mächtigen Küstenschutzbauwerk bis weit ins Binnenland und auf die offene Nordsee ist einzigartig. Danach

geht es durchs Katinger Watt bis nach Tönning, wo das Flussufer der Eider gegen das grüne Hinterland getauscht wird und es über Koldenbüttel bis nach Friedrichstadt geht. Mit der Bahn kannst du von hier wieder zum Ausgangspunkt kommen oder verbringst den Abend in Friedrichstadt.

🛈 *Mit der Bahn nach St. Peter-Ording und mit dem Rad zum Startpunkt | Mit dem Auto auf der B202 bis St. Peter-Ording und zum Parkplatz an der Dünen-Therme | gruenes-binnenland.de/aktivitaeten/radfahren/wikinger-friesen-weg* ⏱ *Im Frühling und Sommer* ⚙ *Rad, Verpflegung, dem Wetter angepasste Kleidung* 📍 *54.315107, 8.606498 (Start)*

Zum Kultspot an der Nordsee

18 〰 **Kitesurfen am Strand von St. Peter-Ording**
Nördlich der Seebrücke darfst du dein Board auspacken und dich zum Kitesurfen in die Fluten stürzen. Dieses perfekte Revier zwischen der Badestelle Bad und Badestelle Ording lässt ganz sicher auch dein Wassersportherz höher schlagen. Flacher Strand,

Der Strand in St. Peter-Ording ist sogar breit genug für Kite-Buggys – allein vom Zusehen wird einem schon schwindlig

beste Wellen und über dir der weite Nordfriesland-Himmel! Den Blick auf die Dünen gerichtet geht's ab mit dem Wind über die Wellen – ein perfekter Kitesurf-Spot. Beim Wassersportcenter X-H2O kannst du mal reinschnuppern oder dir Equipment ausleihen. Im Sommer finden regelmäßig Kurse statt und du hast auch spontan die Möglichkeit, dich anzuschließen und den Sport auszuprobieren. Er ist temporeich und benötigt viel Kraft. Vor allem hier in St. Peter-Ording ist diese Trendsportart zu Hause.

ⓘ *Mit dem Auto auf der B202 bis St. Peter-Ording und zum Parkplatz am Strandweg 15 | Kiten erlaubt zw. Badestelle Bad und Badestelle Ording | Kurse und Verleih: Wassersportcenter X-H2o, x-h2o.de, €€€* ⏱ *Im Sommer* ⚙ *Kite-Ausrüstung* 📍 *54.327213, 8.587963 (Badestelle Ording)*

Mit richtig Speed über den Strand brettern

19 ≋ **Kite-Buggy-Fahren in St. Peter-Ording, 3,5 Std. (Schnupperkurs)**

Was sind das denn für komische Vehikel, die da am Strand von St. Peter-Ording zwischen Ording

und Bad mit den bunten Drachen schnell durch die Gegend flitzen? Bis zu 100 Stundenkilometer können die kleinen dreirädrigen Buggys schnell werden, kein Wunder, dass für das freie Fahren eine Lizenz notwendig ist. Die Gefährte werden über das Vorderrad gelenkt und über einen Lenkdrachen vom Wind angetrieben. Ganz schön knifflige Sache. Du kannst es im Urlaub in einem Schnupperkurs selbst ausprobieren oder dir einen Buggy leihen, wenn du über eine Lizenz verfügst. Oder du setzt dich einfach außerhalb des Fahrgebiets in den Sand der Dünen und schaust dir die irren Fahrten an. Zahlreiche Akteure finden in jedem Sommer den Weg nach St. Peter-Ording, um hier ihre Leidenschaft auszuleben. An stürmischen Sommertagen sind sie in ihrem Element. Alleine das Zuschauen macht schon Spaß.

ⓘ *Mit dem Auto auf der B202 bis St. Peter-Ording und zum Parkplatz am Strandweg 15 | Kite-Buggy-Gebiet zw. Badestelle Bad und Badestelle Ording | Kurse und Verleih: buggyfahrschule.de, €€€ (Schnupperkurs)* ⏱ *Im Sommer* ⚙ *Kite-Buggy* 📍 *54.319433, 8.587278 (Strand)*

In Westerhever kannst du dich bei Sandiek im Formen von Sandskulpturen ausprobieren

Der Hochdorfer Garten in Tating ist ein begehbares Denkmal

Sandskulpturen erschaffen

20 🎣 **Ausflug zu Sandiek in Westerhever**

Buddelst du gern am Strand im Sand und deine Sandburgen werden immer größer und ausgefallener? Dann kannst du dich hier so richtig austoben! In Westerhever, kurz vor dem Deich, haben Gunda und Lars Schütt mit Sandiek ein einzigartiges Unternehmen gegründet, das voll auf das Erschaffen von Sandskulpturen ausgerichtet ist. In einer großen Halle stehen 120 Tonnen Spezialsand für deine Kreativität zur Verfügung. Alles, was du sonst noch benötigst, sind Wasser, Werkzeuge und die richtigen Ideen. Hier kannst du nach Anleitung erste Erfahrungen mit Bildhauerei à la Sand machen, bekommst tolle Tipps und das ganze Equipment. Wer weiß, vielleicht machst du danach am Strand einfach weiter. Picknick und Getränke bringst du hier einfach selbst mit.

ℹ️ *Mit dem Auto von der B202 in Garding Richtung Westerhever zu Sandiek, Dorfstraße 3, Westerhever, Parkplatz auf dem Gelände | sandiek.de, €€–€€€ (Workshops nach Anmeldung)* 🕐 *Ganzjährig* ⚙️ *Verpflegung* 📍 *54.382388, 8.678828*

UM TATING UND TÖNNING

Ein grünes Denkmal entdecken

21 🚶 **Spaziergang im Hochdorfer Garten in Tating, ca. 1,5 km, 45 Min.**

Es war einmal ein Barockgarten … jetzt ist er eines der bedeutendsten Gartendenkmäler Schleswig-Holsteins! Bei einem gemütlichen Spaziergang durch die Anlage erfährst du viel über die bäuerliche Gartenkultur Nordfrieslands. Historische Apfelsorten, exotische Gehölze sowie Nadel- und Laubbäume durchstreift man bei einem Rundgang. Viele Kleinigkeiten gibt es nebenbei zu entdecken, einen Teich, Insektenhotels, ein Haubarg, ein typisches Eiderstedter Gebäude, und eine künstliche Ruine. Eingebettet im Grün liegt das 1873 als Sommerhaus errichtete Schweizerhaus. **Insider-Tipp** Probiere hier unbedingt die Eierlikörtorte, für die das Café bekannt ist. Ein Rundgang durch den Garten lohnt sich zu jeder Jahreszeit. Während es im Sommer schön schattig ist, lockt der Herbst mit buntem Laub und der Früh-

Spannende Geschichten und Rätsel gibt's via App auf einem Spaziergang durch Tönning

Die Kirchen sind die Stars auf dem Fünf-Kirchen-Rundweg um Garding

ling mit zartem Grün. Auf zahlreichen Sitzmöglichkeiten findest du sicherlich deinen Lieblingsplatz! Seit der Eröffnung im 18. Jahrhundert hat sich viel getan auf den gut fünf Hektar Grund.

🛈 *Mit der Bahn bis Tating Bahnhof und zu Fuß 10 Min. zum Hochdorfer Garten, Düsternbroock-Straße 10 | Mit dem Auto von der B202 in Tating in die Düsternbroock-Straße, Parkplatz Südergeest, schräg gegenüber des Parks | hochdorfer-garten.de* 🕐 *Frühling und Sommer* 📍 *54.322551, 8.702721 (Eingang)*

Eine Stadtführung per App

22 🚶 **Historischer Spaziergang durch Tönning, ca. 4 km, 1,5 Std.**
Ein Stadtrundgang in deinem Tempo? In Tönning kein Problem! Für diese selbst geführte Stadtführung via App benötigst du nur ein aufgeladenes Smartphone. <mark>Insider-Tipp An der Tourist-Info am Marktplatz steht eine Solarbank, auf der du dein Handy kostenlos aufladen kannst.</mark> Eine zweite befindet sich am Hafen, falls es später eng werden sollte. Startpunkt der Tour ist am Marktplatz. Auf rund vier Kilometern und an 14 Stationen werden spannende Geschichten rund um die Stadtgeschichte erzählt. Warum war der Hafen in

Tönning mal wichtiger als der in Hamburg? Oder warum steht ein Gebäude im Guinness-Buch der Rekorde? Manchmal musst du Rätsel lösen, um Orte zu erkunden. Die Tour kann jederzeit verkürzt werden. Mit einer Einkehr am Hafen mittags lässt sich gut ein halber Tag füllen. Danach kannst du das Multimar Wattforum an der Eider besuchen und dich zum Thema Nordsee und Wattenmeer informieren, ohne nasse Füße zu bekommen.

🛈 *Mit der Bahn bis Tönning Bahnhof und zu Fuß in 5 Min. zum Marktplatz | Mit dem Auto von der B202 ins Zentrum von Tönning, Parkplatz auf dem Marktplatz (außer Mo) | multimar-wattforum.de, €€* 🕐 *Ganzjährig* ⚙ *Smartphone, App: Lialo* 📍 *54.316307, 8.940781 (Start)*

Mit dem Rad von Kirche zu Kirche

23 🚴 **Mittelschwere Radrundtour auf dem Fünf-Kirchen-Rundweg um Garding, ca. 28 km, 2 Std. (Halbtagestour)**
Auf der Halbinsel Eiderstedt gibt es knapp 20 mittelalterliche Kirchen, jede einzelne erzählt eine Geschichte. Auf dieser Tour von Garding durchs Herz der Halbinsel Eiderstedt sind fünf dieser

*Der idyllische Mars-Skipper-Hof bei Kotzenbüll ist ein
Abenteuerland, das man mit allen Sinnen entdecken kann*

Kirchen das kulturelle i-Tüpfelchen einer wundervollen Region. Von Garding verläuft die Route zur Kirche in Vollerwiek, über Katingsiel zur Kirche im Dorf Welt. Weitere Kirchenstationen sind Katharinenheerd, Tetenbüll und der Startort Garding. Unterwegs gibt es Gaststätten und Imbisse. **Insider-Tipp** Besuche beim letzten Stopp in Tetenbüll den historischen Kaufmannsladen von 1820 im Haus Peters. Auch der Rosengarten dort ist einen Besuch wert, vor allem im Juni und Juli.

🛈 *Mit der Bahn nach Garding, Start am Bahnhof | Mit dem Auto von der B202 in Garding zum Bahnhof, Welter Straße 7, Parkplatz am Supermarkt | Radverleih: eiderstedter-fahrradengel.de, € | nordseewellen.de/radtouren/kirchen-fahrrad-rundwege* 🕑 *Im Sommer* ⚙ *Fahrrad, Verpflegung* 📍 *54.326007, 8.777082 (Start)*

Ein Garten für die Sinne

24 🚲 **Tagesausflug zum Mars-Skipper-Hof bei Kotzenbüll**

Das mächtige Haus des Mars-Skipper-Hofes siehst du von Weitem. Es ist ein traditionelles Eiderstedter Gebäude, ein Haubarg. Das weitläufige Gelände verfügt über verschiedene Erfahrungspunkte,

an denen du deine eigenen Sinne schulen und erleben kannst. Es gibt unter anderem eine Klangwiese mit Windharfen und Klangschalen, einen Barfußpark, ein Floß und einen Wackelsteg. Der würzige Duft von Heilkräutern liegt in der Luft. In einer liebevoll angelegten Taststation warten unterschiedliche Materialien wie Holz oder Muscheln. In den Sommermonaten finden zusätzlich Workshops statt, wo du unter anderem das Filzen lernst oder aus Weidenzweigen Drachen bastelst. Man kann sich schon mal einen ganzen Tag aufhalten, um alles zu entdecken.

🛈 *Vom Bahnhof Tönning mit dem Rufbus bis Mars-Skipper-Hof | Mit dem Auto von der B202 zwischen Kotzenbüll und Tönning zum Mars-Skipper-Hof, Gardinger Chaussee 3, Kotzenbüll abbiegen | eingartenfuerdiesinne.de, € (nach Anmeldung)* 🕑 *Im Sommer* 📍 *54.328429, 8.915360*

Sterne gucken an der Eider

25 🚲 **Ausflug zum Sternekiek-Platz Oster-Liederweg bei Stapelholm**

Ein Holzbett im Grünen und über dir die Sterne! Dieser Stapelholmer Sternenkiek liegt außerhalb des Orts und ist liebevoll gestaltet. Die ganze Regi-

Das Packhaus in Tönning steht sogar im Guinness-Buch der Rekorde: als längster Adventskalender

Das Sternegucken wird einem bei Stapelholm komfortabel gemacht

on hat nur geringe Lichtverschmutzung und eignet sich perfekt, um einen Blick in den Nachthimmel zu werfen. Am Platz finden sich Informationstafeln, die es auch für Laien leicht machen, den Polarstern zu entdecken oder andere Sternenbilder und Himmelserscheinungen ausfindig zu machen. Es gibt sogar einen Polarsternfinder, durch den du ohne Vorkenntnisse die weisenden Planeten entdecken kannst. Drehbare Sternenkarten können auf den jeweiligen Zeitpunkt des Besuchs ausgerichtet werden. Ein Fernglas und eine Kamera mit Stativ machen Sinn, denn der Platz ist mit einer Liegebank so gemütlich eingerichtet, dass du dich dort auch länger aufhalten kannst.

ⓘ *Mit dem Auto von der B202 bei Stapelholm in den Oster Liederweg einbiegen | sternen.land schaft-stapelholm.de* ⏱ *Frühling, Herbst und Winter, an klaren Abenden* ⚙ *Fernglas oder Teleskop, Decke, Verpflegung, Smartphone, Sterngucker-App* 📍 *54.357342, 9.251540*

Der längste Adventskalender der Welt

26 ❄ **Ein Besuch des Weihnachtsereignisses in Tönning**

Der längste Weihnachtskalender der Welt befindet sich in Tönning. Jeweils ein Fenster des historischen Packhauses am Hafen wird in der Zeit vom 1. bis 24. Dezember täglich geöffnet. Dabei verstecken sich dahinter nicht Tonnen von Süßigkeiten, sondern verschiedene Veranstaltungen rund um Weihnachten. Der Weihnachtsmarkt im Packhaus, auf dem viele Kunsthandwerker der Region ausstellen, ist eins dieser Highlights. Alleine schon der Anblick des historischen Gebäudes in der Weihnachtszeit lohnt einen Ausflug, auch die Innenstadt von Tönning und der alte Hafen sind schön geschmückt. ==Insider-Tipp Vom Restaurant & Café Heimathafen gegenüber hat man einen schönen Blick.== Der lässt nicht nur Kinderherzen höher schlagen!

ⓘ *Mit der Bahn bis Tönning Bahnhof und zu Fuß in 10 Min. zum Packhaus Tönning, Am Eiderdeich 18 | Mit dem Auto von der B202 ins Zentrum von Tönning und zum Parkplatz an der Eider, Schleusenstraße | toenning.de/toenning-erleben/ weihnachtsereignis* ⏱ *In der Adventszeit* 📍 *54.315183, 8.946223*

DER SCHÖNSTE SONNENUNTERGANG
Ein Leuchtfeuer am Himmel

27 🚲 **Abends am Böhler Leuchtturm bei St. Peter-Ording**

Hinter dir der Leuchtturm, vor dir das Meer. Dazwischen die endlos scheinenden Salzwiesen und eine leichte Brise. Der Himmel verändert sich jede Minute – und wenn die Sonne am Horizont verschwunden ist, wird es im Sommer noch lange nicht richtig dunkel, sondern farbenfroh. Der Böhler Leuchtturm ist mit dem Rad am besten zu erreichen, so kann man nach Sonnenuntergang noch mal schnell zum Strand radeln. Lass den Abend im Restaurant Salt and Silver in einer der Pfahlbauten ausklingen.

ℹ️ *Mit dem Rad oder zu Fuß von der Erlebnispromenade in St. Peter-Ording zum Böhler Leuchtturm* 🕐 *Ganzjährig, Salt and Silver nur im Sommer* 📍 *54.287219, 8.652014 (Leuchtturm)*

LOKALE SPEZIALITÄTEN
*UND WO DU SIE PROBIEREN KANNST

Der Deichkäse der Hofkäserei Backensholz ist eine typische Spezialität der Region, die du probieren musst

So abwechslungsreich die Landschaft, so viel gibt es auch kulinarisch zu entdecken. In der Region findet man Überraschendes auf dem Teller, aber auch traditionelle Gerichte stehen auf der Speisekarte. Was du unbedingt probieren musst, erfährst du hier:

Nach nordfriesischer Rezeptur

1 🍴 **Deichkäse**

Zu modern interpretierten Gerichten ist der Deichkäse in vielen Restaurants nicht mehr wegzudenken. Die Familie Metzger-Petersen stellte unweit von Husum ihre Käserei vor etlichen Jahren auf Bioland-Richtlinien um und widmet sich voller Leidenschaft der Herstellung. Der Deichkäse ist in unterschiedlichen Reifegraden mehrfach hoch prämiert und überall in der Region zu erwerben.

ℹ **Aus der Hofkäserei Backensholz in Oster-Ohrstedt** *kauft man am besten direkt im eigenen Hofladen | Backensholzer Hof, Schwabstedter Damm 10, Oster-Ohrstedt | backensholz.de, €–€€€*

Zu Kaffee und Kuchen ins Hofcafé

2 🍴 **3** 🍴 **4** 🍴 **Kuchen und Torten**

Auf Eiderstedt gibt es viele Hofcafés, allesamt sind sie liebevoll eingerichtet mit einem unglaublich leckeren Angebot an Kuchen und Torten. Während im Schweizer Haus in Tating wirklich die größten Stücke der Region auf den Teller kommen, überzeugt das Landcafé Eclair mit abwechslungsreichen Kreationen und schönen Sitzplätzen draußen. Das Welt-Café im gleichnamigen Dorf hat neben sahnigen Kuchen und Torten auch ein paar deftige regionale Speisen im Angebot.

ℹ **Im Schweizer Haus in Tating** *gibt es XXL-Torten | Düsternbrook 10, Tating | schweizerhaus-tating.de, €€*
Im Landcafé Eclair am Tümlauer Koog *die Apfeltarte probieren | Koogstraße 57, Tümlauer Koog | landcafe-eclair.de, €€*
Im Welt-Café in Welt *gibt es Trümmertorte mit verschiedenen Füllungen | Dorfstraße 7, Welt | cafe-in-welt.de, €€*

Ein norddeutsches Sommergericht

5 ⁙ **Sauerfleisch**

Ein Klassiker der regionalen Küche ist Sauerfleisch, das auf vielen Speisekarten an der ganzen Küste zu finden ist. Traditionell wird es mit Bratkartoffeln und Remoulade gereicht. Das beste Sauerfleisch gibt es im traditionellen Hauburg auf Eiderstedt.

ⓘ **Im Roter Hauburg in Witzwort** *ist das Sauerfleisch hausgemacht | Sand 5, Witzwort | roterhauburg.de, €€*

Vom Reste-Essen zum Klassiker

6 ⁙ **Labskaus**

Zubereitet wird es mit gepökeltem Rindfleisch, Kartoffeln und Roter Bete. Dazu wird Rollmops, Gewürzgurke und Spiegelei gereicht.

ⓘ **Im Restaurant Böhler Landgang in St. Peter-Ording** *sieht auch Labskaus richtig gut aus | Böhler Landstraße 153, St. Peter-Ording | landgang-spo.de, €€€*

Einer für alles

7 ⁙ **Landladen Kühl**

Hier gibt es Souvenirs und Selbstgemachtes aus der Region, unter anderem Lamm-produkte, Tee, Essig oder Öl – und im Sommer ein Maislabyrinth.

ⓘ *Hülkenbüll 2, Garding, Kirchspiel | landladen-kuehl.de*

Labskaus war ursprünglich ein Gericht für Seeleute auf langen Reisen aus klein gehacktem Pökelfleisch, Kartoffeln und Roter Bete

Dithmarschen: vor dir die Küste, Deiche und das Wattenmeer, hinter dir viel Natur und Kulturlandschaft

Süden

FAMILIENZEIT, NATUR UND VIEL ACTION

Die Büsumer Perlebucht ist ein Bade-, Wassersport- und Relaxgebiet, das tideunabhängig und damit ziemlich einzigartig an der Westküste ist. Die Region ist von Deichen und Salzwiesen geprägt, das Hinterland wird größtenteils zum Kohlanbau genutzt. Viele verkehrsarme Wirtschaftswege durchziehen die Gegend, die zum Radfahren einladen. Der Speicherkoog ist ein großes Naturschutzgebiet in der Meldorfer Bucht, in dem vor allem im Frühling und Herbst zahlreiche Vögel zu Besuch sind. Ebenso ist er ein Badeparadies für Deich- und Wattliebhaber, die neben dem Hafenbecken auch Surfen und Wingfoilen können. Der Riesewohld im Hinterland ist das größte Waldgebiet Dithmarschens und kommt einem deutschen Urwald sehr nahe.

AUF EINEN BLICK
*SÜDEN

MARCO POLO

OUTDOOR-HIGHLIGHTS ★

★ Radeln am Nord-Ostsee-Kanal
Zwei kostenlose Fährfahrten, ein Strand
am Kanal und die größten Schiffe immer
vor Augen → S. 160

**★ Einmal um den Speicherkoog
bei Meldorf**
Zwei Naturschutzgebiete und ein Nationalpark liegen auf dieser Radtour → S. 162

**★ Auf dem Jakobsweg durch
Dithmarschen**
Mehrtagestour durch eine abwechslungs-
reiche Landschaft → S. 164

★ Windmühlen zählen
Radtour zu Windriesen in Dithmarschens
Hinterland → S. 166

**★ Streifzug durch den Büsumer
Museumshafen**
Fischereigeschichte erleben mit einem
Krabbenbrötchen in der Hand → S. 168

★ Radtour im Zeichen des Kohls
Im Kohlosseum in Wesselburen dreht sich
alles um das vielseitige Gemüse → S. 170

★ Zurück in die Steinzeit
Eine Rundwanderung im Steinzeitpark bei
Albersdorf → S. 172

Garding

Sankt Peter-Dorf

Vollerwiek

Radtour im Zeichen des Kohls ★

Eidersperrwerk

15

Wesselbu

🚗 27 km, 30 Min.

28

Westerdeichstrich

5 ≈

1 2 ⑈

6 ≈

3 7

Büsum 2

4

29

Streifzug durch den
Büsumer Museumshafe

Trischen

Friedrichskoog-Spitze 20

18

Friedrichskoog

Neuwerk

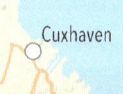

Cuxhaven

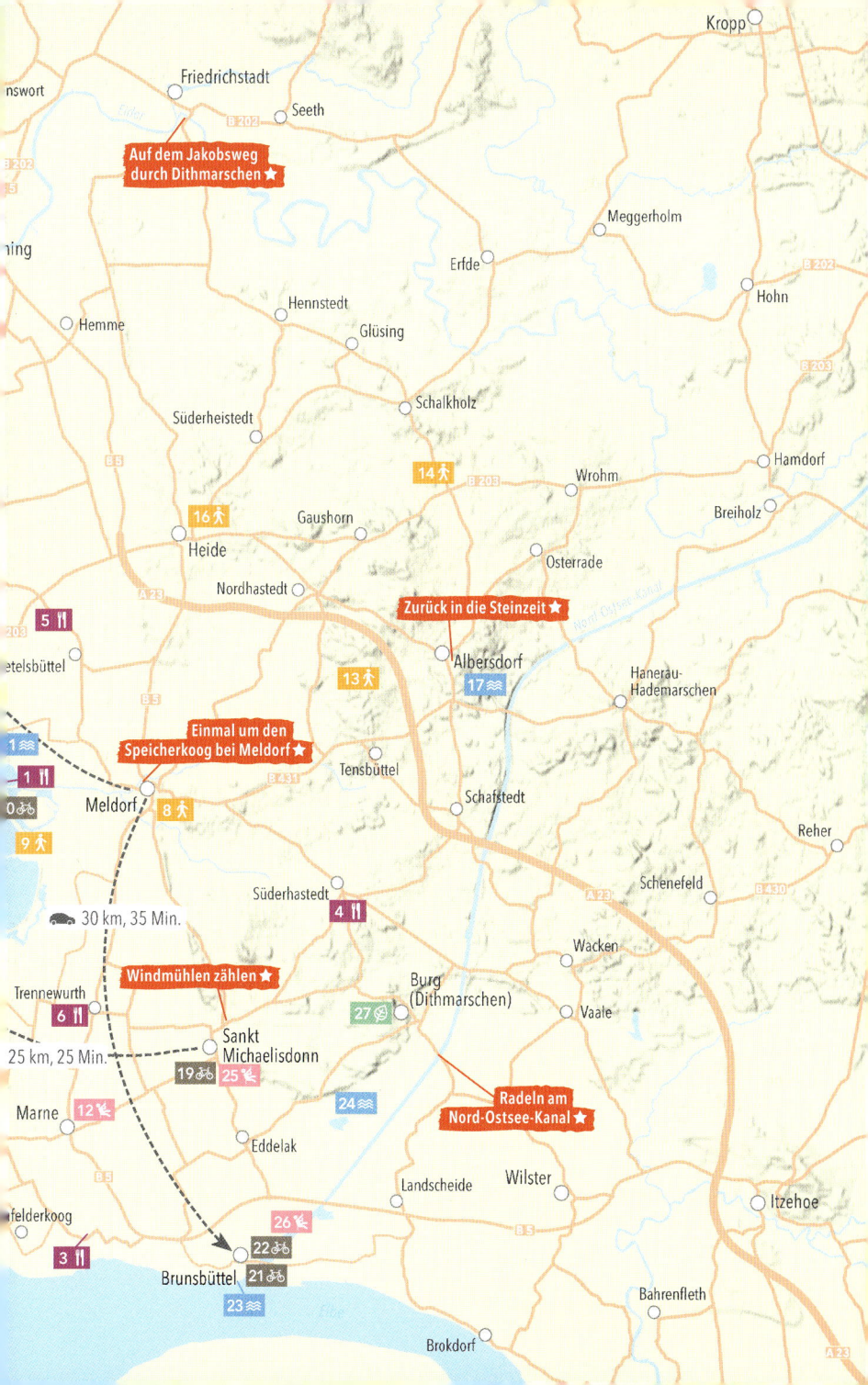

Kropp

Friedrichstadt
Seeth

nswort

**Auf dem Jakobsweg
durch Dithmarschen ★**

Meggerholm

Erfde

Hohn

Hennstedt

Hemme

Glüsing

Schalkholz

Hamdorf

Süderheistedt

14 🚶

Wrohm

Breiholz

16 🚶

Gaushorn

Osterrade

Heide

Nordhastedt

Zurück in die Steinzeit ★

5 🍴

Albersdorf

Hanerau-
Hademarschen

etelsbüttel

13 🚶

17 ≈

ning

**Einmal um den
Speicherkoog bei Meldorf ★**

1 ≈

1 🍴

Meldorf

8 🚶

Tensbüttel

Schafstedt

Reher

0 🚲

9 🚶

Süderhastedt

4 🍴

Schenefeld

B 430

🚗 30 km, 35 Min.

Wacken

Trennewurth

Windmühlen zählen ★

Burg
(Dithmarschen)

Vaale

6 🍴

27 🐟

25 km, 25 Min.

Sankt
Michaelisdonn

19 🚲 **25 🚣**

**Radeln am
Nord-Ostsee-Kanal ★**

Marne

12 🚣

24 ≈

Eddelak

felderkoog

Landscheide

Wilster

Itzehoe

26 🚣

3 🍴

22 🚲

Brunsbüttel

21 🚲

23 ≈

Bahrenfleth

Brokdorf

Radeln am Nord-Ostsee-Kanal ★

Dieser Kanal zieht alle in seinen Bann, vor allem, wenn die größten Pötte der Welt an einem vorbeifahren. Aber keine Angst, bei der Radtour geht's nicht nur stupide geradeaus. Es gibt Einkehrmöglichkeiten, zwei kostenlose Fährfahrten und sogar die Möglichkeit, eine Runde zu schwimmen.

Der Start am Fährhaus

Die Radtour am Nord-Ostsee-Kanal startet an der Kanalfähre bei Burg auf der nördlichen Kanalseite. Auf dem Rückweg wird dann an dieser Stelle die Fähre genommen und man kommt direkt hier wieder an. Das Restaurant Burger Fährhaus öffnet meist erst am Mittag, Frühstück ist also oft nicht möglich. Dafür aber bei der Rückkehr ein Abendessen, um den Tag ausklingen zu lassen. Alles wird hier regional eingekauft und frisch zubereitet.

An der Flusskante entlang zur mächtigen Eisenbahnbrücke

Die Tour führt Richtung Hochdonn, wo eine gewaltige Eisenbahnhochbrücke über dem Kanal

das Landschaftsbild prägt. Besonders mystisch ist der Eindruck im Oktober und November, wenn der Nebel über dem Kanal liegt und die Bäume ihr Herbstkleid tragen. Einen guten Kilometer weiter liegt der Campingplatz Klein Westerland samt einer idyllisch am Ufer gelegenen Badestelle. Hier gibt es tatsächlich einen kleinen Badeabschnitt mit Sand! Das ist einzigartig am Kanal.

Schiffe erkennen per App

Es kann übrigens auch mal sein, dass lange kein Schiff kommt, obwohl es die meist befahrene Schifffahrtsstraße der Welt ist. Das hat mit den Schleusen zu tun, durch welche die Schiffe fahren. Wenn du ganz genau wissen möchtest, welche

Pötte wann kommen, empfiehlt sich ein Schiffsradar, in den man online nachschauen kann, welche Schiffe gerade fahren. Auch als App kann man diesen herunterladen. Gut zwei Kilometer hinter der Badestelle ist mit dem Café Kanal 33 und seinem großen Biergarten Halbzeit. Hier sitzt man bei gutem Wetter draußen mit Blick auf den Kanal. Hier geht es mit der Fähre auf die andere Seite und zurück in Richtung Startpunkt. Diese Seite ist ruhiger und es gibt keine Einkehrmöglichkeiten mehr. Dafür stört keiner beim Picknick und man kann ganz in Ruhe den Schiffen zugucken. Die Tour ist gut 20 Kilometer lang und kann bestens für einen Tagesausflug genutzt werden. ==Insider-Tipp== Alternativ kann die Tour von Hochdonn aus gestartet werden, dann verkürzt sie sich auf etwa zwölf Kilometer. Die Fährpassagen über den Nord-Ostsee-Kanal sind für Fahrzeuge und Personen kostenlos.

Die Tour im Überblick

🚲 **Einfache Radrundtour am Nord-Ostsee-Kanal bei Burg (Dithmarschen), ca. 20 km, 2 Std.**

ℹ️ *Mit dem Auto von der A23, Abfahrt Schafstedt, Richtung Burg fahren und der Ausschilderung zum Nord-Ostsee-Kanal (NOK) folgen, Parkplatz am Burger Fährhaus oder an der Kanalfähre | burger-faehrhaus.de | kanal33.de*

🕐 *Im Sommer und Herbst*
⚙️ *Fahrrad, Verpflegung, Badebekleidung, Smartphone, Schiffsradar-App*
📍 *53.983639 9.277667 (Start und Ziel)*

✔ **DOWNLOAD GPX-Track**

Schon faszinierend, wenn im Nord-Ostsee-Kanal (li.) die Schiffe an einem vorbeiziehen, während man dran entlangradelt. Im Café Kanal 33 (o.) ist verdiente Halbzeit der Tour

Einmal um den Speicherkoog bei Meldorf ★

Die schöne Rundtour um die Naturschutzgebiete des Speicherkoogs ist gut mit dem Rad zu absolvieren. Durch Salzwiesen und an den Vogelrevieren des Wöhrdener und Kronenlochs vorbei führt die Route. Im Westteil des Speichersees kann man den Surfern zusehen, dann warten Wasser, Watt und Weite der Meldorfer Bucht.

Von Meldorf durch die Weite des Speicherkoogs bis zum Meer

Der Meldorfer Speicherkoog wurde Ende der 1970er-Jahre eingedeicht und liegt mit den Naturschutzgebieten Wöhrdener Loch und Kronenloch am Nationalpark Wattenmeer. Start dieser Rundtour zur gleichnamigen Bucht ist die Stadt Meldorf. Über einen Radweg an der Hafenchaussee entlang geht es parallel zum Meldorfer Hafenstrom nach Stinteck. Auf dem Dritten Querweg links abbiegen in Richtung Badestelle Speicherkoog in Nordermeldorf. Vorher lohnt sich bei der Überfahrt des Wöhrdener Hafenstroms ein Stopp und ein Blick durch das Fernglas auf den Kanal. Hier im Naturschutzgebiet Wöhrdener Loch, wo rechts und links

des Wegs die Orchidee Übersehenes Knabenkraut wächst, rasten und brüten zahlreiche Vögel an dem fischreichen Gewässer. Manche sind gut mit bloßem Auge zu erkennen, andere sind bestens getarnt. Ein gutes Stück vor dem Deich geht es dann nach links Richtung Deichhaus und Badestelle.

Eine Pause am Deichhaus in Nordermeldorf

An der Badestelle Nordermeldorf ist im Sommer der Imbiss Deichhaus geöffnet. ==Insider-Tipp== Neben Kuchen, Eis und kühlen Getränken kann man sich mit regionalen Leckereien wie Matjesbrötchen oder Dithmarscher Bratwurst stärken. Daneben ist eine kleine Ausstellung über den Nationalpark Wattenmeer zu sehen, hier starten auch Wattwanderungen und Strandkörbe für die vorgelagerte Badestelle können angemietet werden. Über die Deichstraße geht es weiter zum Neuen Meldorfer Hafen mit seinem Deicharbeiterdenkmal, das den Kampf der Menschen gegen die Sturmfluten symbolisiert. Nördlich vom Hafen ist ein beliebtes Surfrevier.

Vögel beobachten am Neuen Meldorfer Hafen

Vor der Weiterfahrt kann man sich in der Nationalpark-Station Wattwurm über die Naturschutzgebiete und das Wattenmeer informieren und vom Aussichtspunkt Kronenloch Vögel von einem geschützten Häuschen aus beobachten. An der Badestelle Elpersbüttel vorbei führt der Weg um das Naturschutzgebiet Kronenloch und über den Alten Meldorfer Hafen zurück zum Ausgangspunkt.

Die Tour im Überblick

🚲 **Mittelschwere Radrundtour um das Naturschutzgebiet Kronenloch und das Speicherbecken des Meldorfer Hafens, ca. 27 km, 3 Std.**

ⓘ *Mit der Bahn nach Meldorf, dann ca. 5 Min. mit dem Rad bis zum Startpunkt am Rewe | Mit dem Auto von der A23, Abfahrt Albersdorf Richtung Meldorf, über die B431 bis zum Parkplatz am Rewe | Deichhaus: deichzeit-nordsee.de*

🕐 *Im Frühling und Herbst zum Vogelzug*
⚙ *Fahrrad, Verpflegung, Badebekleidung*
📍 *54.095397, 9.064761 (Start und Ziel)*

✔ **DOWNLOAD GPX-Track**

Der Speicherkoog bei Meldorf (li.) ist ein wichtiges Erholungsgebiet für Zugvögel. Am Bistro Ding am Deich (re.) können Radler rasten

Auf dem Jakobsweg durch Dithmarschen ★

Wer hätte das gedacht? Pilgern geht auch ziemlich gut im Norden. Der rund 90 Kilometer lange Abschnitt des Dithmarscher Jakobswegs führt von der Eider bis nach Brunsbüttel und kommt an zwölf Kirchen wie dem mächtigen Meldorfer Dom vorbei. Aber es gibt auch landschaftlich eine Menge zu entdecken.

Ich bin dann mal weg!

Sechs Etappen von der Eider bis zum Nord-Ostsee-Kanal, so geht pilgern an der Westküste, wobei die Abschnitte jederzeit den eigenen Bedürfnissen angepasst werden können. Der Startort Friedrichstadt ist gut mit der Bahn zu erreichen, vom Bahnhof sind es nur zwei Kilometer bis zum Beginn des Jakobswegs. Der Dithmarscher Abschnitt wurde erst 2013 neu entwickelt und ist Bestandteil eines mittelalterlichen Handelswegs, der im dänischen Holstebro, einer ehemalige Viehhandels-Hochburg beginnt. Online gibt es ein digitales Pilgerbuch, dass den genauen Wegverlauf zeigt, ebenso finden sich dort die Ansprechpartner für die Pilgerunterkünfte. Teils wird ein Pilgerausweis gefordert.

Zu Fuß durch eine abwechslungsreiche Landschaft

Auf dem Pilgerweg zeigt sich, wie vielseitig Dithmarschen sein kann: Es geht durch Köge, Geest, Wälder und über Deiche, an alten Steinküsten entlang und durch Fluss- und Meeresniederungen. Von der Eiderbrücke aus lässt die erste Kirche in St. Annen nicht lange auf sich warten, auch die zweite in Lunden wird direkt am ersten Tag erreicht. Lunden selbst ist berühmt für den Geschlechterfriedhof aus dem 16. Jahrhundert. Immer weiter nach Süden führt der Jakobsweg, durchs Weiße Moor, vorbei an der Steller Burg, über Hemme, Weddingstedt und Hemmingstedt. Die vierte Etappe führt nach Meldorf, wo der imposante Dom wartet. Kaum zu glauben, dass die St.-Johannis-Kirche, wie sie richtig betitelt wird, bei ihrer Erbauung vor mehr als 1000 Jahren auf einer Geestzunge direkt am Meer lag.

Halbzeit im Pilgerzentrum in Windbergen

Von Meldorf geht es durch eine Moorniederung auf die Geest nach Windbergen. Dort steht eine Wallfahrtskirche, die das Pilgerzentrum der Tour ist. Denn dort befindet sich eine Christusfigur aus dem elften Jahrhundert, die auf einem Acker gefunden wurde, die älteste gekreuzigte Figur in Schleswig-Holstein. Weiter geht der Weg über St. Michaelisdonn und Eddelak nach Brunsbüttel. Der Pilgerweg ist mit der Jakobsmuschel sehr gut ausgewiesen und könnte ab Brunsbüttel über den Elberadweg zur Via Jutlandica erweitert werden.

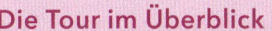

Die Tour im Überblick

🚶 **Mehrtägige Wanderung auf dem Dithmarscher Jakobsweg, ca. 93 km, 6 Tage**

ℹ️ *Mit der Bahn nach Friedrichstadt und in 30 Min. zur Eiderbrücke | Mit dem Auto von der B202 bei Friedrichstadt Richtung Lunden und zum Parkplatz hinter der Eiderbrücke | Weg und Unterkünfte: dithmarscher-landeskunde.de (> Aktivitäten > Dithmarscher Jakobsweg)*

🕐 *Ganzjährig*
⚙️ *Verpflegung, Fernglas, Pilgerausweis, Wechselkleidung, Isomatte, Schlafsack*
📍 *54.366968, 9.092126 (Start)*

✔ **DOWNLOAD GPX-Track**

Dithmarschen kann man auch auf dem Jakobsweg erkunden. Sechs Tage musst du für die Strecke, die auch an der St.-Johannis-Kirche in Meldorf (li.) vorbeiführt, allerdings einplanen

Windmühlen zählen ★

In Dithmarschen gibt es eine Menge alter Windmühlen. Diese Radrundtour führt an den schönsten Exemplaren vorbei und ist auch landwirtschaftlich etwas Besonderes. Das hügelige Geestland bietet viel Abwechslung zum Radfahren am Deich.

Zur Mühle in St. Michaelisdonn

Mehr als 100 alte Windmühlen stehen heute noch in Schleswig-Holstein. Fünf Exemplare streift diese Radrundtour, die in St. Michaelisdonn am Freimaurer-Museum beginnt. Von hier sind es nur einige hundert Meter zur Hoper Mühle Edda, die mit ihrem schönen reetgedeckten Kleid auf einer Anhöhe steht. Hier wird heute noch Korn für den Eigenbedarf gemahlen, zu besichtigen ist das Gebäude wie viele andere am Mühlentag an Pfingsten.

Auf ruhigen Wegen zur Kultur-Windmühle Juliane

Nach diesem ersten Stopp führt die Route aus St. Michaelisdonn hinaus in Richtung Barlt. Die Wirtschaftswege außerhalb sind bestens ausge-

baut und es kommen wenige Autos entgegen. Nur zur Erntezeit kann es hektischer werden, wenn die großen landwirtschaftlichen Maschinen unterwegs sind. An der Barlter Mühle Ursula kann man in den Sommermonaten ein Eis auf die Hand oder ein leckeres Stück Torte im gemütlichen Garten genießen. Die Route führt weiter nach Norden über Elpersbüttel und vorbei am Alten Meldorfer Hafen in den Nordermeldorfer Ortsteil Thalingburen zur Mühle Juliane. Sie wurde ursprünglich Ende des 19. Jahrhunderts erbaut und zu Beginn der 1980er-Jahre stillgelegt. Sie ist in Privatbesitz und wurde von den heutigen Besitzern seit 1998 in liebevoller Arbeit restauriert. In unregelmäßigen Abständen finden Vernissagen, Lesungen oder kleine Konzerte statt, bei denen man dann auch einen Blick in die

Mühle werfen kann. <mark>Insider-Tipp</mark> Das urige Mül-
lerhaus nebenan ist auch als Ferienhaus zu buchen.
Nun geht es zurück in Richtung Meldorf.

Mit dem Rad durch die Mühlenstadt Meldorf

Das Stadtbild von Meldorf wird neben dem mächtigen Dom auch von zwei Windmühlen geprägt.
Die Nordermühle besitzt noch ihre komplette
Mühlenausstattung und ist in Privatbesitz, sie
kann in den Sommermonaten ohne viel Komfort
als Ferienwohnung genutzt werden. Auch die Sü-
dermühle ist seit 1984 in Privatbesitz und wurde
aufwendig renoviert und als Wahrzeichen wieder
hergestellt. Bis vor Kurzem war ein Restaurant mit
Weinstube in den unteren Räumen untergebracht.
Über weite Felder und ruhige Straßen geht es über
Windbergen zurück nach St. Michaelisdonn.

Die Tour im Überblick

🚲 **Mittelschwere Radrundtour zwischen St. Michaelisdonn und Meldorf,
ca. 40 km, 3 Std.**

ℹ️ *Mit der Bahn nach St. Michaelisdonn,
mit dem Rad zum Freimaurer-Museum | Mit
dem Auto von der B5 bei Brunsbüttel
Richtung St. Michaelisdonn, Parkplatz am
Museum | echt-dithmarschen.de (> Ur-
laubsthemen > Aktivurlaub > Radfahren
> Mühlenroute) | Wegsymbol: blaue Mühle*

🕐 *April bis Sept. (Pfingstmontag)*
⚙️ *Fahrrad, Verpflegung*
📍 *53.995583, 9.120947 (Start und Ziel)*

✔ **DOWNLOAD GPX-Track**

*Auf dieser Radtour durchs Hinterland Dithmarschens bekommt
man die schönsten Windmühlen der Region zu sehen*

Streifzug durch den Büsumer Museumshafen ★

Auf der Suche nach den Schätzen der Nordsee ist man am Büsumer Hafen bestens aufgehoben: Frischer geht's nicht. Bei einem Bummel wird die Hafen- und Fischereigeschichte lebendig. In den Sommermonaten ist Büsum ein gut besuchtes Städtchen, während es in der Nebensaison schon mal beschaulich zugehen kann.

Ein Blick über den Deich am Hafen

Ist es nicht meistens so: Angekommen am Meer, das Auto abstellen und erst mal schnell über den Deich schauen? Das ist auch in Büsum nicht anders. Und wenn die Sonne im Meerwasser oder Watt glitzert, möchte man gleich in einem der Strandkörbe Platz nehmen, die in den Sommermonaten am Deich hinterm Hafen stehen.

Durch den Museumshafen bummeln

Ein Bummel durch den Büsumer Museumshafen, abschließend noch ein Besuch im Museum am Meer und ein Krabbenbrötchen auf die Hand sind die perfekte Alternative. Start des Rundgangs ist

der Übergang zum Deich am Leuchtturm. Auch wenn es nicht unbedingt wie ein Freiluftmuseum wirkt, gibt es einige spannende Orte zu entdecken, die auch mit Informationstafeln ausgeschildert sind. Da ist beispielsweise der Ankerfriedhof direkt unterhalb des Leuchtturms, wo Anker aus mehreren Jahrhunderten aufgereiht sind. Oder die Schott-sche Karre, die man früher nutzte, um Fisch und Krabben auf dem Hafengelände zu transportieren. Weiter gibt es den alten Tassenpegel, an dem man früher anhand der vollgelaufenen Tassen sehen konnte, wie hoch der Wasserstand bei Sturmfluten war, oder der Sturmflutpfahl, der an die größten Unglücke erinnert. Folgt man dem Weg weiter auf die andere Hafenseite, dann ist noch das ehemali-

Liebevoll restaurierte historische Schiffe, das Museum am Meer, der Leuchtturm am Übergang zum Deich (re.), das und noch viel mehr gibt es am Museumshafen in Büsum (li.)

ge Molenfeuer an der Hafeneinfahrt zu sehen, das seit 2003 als Miniaturleuchtturm dient. In seinem Sockel ist eine Kanonenkugel eingemauert, die aus dem Seegefecht von 1813 aus den Napoleonischen Kriegen stammen soll.

Zum Museum am Meer und frischen Fisch vom Kutter kaufen

Auf der anderen Seite des Hafenbeckens ist das Museum am Meer untergebracht. Hier wird die Geschichte Büsums, die eng mit dem Fischfang verknüpft ist, dargestellt. Noch heute liegen zahlreiche Krabbenkutter im Hafen, denen man von der Mole aus zusehen kann, wenn sie nach getaner Arbeit die Ladung löschen. Insider-Tipp Hier gibt es frischen Fisch direkt vom Kutter. Ansonsten ist das Fischgeschäft Möller zu empfehlen, wo es die frische Ware täglich zu kaufen gibt.

Die Tour im Überblick

🚶 **Spaziergang durch den Museumshafen in Büsum, ca. 3,5 km, 1 Std.**

ℹ️ *Mit der Bahn von Heide nach Büsum und 15 Min. zu Fuß zum Hafen | Mit dem Auto über die A23, Abfahrt Büsum, und die B203, der Beschilderung Hafen folgen, diverse Parkplätze, P2 ist gebührenfrei | museumshafen-buesum.de | museum-am-meer.de | fisch-moeller.de*

🕐 *Ganzjährig*
⚙️ *Bequeme Schuhe, dem Wetter angepasste Kleidung*
📍 *54.127219, 8.858282 (Start und Ziel)*

✔ **DOWNLOAD GPX-Track**

Radtour im Zeichen des Kohls ★

Weißkohl, Rotkohl oder lieber Rosenkohl? In Dithmarschen wird alles angebaut. In der Region werden jährlich um die 90 Millionen Kohlköpfe geerntet. Es ist das größte geschlossene Kohlanbaugebiet Europas. Das ist eine ordentliche Hausnummer. Was man daraus alles herstellen kann, ist im Kohlosseum bestens zu sehen.

Mit dem Rad durch das größte Kohlanbaugebiet Europas

Letztendlich kommst du um den Kohl in Dithmarschen nicht herum, ob du ihn nun magst oder nicht. Wie gut, dass es mittlerweile auch spannende neue Produkte aus Kohl gibt oder alte Rezepte, die neu interpretiert werden. Wesselburen ist nur einen Steinwurf vom Eidersperrwerk entfernt und eignet sich bestens für einen schönen Radausflug. Parken kannst du direkt am Sperrwerk, das Dithmarschen mit Eiderstedt in Nordfriesland verbindet. Das monumentale Bauwerk sollte man unbedingt besichtigen. Von hier geht es Richtung Süden nach Wesselburen. Vorbei an – wie sollte es anders sein – Kohlfeldern und Windkraftanlagen.

An der Dammstraße, die direkt nach Wesselburen führt, gibt es einen guten Radweg, der parallel zur Hauptstraße verläuft. Ziel ist das Kohlosseum, das am südlichen Ortsende hinter dem Bahnhof in einer alten Zuckerfabrik untergebracht ist. Es beherbergt einen Bauernmarkt, Krautwerkstatt und Museum. Das Museum zeigt, wie der Kohl an den Deich kam und früher geerntet wurde.

Zu Besuch in der Krautwerkstatt

An drei Tagen in der Woche kannst du in der Krautwerkstatt zuschauen, wie der Kohl ins Glas kommt und anschließend sogar die Produkte verkosten. Es ist spannend zu sehen, wie aus dem Kohlkopf ganz einfach Sauerkraut werden kann.

Ein Bummel durch den Bauernmarkt

Im Bauernmarkt kannst du durch zahlreiche regionale Artikel stöbern, viele sind auch aus Kohl hergestellt worden. Neben Sauerkraut gibt es Küsten-Kimchi, Sauerkrautsaft, Kohl-Mix, Sauerkraut-Marmelade, Bonbons oder die original Kohlosseum-Gewürzmischung. Dass sich aus Weißkohlsaft auch Salben und Shampoo herstellen lassen, dürfte ebenfalls neu sein. Das Kohlosseum hat das Ziel, regionales Handwerk und Wissen zu erhalten, zu sammeln und weiterzugeben. So gibt es auch wissenschaftlichen Vorträge rund um den Kohl und dessen Anbau. <mark>Insider-Tipp</mark> Das Hebbel-Café am Markt in Wesselburen verkauft hervorragende selbst gemachte Torten und ist immer einen Besuch wert. Die Rückfahrt zum Eidersperrwerk erfolgt auf demselben Weg.

Die Tour im Überblick

🚲 **Radtour vom Eidersperrwerk zum Kohlosseum in Wesselburen, ca. 20 km, 2 Std. (Hin- und Rückweg)**

ℹ️ *Mit der Bahn bis Wesselburen und 2 Min. zu Fuß zum Kohlosseum | Mit dem Auto von Wesselburen oder St. Peter-Ording über die L305 zum Eidersperrwerk, kostenlose Parkplätze vorhanden | kohlosseum.de, Vorführung und Verkostung: Di bis Do, 14, 15 und 16 Uhr*

🕐 *In den Sommermonaten*
⚙️ *Fahrrad, Sonnenschutz*
📍 *54.263175, 8.846429 (Start und Ziel)*

✔ **DOWNLOAD GPX-Track**

Die Kohlfelder (li.) fallen auf, wenn man in Dithmarschen unterwegs ist. Am Eidersperrwerk (re.) startet die Tour zum Kohlosseum in Wesselburen

Eider
S/Z
Schür
Dammstraße
HOLSTEIN
Dohrnstraße
Wesselburen

0   900   1.800 m

Zurück in die Steinzeit ★

Schon mal in der Steinzeit gewesen? Der Werbespruch des Parks passt perfekt, denn beim Besuch des Steinzeitparks fühlt man sich wirklich wie in eine andere Zeit versetzt. Wenn dann auch noch original gekleidete Steinzeitbauern durchs Dorf laufen, spätestens dann ist man mittendrin in einer anderen Zeit.

Ein Geheimtipp im Hinterland der Nordseeküste

Am südlichen Ortsrand von Albersdorf hat sich der Steinzeitpark Dithmarschen etabliert. Das archäologische Freilichtmuseum ist noch ein kleiner Geheimtipp im Hinterland der Nordseeküste. Auf gut 40 Hektar Freigelände gibt es unterschiedliche Kulturlandschaften zu sehen, aus der Zeit, als die ersten Menschen in Norddeutschland vor rund 5000 Jahren ihre Lebensweise änderten und vom Jagen, Fischen und Sammeln zu Ackerbau und Viehzucht übergingen. Ein Lager der Jägersteinzeit und ein Dorf der Bauernsteinzeit sind aufgebaut, die diesen Wechsel symbolisieren. Ein Steinzeitwald ist als steinzeitliche Landschaft rekonstruiert und das Steinzeithaus präsentiert als Museum originale Funde aus 100 000 Jahren Menschheitsgeschichte.

Anfassen und mitmachen im Wikingerdorf

Nicht nur für die Kleinen interessant: Mitmachen wird auf dem Freilichtgelände großgeschrieben: Ob Schmuck oder Kleidung herstellen, Steinwerkzeug oder Holz bearbeiten oder Erdfarben anrühren und malen, die Themen sind vielfältig. Wie wurde gekocht, wie gejagt. Ein Rundwanderweg führt durch die Epochen zu originalgetreuen Nachbauten und an Originalfunden vorbei. Das Steinzeithaus ist das dazugehörige Ausstellungs-

Albersdorf

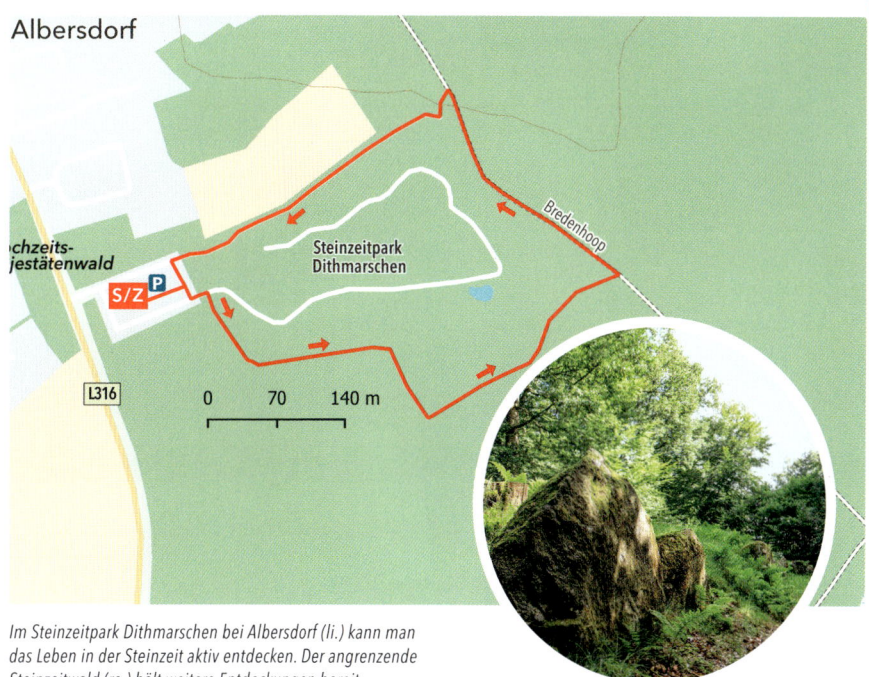

Im Steinzeitpark Dithmarschen bei Albersdorf (li.) kann man das Leben in der Steinzeit aktiv entdecken. Der angrenzende Steinzeitwald (re.) hält weitere Entdeckungen bereit

gebäude und ergänzt den Rundweg über das Freigelände mit tollen Einblicken in die steinzeitlichen Epochen Schleswig-Holsteins.

Eine Wanderung durch den Steinzeitwald

Im Steinzeitwald kann man wunderbar spazieren gehen. Es führen Wanderwege bis durch das Giselautal, vorbei an Großsteingräbern und Grabhügeln. Es gibt ein Barfußfeld, auf dem zwölf verschiedene Stationen zu begehen sind. Das ganze Jahr über finden unterschiedliche Veranstaltungen statt. Das sind einfache Führungen durch die Steinzeit, Kräuterführungen, Abendwanderungen oder ganze Steinzeittage, Themenwochen und Fortbildungen. Für den Rundgang gibt es einen Audioguide für das Smartphone, so sind viele Informationen auch ohne Führung abrufbar.

Die Tour im Überblick

🚶 **Einfache Wanderung durch den Steinzeitpark Dithmarschen, ca. 1,3 km, 1 Std.**

ℹ️ *Mit der Bahn nach Albersdorf und zu Fuß in 20 Min. zum Steinzeitpark Dithmarschen | Mit dem Auto von der A 23, Abfahrt Albersdorf, der Ausschilderung folgen, Parkplatz vorhanden | steinzeitpark-dithmarschen.de*

🕐 *Ganzjährig, Mo geschl.*
⚙️ *Verpflegung, Smartphone, feste Schuhe*
📍 *54.138432, 9.289874 (Start und Ziel)*

✓ DOWNLOAD GPX-Track

173

Im Open-air-Deichmuseum in Büsum wird die Geschichte des Deichbaus vom 12. Jh. bis heute beleuchtet

Noch mehr entdecken im südlichen Teil der Nordseeküste Schleswig-Holsteins: In Büsum kann man nicht nur in der Perlebucht aktiv werden und das Hinterland überzeugt kulturell und durch seine abwechslungsreiche Naturlandschaft, in der alle ein Plätzchen finden.

IN UND UM BÜSUM
Deichgeschichte erleben
1 🚶 Rundgang durch das Freiluft-Deichmuseum bei Büsum

Sturmfluten haben die Nordseeküste schon immer geprägt und Deiche schützen die Bewohner. Im Büsumer Freiluft-Deichmuseum ist die Deichbaugeschichte realistisch nachzuvollziehen. Du kannst dir vor Ort die verschiedenen Profile ansehen. Die kleinen 1,5 Meter hohen Deiche schützten im Mittelalter die Menschen vor dem Meer, heute stehst du fast überall auf neun Metern, wenn du über den Deich spazierst. Das ist schon ganz schön hoch. Infotafeln geben dir einen guten Überblick über die Entwicklung des Deichbaus an der Westküste und warum diese so wichtig sind. Auch an

Masse haben die Schutzwälle hinzugewonnen: Die neuen Klimadeiche (am Büsumer Grünstrand zu sehen) sind mehr als 100 Meter breit und bieten stabile Sicherheit. Wenn du bei starkem Wind die Wellen an die Deichkante peitschen siehst, wird dir dank der Deichgrafen und Konstrukteure nicht angst und bange. Deiche verfügen heute zudem über eine starke Festigkeit, selbst nach wochenlangem Regen weichen sie nicht auf.

ℹ️ *Mit dem Auto von Büsum über die Dithmarscher Straße nach Norden, links nach Neuenkoog zum Parkplatz P1 abbiegen, zu Fuß zum Deichmuseum, Neuenkoog, Büsum* 🕐 *Ganzjährig* ⚙️ *Verpflegung* 📍 *54.142501, 8.833630 (Museum) 54.141766, 8.842452 (Parkplatz)*

Bunte Lichter im November
2 🚶 Stadtspaziergang durch Büsum während eines Lichterwochenendes, ca. 1,5 km, 45 Min.
Büsum hat sich gegen das triste Wetter das Richtige ausgedacht. Im November lohnt es sich, während eines der zwei Lichterwochenenden dick eingemummelt einen abendlichen Spaziergang

Wenn es im Winter richtig schmuddelig ist, wird an zwei Wochenenden im November Büsum in ein buntes Lichtermeer getaucht – nicht nur für Kinder toll

In Büsum werden Wattwanderungen mit verschiedensten Schwerpunkten angeboten

durch Büsum zu planen. So richtig bei Schmuddelwetter. Zur Dämmerung gehen dann verschiedene Lichtinstallationen an, Scheinwerfer lassen Häuser erstrahlen und Lichtskulpturen säumen die Plätze und Wege. Das Programm und die Installationen wechseln jährlich, es gibt Vorführungen, Feuershows oder Laternenläufe, die es auf einer kleinen Runde durch die überschaubare Innenstadt und den Hafen zu entdecken gibt. Der Wohlfühlgarten verwandelt sich mit Licht und sphärischen Klängen in eine andere Welt. Auch die Schiffe und Kutter im Hafen werden farbenfroh in Szene gesetzt, sie schaukeln gemächlich im Wasser und geben der Lichtershow noch den richtigen Touch. Wenn du gerne fotografierst, kannst du hier richtig kreativ werden. Für Kinder ist das Lichterfest natürlich toll. Sie können selbst Laternen, Windlichter und Lichterketten basteln und Teil des Kunstwerks werden.

ℹ *Mit der Bahn nach Büsum und 15 Min. zu Fuß zum Hafen | Mit dem Auto über die A23, Abfahrt Büsum, und die B203, der Beschilderung Hafen folgen, diverse Parkplätze, P2 ist gebührenfrei | buesum.de (> Veranstaltungen > Highlights > Lichterwochenenden)* 🕑 *Lichterwochen im Nov.* ⚙ *Dicke, wetterfeste Bekleidung* 📍 *54.127356, 8.858778 (Start)*

Zu Fuß ins Meer

3 🚶 **Leichte bis mittelschwere Wattwanderung am Büsumer Südstrand**

Du denkst, das Watt ist nur grauer Schlick? Das ist immer der erste Eindruck, erst der zweite zeigt dir die Einzigartigkeit des Weltnaturerbes Wattenmeer. Also Schuhe aus, Socken aus und hinein ins Watt! Am Büsumer Südstrand klappt das besonders gut. Bei den angebotenen Führungen durchs Watt ist für alle was dabei: kurze oder längere Wanderungen, nur mal schnuppern oder richtig eintauchen in das Phänomen Watt oder buddeln mit Kind und Kegel. Auf manche Exkursionen kann man auch seinen Vierbeiner mitnehmen. Ein Wattführer oder eine Wattführerin vermittelt dir alles Wissenswerte auf lockere Art. Beim Wattwandern spürst du das Meer hautnah. Auch in der kälteren Jahreszeiten finden Wanderungen statt, die Wattführer empfehlen vorher, welche Ausrüstung die beste ist, um keine kalten Füße zu bekommen. ==Insider-Tipp== Im Winter sind die Grünkohlwanderungen eine interessante Option. Nach einem Aufenthalt im Watt geht es anschließend in ein Lokal

Schöne Einkehrmöglichkeiten findet man in
Büsums Altstadt während einer Wanderung

zum traditionellen Grünkohlessen mit Bratkartoffeln. Das wärmt von innen wieder so richtig auf.

ⓘ *Mit der Bahn nach Büsum und 15 Min. zu Fuß
zur Tourist- Info im Watt'n Hus, Südstrand 11 | Mit
dem Auto über die B203 nach Büsum, der Beschil-
derung Hafen folgen und zum Parkplatz am Watt'n
Hus, Südstrand 11 | Termine und Wanderungen:
watterleben.de und in der Tourist-Info, €–€€*

⟳ *Ganzjährig* ⚙ *Je nach Tour Gummistiefel,
Wattsocken, Handtuch, Verpflegung, Sonnenschutz*
⚲ *54.129073, 8.855833 (Start und Ziel)*

Wandern rund ums Nordsee-Heilbad

4 🚶 **Einfache Rundwanderung um
Büsum, ca. 7 km, 2 Std.**

Warum nicht mal einen Tag in Büsum mit einer
Wanderung beginnen und erst danach ein schönes Plätzchen im Strandkorb suchen? Die Land-
Watt-und-Meer-Tour umrundet auf sieben Kilometern Länge Büsum und verschafft guten Überblick
über den Ort. Start und Ziel ist am Tourismuszen-
trum Watt'n Hus, das zentral am Südstrand liegt.

Das Haus selbst ist einen Besuch wert, neben
Flyern und Broschüren zum Freizeitangebot gibt
es hier einen Wintergarten, wo man diese in al-
ler Ruhe lesen und den Ausblick durch die große
Glasfront genießen kann. Die Kids können sich in
der Zwischenzeit in einer großen Indoor-Spielhalle
richtig austoben, bei Schmuddelwetter eine gute
Idee. Es gibt hier sogar ein Kino mit Popcorn und
allem, was dazu gehört. Hat man sich vom Watt'n
Hus losgeeist, führt der Weg Richtung Norden am
Deich an der Familienlagune Perlebucht entlang.
Am Campingplatz zur Perle vorbei geht es nach
Osten durch den Gemeindepark, durch ruhige
Wohngebiete und den Hochzeitswald, um dann
am Hafen wieder zurück an den Südstrand zu
kommen. Eine Abkürzung kann man an der Heider
Straße nehmen. Wenn man hier rechts läuft, geht
das letzte Stück direkt durch die Fußgängerzone,
falls du Lust zum Bummeln hast. Immerhin erwar-
ten dich in Büsum eine Reihe kleiner Geschäfte
und Boutiquen, in denen das Stöbern Spaß macht.
Ein leckerer heißer Kakao oder ein Aperitif zum Abschluss beenden dann die schöne Wanderung.

Von Büsum Richtung Westerdeichstrich wird es immer ruhiger, die Badestelle hier ist gerade deshalb schön

❶ *Mit der Bahn nach Büsum und 15 Min. zu Fuß zur Tourist- Info im Watt'n Hus, Südstrand 11 | Mit dem Auto über die B203 nach Büsum, der Beschilderung Hafen folgen und zum Parkplatz am Watt'n Hus, Südstrand 11 | buesum.de/nordseeurlaub/ tour/land-watt-und-meer* ⏱ *Ganzjährig* ⦿ *54.128997, 8.855918 (Start und Ziel)*

Relaxen mit Buch im Strandkorb

5 ≈ **Ausflug zur Badestelle Westerdeichstrich**

Sonnen am Deich, auch ohne Klamotten oder mit Hund. In Westerdeichstrich, nördlich von Büsum ist das möglich. Wenn der Trubel am Hotspot Büsum zu viel wird, schwingt man sich einfach aufs Rad und fährt die nicht mal drei Kilometer zur ruhigeren Badestelle Westerdeichstrich. Hier gibt es eine Menge Grünstrand – und Strandkörbe, die man in der Tourist-Info vor Ort mieten kann. Sonst stehen hier das Wattenmeer und die Stille im Vordergrund, perfekt, um im Strandkorb ein Buch zu lesen. **Insider-Tipp** Falls dir nach etwas mehr Action ist, am Deich Richtung Süden befindet sich eine Lenkdrachen-Flugzone. Hier triffst du häufig Drachenflieger und kannst ihrem Formationsflug zusehen. Oder schnappst dir selbst einen Drachen und gesellst dich dazu. Beim Campingplatz nebenan gibt es einen Kiosk mit Produkten aus der Region und am Badestrand Ibo's Restaurant mit Pommes, Currywurst und anderen deftigen Speisen.

❶ *Von Büsum mit dem Rad am Deich nach Norden bis zur Badestelle Westerdeichstrich, Neuenkoog 13 | Mit dem Auto nördlich von Büsum Beschilderung nach Westerdeichstrich folgen, bis zum kostenpflichtigen Parkplatz, Neuenkoog 13 | Strandkörbe in der Tourist-Info, westerdeichstrich.de (> Für Sie da > Strandkörbe), €* ⏱ *Im Sommer* ⚙ *Buch, Badesachen* ⦿ *54.154354, 8.823683*

Windsurfen ohne Ebbe

6 ≈ **Wassersport-Tag in der Perlebucht bei Büsum**

Hier muss man auch bei Ebbe keine Angst haben, dass man auf dem Trockenen sitzt. Mit ihren Wasserbecken und der vorgelagerten künstlichen Insel ist die Büsumer Perlebucht eines der modernsten Strand- und Erlebnisterrains in Schles-

Die Wasserbecken an der Perlebucht sind tideunabhängig, ideal für Wassersport

Für Groß und Klein geeignet: Fußball-golf ist eine spaßige Angelegenheit

wig-Holstein. Hier weht der Wind ebenso wie am Meer. Im Nordbecken ist Surfen, Kiten, Wingfoilen oder Stand-up-Paddling erlaubt. Eine Wassersport-schule verleiht Equipment oder bietet Kurse an. Falls dir das zu sportlich ist, miete dir einfach einen Strandkorb am Perlebucht-Strand und genieße den Tag. Am gut besuchten Badestrand vorne am Meer sieht man am Sturmflutpfahl, wie häufig Bü-sum bereits von Sturmfluten heimgesucht wurde.

ⓘ *Familienlagune Perlebucht, Nordseestraße, Büsum | Von Büsum ZOB mit Bus 2612 bis Familien-lagune und 5 Min. zu Fuß zur Badestelle | Mit dem Auto über die B203 nach Büsum und zur Familienla-gune, Parkplätze: Dithmarscher oder Nordseestr. 70 | Verleih und Kurse: wassersport-buesum.de, €€–€€€* ⏱ *Im Sommer* ⚙ *Badesachen und Sportequip-ment* 📍 *54.135976, 8.842956*

Fußballgolf spielen

7 🏃 **Ausflug zum The James Fußballgolf in Büsumer Deichhausen**

Klar, Golf und Minigolf kennt jeder, aber Fußball-golf? Es funktioniert genauso wie Golf, nur eben mit einem Fußball, da ist großer Spaß garantiert. Es ist gar nicht so einfach, den großen Ball ins Loch zu bugsieren. Eine Runde mit 18 Löchern lässt sich in 1,5 bis 2 Stunden absolvieren und ist von allen Altersgruppen machbar. Mal versperrt ein Erdhü-gel den direkten Schuss, manchmal ein Teich oder eine Kurve. Wenn du Fußball sonst nicht spielst, macht das überhaupt nichts, denn es ist nicht ge-sagt, dass Ballkünstler auch hier immer die Nase vorn haben. Es erfordert Geschicklichkeit und Glück und nach einigen Minuten auf der Bahn hast du dich schnell eingespielt. Das Areal ist ab-wechslungsreich gestaltet, zwischendurch kannst du auch einfach mal andere Teams beobachten und dir so den ein oder anderen Trick abschauen. Pausenplätze sind verfügbar, Essen und Trinken bringt man sich einfach selbst mit.

ⓘ *Mit dem Auto über die B203 nach Büsum, Richtung Büsumer Deichhausen abbiegen und zum Parkplatz am The James Fußballgolf fahren, Achtern Diek Badestelle | fussball-golf.com, €€* ⏱ *Im Sommer* ⚙ *Gutes Schuhwerk, Verpflegung* 📍 *54.132912, 8.889746*

Auf der Stadtrunde durch Meldorf kommt man an reich verzierten Gebäuden vorbei, wie dem Alten Pastorat

IN UND UM MELDORF
Meldörp to Foot – Meldorf zu Fuß
8 🚶 **Stadtrundgang durch Meldorf,
ca. 2 km, 1 Std.**

Vier kurze Stadt-Spaziergänge führen unter dem Motto „Meldörp to Foot" durch die Stadt, alle starten an der Tourist-Info am Dom. Hier oder online bekommt man einen Flyer mit der Route. Rundweg zwei, Norderviertel & Jungfernstieg, ist knapp zwei Kilometer lang und voller spannender Haltepunkte. Unter anderem kommt man am Landwirtschaftsmuseum vorbei, das die Entwicklung der regionalen Landwirtschaft beleuchtet. Spannend sind die Traktoren, die von den 1930er- bis 1970er-Jahren auf den Feldern zu sehen waren. Gleich um die Ecke befindet sich das Freilichtmuseum Dithmarsches Bauernhaus, das zeigt, wie das Hofleben vor rund 150 Jahren hier in der Gegend ausgesehen hat. Im dortigen Rosengarten können alte Rosensorten entdeckt werden, besonders zauberhaft übrigens zur Blüte ab Juni. Am Ende des Rundgangs, der einen schönen Überblick zu Meldorf bietet, kommt man noch zur Nordermühle. **Insider-Tipp** Anschließend kannst du den kurzen Dom-Rundweg nehmen, um alles über das eindrucksvolle Gotteshaus zu erfahren.

Oder du besuchst den Dom einfach selbst, denn alleine das Gebäude ist ziemlich eindrucksvoll.

ℹ️ *Mit der Bahn nach Meldorf und 10 Min. zu Fuß zur Tourist-Info am Nordermarkt 10 | Mit dem Auto von der B5 in Meldorf Richtung Innenstadt und zum Parkplatz an der Tourist-Info, Nordermarkt 10, Flyer: mitteldithmarschen.de (> Tourismus > Aktivitäten > Radfahren & Wandern > Meldörp to Foot)*
🕐 *Ganzjährig* 📍 *54.090722, 9.072155 (Start)*

Auf die Hallig in der Meldorfer Bucht
9 🚶 **Einfache Wanderung auf die Hallig Helmsand, ca. 2 km, 1 Std.**

Na sowas, es gibt auch in Dithmarschen eine Hallig! Sonst liegen die ja eher an der nördlichen Westküste. Die Hallig Helmsand befindet sich in der Meldorfer Bucht, ist unbewohnt und zwischen April und Ende Juli gesperrt, da zahlreiche Vögel hier in den Salzwiesen brüten. Aber auch in der Nebensaison ist ein Spaziergang durch die Salzwiesen ein Erlebnis, wenn du auf schmalen Pfaden hinaus aufs Meer läufst, dir der Wind um die Nase weht und du den Blick Richtung Horizont schweifen lässt. Zur Strandfliederblüte im August leuchten die Salzwiesen lila,

179

Die ehemalige Hallig Helmsand ist über einen Steindamm mit dem Festland verbunden

Das Naturschutzgebiet Kronenloch ist ein 1-a-Revier zur Beobachtung von Vögeln

ein echter Traum! Die Hallig war übrigens noch nie bewohnt, auch nicht vor dem Dammbau, der in den 1930er-Jahren durchgeführt wurde. Wer genau hinschaut, sieht sogar noch Reste der Schmalspur-Lorenbahn, die früher hinaus auf die Hallig führte. Allerdings wurde sie nur vom Landesamt für Küsten- und Naturschutz betrieben und war zu keiner Zeit für den Personentransport gedacht.

ⓘ *Mit dem Auto von der B5 bei Elpersbüttel in die Deichstraße einbiegen und zum Parkplatz an der Hallig Helmsand, Elpersbüttel, fahren* 🕐 *Aug. bis März* ⚙ *Fernglas, wetterfeste Kleidung, Verpflegung* 📍 *54.068927, 8.981330 Parkplatz*

Vogelbeobachter aufgepasst!

10 🚲 **Einfache Radrundtour am Naturschutzgebiet Kronenloch, ca. 14 km, 2 Std.**
Eine Tour führt zu den besten Vogelbeobachtungsplätzen am Kronenloch. Man sollte am besten viel Zeit mitbringen, damit man Gänse, Haubentaucher und viele andere Rastvögel ausgiebig belauern kann. Start ist beim Imbiss Ding am Deich an der Badestelle Elpersbüttel. **Insider-Tipp** Hier kannst du dich super stärken, probiere eines der Fischbrötchen oder einen veganen Burger. Du startest die Tour Richtung Süden am Deich entlang. Bei der

ersten Möglichkeit fährst du links bis zur Straße Elpersbütteler Deich, wo du auch wieder links fährst. Bei der Deichherberge lohnt ein Blick über selbigen, wo sich das Naturschutzgebiet Kronenloch in seiner ganzen Schönheit zeigt. Nach gut drei Kilometern erreichst du die Hafenstraße an deren Ende du links auch schon den Außendeich am Meldorfer Hafen sehen kannst. Jetzt beginnt der schönste Abschnitt der Tour. Hier ist die Natur der Hauptdarsteller, beidseitig der Straße erstreckt sich weite Landschaft. Den Beobachtungsturm kurz vor dem Hafen auf der linken Seite lohnt es zu erklettern und nur 500 Meter weiter gibt es gleich noch eine Beobachtungshütte. Sie liegt etwas versteckt gegenüber dem Nationalparkhaus „Wattwurm" und du bist dort richtig nah dran an Küstenseeschwalbe, zahlreichen Enten und Gänsen. Nur noch einige wenige hundert Meter und du stehst wieder an der Badestelle Elpersbüttel.

ⓘ *Mit dem Auto oder Rad von Meldorf über den Alten Hafen und die Hafenstraße zum Parkplatz an der Badestelle Elpersbüttel, Hafenstraße 1* ⚙ *Fahrrad, Verpflegung, Fernglas* 📍 *54.088823, 8.955525 (Parkplatz)*

Ob Stand-up-Paddling oder Kite-Surfen: Im Miele Speicherbecken bei Meldorf ist in puncto Wassersport viel los

Ab aufs Wasser am Meldorfer Hafenbecken

11 ≋ Wingfoil oder SUP am Miele Speicherbecken bei Meldorf

Fährt man von Meldorf auf der Hafenstraße Richtung Speicherkoog und Elpersbüttel, liegt südlich das Naturschutzgebiet Kronenloch und nördlich der Meldorfer Hafenstrom, der sich aus dem Zusammenschluss der Flüsse Miele und Süderau gebildet hat. Er bildet zusammen mit dem Wöhrdener Hafenstrom das große Miele Speicherbecken. Auf Höhe des Neuen Meldorfer Hafens ist das Speicherbecken ein beliebter Treffpunkt für Wassersport-Begeisterte aus allen Sparten. Einige nehmen sogar längere Fahrten auf sich, um endlich mal unabhängig von Ebbe und Flut ihrer Leidenschaft nachzugehen. Selbst in den dunklen Monaten, wenn der Wind so richtig kräftig weht, ist hier viel los. Dann heißt es: Einfach die Neoprenanzüge an und ab aufs Wasser!

Zum Beispiel mit dem Board beim Stand-up-Paddling. Vom Parkplatz aus gibt es zahlreiche flache Einstiege, an denen man eine Tour starten kann, wie an der Surfschule Nordseewindsport. Am besten hält man sich hier links und paddelt zunächst am Ufer entlang. Durch einen kleinen Flusslauf umrundet man eine bewaldete Insel und kommt über den Wöhrdener Hafenstrom wieder zum Speicherbecken. So kannst du dir zunächst einen guten Eindruck über das Gewässer verschaffen. Wenn du richtig viel Energie hast, fahr weiter nach Osten in Richtung des alten Meldorfer Hafens oder geh mit dem Board über den Deich und fahr in der Nordsee. Du teilst dir den Raum mit anderen Wassersportlern, die du stets im Blick haben solltest. Besonders schön ist es hier in den frühen Morgenstunden, wenn sich die Sonne über dem Speicherbecken erhebt. Dann hast du das Becken auch meistens für dich alleine.

Anders als das Kite-Surfen, das hier nur in der Meldorfer Bucht der Nordsee erlaubt ist, kann man im Miele Speicherbecken auch den Trendsport Wingfoil ausprobieren. Beim Wingfoil kommt alles zusammen: Surfen, Kiten und SUP. Auf einem Board, zum Teil mit Foil, wird ein aus Drachenstoff gefertigter Wing in den Wind gehalten. Im Speicherbecken bist du unabhängig von den Gezeiten und kannst bei wenig Wellen auch als Anfänger deine Runden

Karneval im Norden? In Marne lassen sich auch die umliegenden Gemeinden nicht lange zum Umzug bitten

Im Riesewohld bei Odderade steht diese uralte Fünfingerlinde

drehen. Die Schulen Wingfoil Westküste oder Nordseewindsport bieten Kurse an, hier kann man auch Equipment mieten und eigenständig seine Runden ziehen. Direkt am Einstieg ist ein Wohnmobilstellplatz, damit wird auch ein längerer Aufenthalt möglich, um den guten Wind mitzunehmen.

Insider-Tipp Nach dem Wassersport-Erlebnis kann man sich im Sommer beim Imbiss Stulle und Pulle eines der besten Fischbrötchen Schleswig-Holsteins gönnen. Die gibt es hier auch vegan!

🛈 *Mit dem Auto oder Rad von Meldorf über den Alten Hafen und die Hafenstraße zum Parkplatz an der Meldorfer Bucht, Deichstraße 2, Meldorf, auch Wohnmobilstellplätze vor Ort | nordseewindsport. de, kiteguide-spo.de, €€€* 🕑 *Ganzjährig* ⚙ *Sportequipment* 📍 *54.094591, 8.949799*

Karneval im Norden feiern

12 🎭 **Besuch des Rosenmontag-Umzugs in Marne**

Marn hol fast! Wie bitte? Das bedeutet: Marne steht zusammen!, und ist der Karnevalsslogan der Menschen aus Marne! Da reiht sich gleich die nächste Frage an: Karneval im Norden? Ja, in Marne wird seit 1978 immer am Rosenmontag um 14 Uhr das Rathaus gestürmt und die Regent-

schaft von den Karnevalisten übernommen. Wenn du auch dabei sein möchtest, mach dich darauf gefasst, dass auch in Marne Kamelle fliegen, getanzt und laut gefeiert wird. Ein Wagen des Umzugs ist lustiger als der andere und auch andere Gemeinden lassen es sich nicht nehmen dabei zu sein. Die Straßen sind dann von mehr als 20 000 Gästen gesäumt, wovon die meisten verkleidet. In Marne sind stolz auf ihre Veranstaltung und alle sind mit voller Leidenschaft dabei. Bei den Prunksitzungen geht es hoch her und der Kinderfasching im Vorfeld des Rosenmontagszugs ist immer bestens besucht. Start und Ziel ist immer das Rathaus in Marne, von hier geht es auf die etwa 2,5 Kilometer lange Strecke. Genügend Platz also, um sich einen guten Platz zum Zusehen zu sichern.

🛈 *Von Meldorf ZOB mit Bus 2500 nach Marne ZOB und zu Fuß in 3 Min. zum Rathaus | Mit dem Auto in Marne von der B5 auf den Parkplatz bei der Tourist-Info, Deichstraße 2, einbiegen und zu Fuß in 3 Min. zum Rathaus | marnholfast.de* 🕑 *Rosenmontag* 📍 *53.953652, 9.010455 (Rathaus)*

Durch das Landschaftsschutzgebiet Großes Moor,
Kätner Moor führt die Eichholzrunde bei Tellingstedt

RUND UM HEIDE
Wandern im Urwald

`13` 🚶 **Einfache Wanderung durch den Riesewohld bei Odderade, ca. 2 km, 1 Std.**

Der Riesewohld ist nicht nur das größte Waldgebiet
Dithmarschens, es zählt auch als urwaldähnlicher
Wald, was im Norden ja nicht allzu häufig vor-
kommt. 700 Hektar groß ist das Gebiet, durch das
sich einige schöne Wanderwege schlängeln. Einen
schönen Eindruck vom Urwald bekommst du, wenn
du an der Ganzenbekerstraße parkst und dann nach
Norden in den Wald gehst. Dort steht auch die Fünf-
fingerlinde, ein etwa 250 Jahre alter Baum, der die
Form von fünf Fingern hat. Sein Umfang beträgt
etwa vier Meter, schon seit mehr als 75 Jahren ist er
als Naturdenkmal geschützt. Ein mystischer Ort für
eine kurze Pause, besonders wenn du im Frühling
oder Herbst hier bist. Vor allem im Herbst ist eine
Wanderung durch den Riesewohld eine Augenwei-
de. Die zahlreichen Buchen und andere Laubbäume verfärben sich dann rot und golden und sorgen
für ein Farbspektakel. Nachdem das Laub abgefal-
len ist, sind die Pfade nicht mehr gut zu erkennen.

Kleine Schilder weisen dir dann den Weg zur großen Linde, die erst im hinteren Bereich zu finden ist.
Vorher streifst du ein Infohäuschen, das plötzlich im
Wald auftaucht. Hier kannst du dich in die Geschichte und Besonderheiten des Waldes einlesen.

ℹ️ *Mit dem Auto von Heide auf der B203 vor
Süderholm nach Nordhastedt, von dort nach Odde-
rade und via Dorfstraße zum Parkplatz Ganzenbeker
Straße, Odderade* 🕐 *Im Sommer und Herbst*
⚙️ *Verpflegung* 📍 *54.144687, 9.221642 (Start)*

Über Stock und Stein

`14` 🚶 **Einfache Wanderung auf der Eichholzrunde bei Tellingstedt, ca. 4 km, 1,5 Std.**

Am Parkplatz im Zentrum von Tellingstedt werden
auf einem Infoschild vier Routen vorgeschlagen.
Die knapp vier Kilometer lange Eichholzrunde führt
vom Parkplatz über Nien Damm und Eichenweg
aus dem Ort hinaus, dann überrascht die abwechslungsreiche Natur. Alleen, die von Eichen gesäumt
sind und Grabhügel aus der Bronzezeit. Durch
Geest-, Moor- und Waldgebiet, das an heißen Sommertagen Schatten spendet, wanderst du auf der

Der Zwiebelturm der Kirche St. Bartholomäus in Wesselburen ist noch aus weiter Entfernung zu sehen

In Wesselburen, der Geburtsstadt des Dichters Friedrich Hebbel, kannst du auf seinen Spuren wandern

gut ausgeschilderten Route. Auch im Herbst sind die Wege bestens befestigt, nasse Füße holst du dir nicht, und die Bäume sind besonders schön. Wieder zurück in Tellingstedt lohnt ein Spaziergang durchs ehemalige Töpferdorf. **Insider-Tipp** Gönn dir im Snövit Café noch ein großes Stück Torte von der täglich wechselnden Karte.

❶ *Von Heide mit Bus 2820 bis Tellingstedt ZOB | Mit dem Auto von der B203 nach Tellingstedt und zum Parkplatz am Busbahnhof, Hauptstraße 27 | GPX-Track: echt-dithmarschen.de/urlaubsthemen-veranstaltungen/aktivurlaub/route/eichholz-runde* ⏱ *Ganzjährig* ⚙ *Verpflegung* ⦿ *54.220314, 9.282356 (Start und Ziel)*

Auf Dichters Pfaden

15 🚶 **Mittelschwere Rundwanderung von Wesselburen über Süder- und Norddeich, ca. 8 km, 2 Std.**

Hier kannst du die Wanderschuhe schnüren. In Wesselburen ist der Dichter Friedrich Hebbel geboren und zu seinen Ehren gibt es neben einem Museum auch drei gut ausgeschilderte Dichterwege (Symbol: Schreibfeder) rund um seinen Geburts-

ort. Start für die acht bis zwölf Kilometer langen Runden ist jeweils das Museum in der Innenstadt. Hier kannst du dich im Vorfeld etwas einlesen in das Leben von Hebbel. Dann bist du bestens informiert, wenn es auf Tour geht. Eines gibt es auf allen drei Routen: Baumelbänke – zum Innehalten und zur Entlastung der Knie und Sprunggelenke. Die Sitzfläche ist etwas höher, sodass du wirklich mit den Beinen schaukeln kannst. Die Wanderrouten führen hinaus aus der Stadt, vorbei an Wiesen, Feldern und reetgedeckten Häusern auf schönen Straßen und wenig bis gar nicht befahrenen Wegen. Die Landschaft rund um Wesselburen ist von Landwirtschaft und Kohlanbau geprägt. Wenn dir der Fußweg zu lang wird, kannst du abkürzen oder die Strecke von vornherein mit dem Rad abfahren.

❶ *Mit der Bahn bis Wesselburen und 15 Min. zu Fuß zum Hebbelmuseum, Österstraße 6 | Mit dem Auto von der B203 Richtung Wesselburen abzweigen und zum Parkplatz beim Edeka, Dohrnstraße 10, 5 Min. zu Fuß zum Hebbelmuseum, Österstraße 6 | echt-dithmarschen.de/urlaubsorte/wesselburen/ wesselburen-aktiv* ⏱ *Ganzjährig* ⚙ *Verpflegung* ⦿ *54.212742, 8.923787 (Start und Ziel)*

Im Süderholmer Moor ist der Fischotter zurück – kein Wunder, hier lässt es sich gut aushalten

Angenehm kühl wie die Natur-Kneipp-Anlage im Giselautal ist auch der Weg dorthin

Wanderung durchs Moor

16 🚶 **Mittelschwerer Rundwanderung durch die Moorlandschaft bei Heide, ca. 8,5 km, 2 Std.**
Der ausgeschilderte Rundwanderweg führt östlich aus Heide hinaus auf idyllischen Feldwegen und an kleinen Seen vorbei durch das Ostroher und Süderholmer Moor bis nach Süderholm und zurück nach Heide. Fußstapfen auf Hinweisschildern weisen den Weg. Auf etwas mehr als acht Kilometern finden sich unterwegs viele Bänke, um Pause zu machen und den Ausblick zu genießen. Das Süderholmer Moor gehörte früher zu den größten Torfabbaugebieten in Schleswig-Holstein. Heute sind hier dank dem Angelverein Heide gut 240 Hektar Schutzgebiet zu finden. In der weitläufigen Schilflandschaft mit vielen abgestorbenen Bäumen kannst du zahlreiche Insekten und Vögel beobachten, sogar der Fischotter ist zurückgekehrt. **Insider-Tipp** Entspanne zum Abschluss in Schwimmbad und Sauna der Dithmarscher Wasserwelt.
ℹ️ *Mit dem Auto von der B203 in Heide zum Parkplatz an der Dithmarscher Wasserwelt, Landvogt-Johannes-Straße | GPX-Track: echt-dithmarschen.de (>Urlaubsthemen > Aktivurlaub > Wandern > Rundwanderweg Heide Tour 2)*
🕐 *Ganzjährig* ⚙️ *Verpflegung* 📍 *54.204425, 9.115233 (Start und Ziel)*

Wassertreten im Giselautal

17 ≈ **Einfache Wanderung zur Kneipp-Anlage bei Albersdorf, ca. 2 km, 45 Min.**
Nicht nur an heißen Sommertagen ein schönes Erlebnis: Wasser treten oder auch kneippen. Mitten im schönen Gieselautal bei Albersdorf liegt eine Naturanlage, die man perfekt in einen Spaziergang einbauen kann. Vom kleinen Waldparkplatz geht es an steinzeitlichen Langbetten (Grabstätten) vorbei, bis der Weg zur Kneippanlage nach 700 Metern rechts abgeht. Zum Kneippen senkst du erst den rechten Fuß mit den Zehen voran ins Wasser, langsam folgt dann der linke. Bewusst machst du Schritt für Schritt und ziehst jeweils den Fuß hoch aus dem Wasser. Dieser Wechsel fördert deine Abwehrkräfte. Verschiedene Einstiegstellen und eine Holzbank stehen an der Kneippanlage zur Verfügung, die ganzjährig zugänglich ist und idyllisch unter Bäumen liegt. Richtig viel Betrieb

*Auf dem schmalen Trischendamm kannst du
zwei Kilometer weit ins Meer hinaus wandern*

ist hier selten, sodass du ungestört eintauchen kannst in die Waldstille und ins Wassertreten!

ℹ️ *Mit dem Auto zwischen Heide und Süderholm Richtung Nordhastedt abbiegen, über Albersdorf bis zum Parkplatz an der Süderstraße, Ecke Horstenmoorweg, Giselautal* 🕐 *Frühjahr bis Herbst* ⚙️ *Handtuch, Proviant* 📍 *54.133030, 9.302061 (Kneipp-Anlage), 54.132461, 9.289514 (Parkplatz)*

AN NORD-OSTSEE-KANAL UND ELBMÜNDUNG

Spaziergang über dem Meer

18 🚶 **Einfache Wanderung auf dem Trischendamm bei Friedrichskoog, ca. 4,4 km, 1 Std.**
Ein Spaziergang auf dem Trischendamm ist ein echtes Naturerlebnis. Der Damm ragt mehr als zwei Kilometer ins Wattenmeer hinein und ist eine Küstenschutzmaßnahme. Er wurde bereits Mitte der 1930er-Jahre erbaut und ist auch bis heute bei Hochwasser zu nutzen. Es sei denn, es gibt überdurchschnittliches Hochwasser und dazu noch eine große Portion Westwind: Dann solltest du lieber an Land bleiben, um dir keine nassen Füße zu

holen. Der Damm wirkt schnurgerade, macht aber zum Ende hin eine kleine Wende. Die Spitze ist weniger spektakulär, als du denkst. Plötzlich hört er auf und du stehst mitten im Meer. Unterwegs begegnen dir viele Vögel, die sich auf den Steinen ausruhen. Entlang des Wegs stehen Schilder der Nationalparkverwaltung mit Erläuterungen zum Bau des Dammes, zu den Salzwiesen und dem Wattenmeer. Wenn du nach deiner Rückkehr noch mehr wissen möchtest, mache einfach noch einen Spaziergang auf dem Salzwiesenlehrpfad!

ℹ️ *Mit dem Auto von der B5 bei Helse Richtung Friedrichskoog und weiter zum Parkplatz am Trischendamm, Koogstraße 142, Friedrichskoog* 🕐 *Sommermonate* ⚙️ *Verpflegung* 📍 *54.027809, 8.837672 (Start)*

Radeln durch Marsch und Geest

19 🚲 **Mittelschwere Radrundtour von St. Michaelisdonn zum Nord-Ostsee-Kanal, ca. 34 km, 4 Std.**
Die Radtour Von Marsch und Geest ist gut ausgeschildert (zwei stilisierte Eichen) und man kann beliebig den Startort wählen. Empfehlenswert ist

Der Kudensee bei St. Michaelisdonn steht
schon seit 1935 unter Naturschutz

St. Michaelisdonn, da man nah am Bahnhof starten kann und sich nicht so leicht verfährt. Von der Poststraße in der Nähe des Bahnhofs geht es an der Windmühle Edda vorbei durch ein schönes Waldstück nach Buchholz. Hier kann man ab Spätsommer einen kleinen Abstecher zum Kürbishof Kruse einplanen und eine unglaublichen Anzahl unterschiedlicher Kürbisse bewundern. Zurück auf der Route geht es nach Burg. Die Gemeinde eignet sich gut für eine Pause, am idyllischen Marktplatz gibt es sowohl ein Café als auch ein Restaurant. Von Burg radelt man gestärkt zum Nord-Ostsee-Kanal, der die Strecke gut fünf Kilometer nach Südwesten begleitet, bevor es am Kudensee vorbei zurück zum Startort geht. Der Kudensee hat übrigens keine Bademöglichkeit, das Gebiet steht seit mehr als 80 Jahren unter Naturschutz. Es ist ein Flachwassersee, der letzte seiner Art in den Elbmarschen.

ℹ️ *Mit der Bahn nach St. Michaelisdonn, mit dem Rad zur Poststraße | Mit dem Auto von der B5 bei Brunsbüttel Richtung St. Michaelisdonn, Parkplatz am Bahnhof, mit dem Rad zur Poststraße | GPX-Track: echt-dithmarschen.de (>Urlaubsthemen > Aktivurlaub > Wandern > Radfahren > Von Marsch und Geest)* 🕐 *Im Sommer* ⚙️ *Fahrrad, Verpflegung* 📍 *53.987270, 9.118952 (Start und Ziel)*

Beeindruckend ist das große Buntglasfenster an der
Westfront der Christus-Kirche in Friedrichskoog

Auf der Entdeckerroute mit dem Rad

20🚲 **Einfache Radrundtour rund um Friedrichskoog, ca. 15 km, 2 Std.**

Bei der Entdeckerroute, einer Rundtour durch Marsch und Geest, bekommst du einen tollen Überblick über die Gegend bei Friedrichskoog. Am besten parkst du dein Auto am Trischendamm und startest erst mal nördlich aus dem kleinen Ort heraus. Einen Blick über den Deich kannst du vorher schon riskieren, denn, der Weitblick reicht hier bis zum Ende des Trischendamms. Ein kurzer Abschnitt führt mitten durchs Herz des Koogs, bevor es wieder in den Ort hineingeht. Es geht an der schicken Hochzeitsmühle vorbei und an der ungewöhnlichen Christus-Kirche bis zum alten Hafen, wo sich eine Seehundstation befindet. Hier werden junge Seehunde aufgepäppelt und einige Zeit später wieder ins Meer entlassen. Auch verletzte Seehunde kommen nach Friedrichskoog. Bei einem Besuch erfährt man eine Menge über die großen Raubtiere, zum Beispiel warum man

Von den Schiffen und Schleusen am Zugang des Nord-Ostsee-Kanals bei Brunsbüttel muss man sich losreißen, um auf der Schleusenroute zu radeln

von Jungtieren, die nach ihrer Mutter heulen, Abstand halten sollte. Hinter der Station auf dem Deich verläuft der 54. Nördliche Breitengrad, der durch einen Stein markiert ist. Am Deich entlang geht es zurück zum Startpunkt. **Insider-Tipp** ==Probiere dort das selbst gemachte Eis in der Eisbutze.== Wenn du jetzt noch Power hast, im benachbarten Kurpark gibt es zahlreiche Outdoor-Fitnessgeräte.

ⓘ *Mit dem Auto von der B5 bei Helse Richtung Friedrichskoog und weiter zum Parkplatz am Trischendamm, Koogstr. 142, Friedrichskoog | GPX-Track :friedrichskoog.de/familie-fun/fahrradtouren (Route 2)* ⏱ *Im Sommer* ⚙ *Fahrrad, Verpflegung* 📍 *54.030200, 8.838641 (Start und Ziel)*

Radeln auf der Schleusenroute

21 🚲 Mittelschwere Radrundtour von Brunsbüttel nach Marne, ca. 33,5 km, Tagestour
In Brunsbüttel beginnt oder endet für Schiffe die Fahrt im Nord-Ostsee-Kanal. Die Schleusen an der Mündung sind der Ein- und Austrittsort. Zugegeben, es ist schwer, sich vom Anblick der großen Pötte loszureißen. Der Ort und das Umland haben aber auch viel Schönes zu bieten, da lohnt es sich die Schleusen-Radtour zu starten. In Brunsbüttel gibt es neben

dem Kanalmuseum auch ein Heimatmuseum und den historischen Ortskern. Die Route ist mit einem Schiff in einer Schleuse beschildert und führt nach Marne. Ein schönes Städtchen mit altem Rathaus, Museen und Cafés. An der Dithmarscher Brauerei vorbei geht es auf den Rückweg der nördlich von Brunsbüttel in der Stadt mündet. Am besten rollst du gleich wieder durch bis zum Deich und suchst dir ein Plätzchen. In der ersten Reihe sitzt du immer!

ⓘ *Mit dem Auto von der B5 nach Brunsbüttel, Parkplatz an der Tourist-Info Brunsbüttel, Gustav-Meyer-Platz 2 | GPX-Track: echt-dithmarschen.de (> Urlaubsthemen > Aktivurlaub > Radfahren > Schleusenroute)* ⏱ *Im Sommer* ⚙ *Fahrrad, Verpflegung* 📍 *53.895843, 9.145635 (Start)*

Mit dem Rad durch Dithmarschen

22 🚲 Mittelschwere Radtour auf einem Teilstück des Nordseeküstenradwegs von Brunsbüttel bis Büsum, ca. 69 km, 2 Tage
Europas längster ausgeschilderter Radweg führt durchs Herz Dithmarschens von Brunsbüttel nach Büsum. Eine abwechslungsreiche Strecke, vorbei an Kohlfeldern, reetgedeckten Häusern und großen Kirchen. Das Meer ist nur Nebendarsteller,

Die St.-Marien-Kirche in Eddelak liegt an der Strecke des Nordseeküstenradwegs

Am Kahnanleger kurz hinter dem Kudensee startet die Kanufahrt auf der Burger Au

denn die Route verläuft im Hinterland durch St. Michaelisdonn – hier solltest du eine Übernachtung einplanen – und Meldorf. Erst ab Meldorf geht es wieder in Richtung Meer und die letzten Kilometer führen am Deich entlang. Büsum ist einer der Hotspots an der Westküste, hier gibt es frische Krabben und unzählige Strandkörbe. Einen Sonnenuntergang vom Hauptstrand aus zu sehen sollte unbedingt auf deiner To-do-Liste stehen. **Insider-Tipp** Miete dir doch gleich einen Schlafstrandkorb in Büsum und erwache mit Meeresrauschen.

ℹ *Mit dem Auto von der B5 nach Brunsbüttel und zum Parkplatz an der Kanalfähre Nord, Kautzstraße | GPX-Track: sh-tourismus.de/nordseekuesten-radweg* ⏱ *Sommermonate* ⚙ *Fahrrad, Verpflegung* 📍 *53.897743, 9.147628 (Start)*

Baden mit Ausblick

23≈ **Badetag im Freibad Ulitzhörn, Brunsbüttel**
Das Freibad von Brunsbüttel ist einzigartig! Es liegt direkt auf dem Deich am Schleuseneingang zum Nord-Ostsee-Kanal. Während du gemütlich deine Bahnen ziehst, fahren riesige Schiffe an dir vorbei. Das hat sich herumgesprochen, dementsprechend früh sind die Strandkörbe belegt. Gerade an warmen Sommertagen lohnt sich ein früher Besuch. Auf einer Metallrutsche und klei-

nen Sprungtürmen können de Kids toben, aber die Lage ist hier die eigentliche Attraktion. Eine Liegewiese am Deich samt einigen Strandkörben sorgt für bestes Urlaubsfeeling.

ℹ *Mit dem Auto von der B5 nach Brunsbüttel-West und zum Parkplatz am Freibad Ulitzhörn, Uhlitzhörn 3, Brunsbüttel | freizeitbad-brunsbuettel.de/freibad-ulitzhoern, € * ⏱ *Im Sommer* ⚙ *Badesachen* 📍 *53.888962, 9.129255*

Mit dem Kanu auf der Burger Au

24≈ **Mittelschwere Kanutour vom Kudensee nach Burg, ca. 14 km, 6 Std. (Hin- und Rückweg)**
Der perfekte Einstiegsort für diese Kanutour auf der Burger Au ist der Fähranleger für die Kahnfahrten kurz hinter dem Kudensee. Leicht verschlickt ist die Burger Au manchmal, zum Glück wird sie für die Ausflugsfahrten mit den Spreewälder Kähnen immer mal wieder ausgebaggert. Das Marschengewässer verläuft parallel zum Nord-Ost-

Mit den Draisinen bei St. Michaelisdonn kann man sogar segeln, wenn der Wind richtig steht

see-Kanal, vielleicht hast du Glück und siehst eines der großen Schiffe vorbeiziehen. Das kann schon aufregend sein, wenn du in deinem Kanu mit den größten Schiffen der Welt um die Wette fährst. Die Burger Au ist kurvig und in eine saftig grüne Landschaft verpackt. Daneben grasen Kühe und Schafe und manches Mal kann man das Kanu an Land bringen und eine gemütliche Pause einlegen. Auf der Strecke nach Burg und zurück zum Kudensee sind viel Stille und Natur die Hauptdarsteller.

ⓘ Mit dem Auto von der B5 bei Brunsbüttel Richtung St. Michaelisdonn, in Eddelak Richtung Burg und in Kuden Richtung Buchholzermoor abbiegen und zum Parkplatz an der Burger Au
🕐 Im Sommer 🔆 Kanu, Verpflegung, Sonnenschutz, Handtuch, Wechselbekleidung
📍 53.959832, 9.213869 (Parkplatz)

Auf Schienen unterwegs

25 🚶 **Draisinentour von St. Michaelisdonn nach Marne, ca. 9 km, 1,5 Std.**

Zwischen Marne und St. Michaelisdonn wird die alte Eisenbahntrasse der Marschbahn für Draisinentouren genutzt. Start ist am Bahnhof St. Michaelisdonn. Nach einer lang gezogenen Rechtskurve

geht es ins Marschland hinaus. Hier öffnet sich ein weiter Blick in die Dithmarscher Landschaft, die von Windrädern und Kohlfeldern geprägt ist. Zivilisation wirst du auf der Strecke wenig zu sehen bekommen, ebenso Bäume, die dir Windschatten geben könnten. Immer geradeaus, vorbei an Höfen und über den Helser Fleth geht es bis Marne. Das Ziel ist schon lange vorher zu sehen. Je nachdem wie der Wind steht, lohnt die Anbringung eines Segels, das dir zusätzlich Anschub verleiht.

ⓘ Mit der Bahn nach St. Michaelisdonn, 5 Min. zu Fuß zur Marschenbahn Draisine, Poststraße 18a | Mit dem Auto von der B5 bei Brunsbüttel Richtung St. Michaelisdonn, Parkplatz am Bahnhof, 5 Min. zu Fuß zur Marschenbahn Draisine, Poststraße 18a | marschenbahn-draisine.de, €€–€€€ (4 Personen)
🕐 Im Sommer 🔆 Verpflegung 📍 53.987242, 9.119500 (Start)

Zum Lichterfest am NOK

26 🚶 **Besuch der Romantika am Nord-Ostsee-Kanal bei Brunsbüttel**

Es ist das größte Lichterfest Schleswig-Holsteins und findet jährlich im September statt. Dann erstrahlen zahlreiche Häuser, Institutionen und der

Im Garten der Sinne im Naturerlebnis-raum Burg ist Barfußlaufen angesagt

Uferbereich des Nord-Ostsee-Kanals zwischen Brunsbüttel und Kiel in bunten Lichtern. In Brunsbüttel gibt es Musik und Tanz entlang der Innenstadt, und sogar eine Kanalkönigin wird entlang des NOK gekürt. Jeder soll mitmachen und den Kanal mit Kerzen, Lichtern, Fackeln oder Laternen zum Leuchten bringen. Zahlreiche gastronomische Betriebe haben geöffnet und bieten eigene Lichtershows und Veranstaltungen an. Besonders schön ist eine Lichterfahrt auf einem Ausflugsboot.

❶ *Mit dem Auto von der B5 nach Brunsbüttel, Parkplatz WSA an der Ostermoorer Straße, nokromantika.de* 🕐 *Jährlich Anfang Sept. an unterschiedlichen Orten am NOK* 📍 *53.899841, 9.148567 (Parkplatz)*

Dem Uhu auf der Spur

27 🏞 **Ausflug zum Naturerlebnisraum Burg**
Mitten im Naherholungswald von Burg kannst du den 66 Meter hohen Wulfsboom samt Aussichtsturm erklettern und eine grandiose Aussicht genießen. Oder du setzt dich am Abend an den Mühlenteich, der im südlichen Teil des Erlebnisraums liegt und beobachtest die Wasserfledermäuse auf ihrem täglichen Beutezug. Es gibt einen Garten

der Sinne, Streuobstwiesen und einen Walderlebnispfad. Unglaublich viele Entdeckungen warten hier auf dich und jede Jahreszeit hat hier ihren besonderen Reiz. Die großen Buchen ragen weit in den Himmel und im Frühling erwachen auch die Waldbewohner wieder.

❶ *Mit dem Auto von der B5 bei Brunsbüttel in Richtung St. Michaelisdonn, in Eddelak Richtung Burg und zur Waldstr. 141 | burger-waldmuseum. de, €* 🕐 *Im Sommer* 📍 *54.000636, 9.244978*

Sterne gucken am Deich

28 🏞 **Abendausflug zum Deich Hedwigenkoog**
Am Aussichtspunkt des Deichs von Hedwigenkoog hast du den weitesten Blick auf die Sterne. Hinter dir blinken die Windräder, vor dir ist das Meer und über dir leuchtet nicht nur der Polarstern. Zum Glück stehen Bänke bereit, du kannst dich also hinsetzen und den Blick genießen. Vergiss nicht das Fernglas, denn am Horizont kannst du damit vielleicht das ein oder andere Schiff entdecken.

❶ *Mit dem Auto von Büsum Richtung Westerdeichstrich und über Stinteck zum Deich Hedwigenkoog* 🕐 *Ganzjährig* ⚙ *Fernglas, Decke* 📍 *54.170314, 8.813343*

DER SCHÖNSTE SONNENUNTERGANG
Flammender Himmel an der Hafeneinfahrt
29 🌊 **An der Westmole des Südstrands von Büsum**

Zum Sonnenuntergang sitzt du an der Westküste Schleswig-Holsteins immer in der ersten Reihe. Ein abendlicher Bummel durch Büsum, ein Eis auf die Hand, am Museumshafen vorbei bis zum Südstrand. Dann gibt es vor dir nur noch das Meer und der Blick ist frei, um den Sonnenuntergang zu genießen.

ℹ️ *Mit der Bahn nach Büsum, 30 Min. zu Fuß über den Hafen zur Westmole | Mit dem Auto über die B203 nach Büsum, der Beschilderung Hafen folgen und zum Parkplatz (P2) am Hafen, zu Fuß zur Westmole, Südstrand* 🕐 *Ganzjährig* 📍 *54.119637, 8.858068*

Ein krosses Brötchen, schmackhafter Fisch, klassisch oder ausgefallen – die Variation an Fischbrötchen ist hier enorm

Handfest und herzhaft darf es an der Nordseeküste Schleswig-Holsteins und im Hinterland immer sein. Fischbrötchen und Krabben sind hier schon mehr Kulturgut als Snack. In Dithmarschen gesellt sich noch der Kohl dazu. Was die Menschen hier sonst noch gern essen und trinken erfährst du hier:

Fisch auf die Hand

1 ⚑ Fischbrötchen

Kein Nordseeurlaub ohne Fischbrötchen! Bist du eher der Typ Krabbe, Bismarkhering, Matjes oder Backfisch? Mittlerweile gibt es unzählige Variationen im Brötchen, auch moderne Interpretationen. Stulle und Pulle am Meldorfer Hafenbecken bieten nicht nur eine breite Palette an, es gibt sogar vegane Fischbrötchen mit Schwarzwurzel und Jackfruit.

ℹ **Im Imbiss Stulle und Pulle, direkt am Speicherkoog in Meldorf,** *gibt es den Fisch im fluffigen Dinkelbrötchen | Deichstraße 2, Meldorf | stulleundpulle.de, €*

Das Gold der Nordsee

2 ⚑ Krabben

Krabben im Brötchen, in Aspik oder im Salat. Früher waren Nordseegarnelen ein Armeleuteessen, heute gehören sie zum klassischen Fischessen dazu. Eine der größten Flotten an Krabbenkuttern findet man in Büsum. Hier gibt es frische Krabben direkt vom Boot. Am besten eigene Behältnisse mitbringen, verkauft wird per Liter und ungepult.

ℹ **Vom Krabbenkutter Andrea im Hafen von Büsum** *gibt es die Krabben frisch vom Boot, oder am Imbiss Hafeninsel, Dr. Martin-Bahr-Straße 5 | krabbenkutter-andrea.de, € | 54.127964, 8.862073 (Kutter), 54.129074, 8.868934 (Imbiss)*

Das wärmt ordentlich durch

3 ⚑ Eiergrog

Wenn du an richtig nassen und kalten Tagen draußen unterwegs warst, wärmt ein Eiergrog von innen wieder auf. Und macht auch etwas tüddelig, denn es ist ein ordentlicher Schuss Rum drin, den man aber gar nicht so recht schmeckt. Hellgelb, cremig und süß und mit einer feinen Schaumkrone abgerundet – soooo lecker!

ℹ️ **In der Gaststätte Op'n Diek in Neufeld** *sitzt man schön auf dem Deich | Op'n Diek 3, Neufeld | restaurant-opndiek.de, €*

Nach uraltem Küstenrezept

4 🍴 Mehlbüddel

Ein etwas gewöhnungsbedürftiges Gericht, aber in Dithmarschen gehört es auf den Teller. Der gegarte salzige Mehlkloß wird traditionell mit Zucker, flüssiger Butter und Schweinebacke serviert. Dazu gibt es Kirschsoße! Häufig wird das traditionelle Mehlbüddel-Essen auch im Rahmen von Veranstaltungen angeboten.

ℹ️ **In der Gaststätte Zur Doppeleiche in Süderhastedt** *gibt es Jan. bis Feb. das Dithmarscher Buffet mit Mehlbüddel | Kirchstraße 19, Süderhastedt | zurdoppeleiche.de, €€*

Einer für alles

6 🍴 Hofladen Alte Mühle

Der kleine familiengeführte Hofladen hat eine große Fleischauswahl von eigenen Rindern, dazu Saisongemüse, Honig, Marmeladen und Eier aus der Region.

ℹ️ *Bundestraße 5, Trennewurth | hofladen-altemuehle.de*

Ein essbares Kulturgut

5 🍴 Kohl

Im führenden Kohl-Anbaugebiet kommt er in verschiedensten Varianten auf den Teller. Aber deftig muss es sein: Kohlroulade, Eintopf oder Kohlpudding, ein in der Gugelhupf-Form gebackener Auflauf.

ℹ️ **Im Gasthof Oldenwöhrden in Wöhrden** *gibt es ab September zur Kohlzeit tolle Gerichte| Große Straße 17, Wöhrden | oldenwoehrden.de, €€*

Gut
zu wissen

Die Dünen auf Amrum erinnern ein wenig an die Sahara. Sie sind ein wichtiger Nistplatz für Vögel

Auf die Inseln kommt man vor allem mit der Fähre, auch das Insel-Hopping ist möglich

Mit Auto oder Wohnmobil

Nordfriesland verfügt über keine Autobahn, die A23 endet bei Heide in Dithmarschen, dann geht es weiter über die Bundesstraße 5 bis an die dänische Grenze bei Süderlügum. Um das nördliche Nordfriesland zu erreichen ist auch eine Anreise über die A7 bis Flensburg möglich, dann sind es über die B199 noch ca. 40 Minuten bis Niebüll. Wenn du es eilig hast, nimm die östliche Autobahn, wenn du Zeit hast und die Gegend sehen möchtest, nimm die Bundesstraße, dann kommst du an vielen schönen Orten vorbei. Wenn man nach St. Peter-Ording auf Eiderstedt möchte, biegt man in Heide am besten schon von der Autobahn Richtung Büsum ab und hält sich dann in Richtung Wesselburen und Eidersperrwerk. Wer sein Auto mit auf die Inseln nehmen möchte, hat mehrere Möglichkeiten. Nach Sylt gelangst du vom deutschen Festland aus nur mit dem Autozug ab Niebüll oder mit der Fähre ab Havneby auf der dänischen Insel Rømø. Letztere ist auch an stark frequentierten Tagen wie zu Ferienbeginn oder an langen Wochenenden zu empfehlen. Wer rechtzeitig einen Platz auf Zug oder Fähre bucht – das ist generell zu empfehlen –, kann auch günstigere Ticketpreise bekommen. Nach Amrum und Föhr legen die Autofähren von Dagebüll ab, auf die Hallig Hooge oder Langeneß geht's von Schlüttsiel. Möchtest du mit dem Auto nach Pellworm, ist der Nordstrander Fährhafen Strucklahnungshörn dein Ziel.

Mit der Bahn

Aus allen größeren deutschen Städten ist die Anreise per Bahn bis Husum, Niebüll, Meldorf, Heide oder Friedrichstadt möglich. Klanxbüll, nur sieben Kilometer vor der dänischen Grenze gelegen, ist dann der letzte Festlandhalt, bevor der Personenzug weiter nach Sylt fährt. Auch Dagebüll als Tor zu den Inseln ist bestens mit der Bahn zu erreichen. Die Endstation von Niebüll aus ist direkt auf der Mole. Von dort kann man bequem auf die Fähre nach Amrum oder Föhr umsteigen. Eiderstedt ist durch die Strecke von Husum nach St. Peter-Ording per Regionalbahn erschlossen, die meistens im Stundentakt fährt. Mit dem ÖBB Nightjet ist eine entspannte Nachtanreise von Zürich nach Hamburg möglich. Dann geht es mit der Regionalbahn 6 weiter. Von Wien und Lörrach kann man auch mit dem Nachtexpress mit und ohne Auto nach Hamburg reisen, von dort ist man dann wieder selbst am Steuer unterwegs.

Mit dem Flugzeug

Der nächste große Flughafen liegt bei Hamburg, von hier aus kommt man mit der Regionalbahn 6 weiter in Richtung Norden. Hamburg wird von allen europäischen Hauptstädten angeflogen. Westerland auf Sylt wird vor allem in den Sommermonaten im Direktflug von Wien, Salzburg, Basel, Zürich oder Genf angesteuert. Auch aus den deutschen Städten Stuttgart, Frankfurt, München, Düsseldorf oder Mannheim ist eine Anreise mit dem Flugzeug möglich.

Grün & fair reisen

Du willst beim Reisen deine CO_2-Bilanz im Hinterkopf behalten? Dann kannst du deine Emissionen kompensieren (atmosfair.de; myclimate.org), deine Route umweltgerecht planen (routerank.com) oder auf Natur und Kultur (gatetourismus.de) achten. Mehr über ökologischen Tourismus erfährst du hier: oete.de (europaweit); germanwatch.org (weltweit)

für   2 € mit dem Fahrrad zur Hamburger-Hallig

Das Fahrrad ist sicher die beste Alternative, um in der Region unterwegs zu sein. An den Hotspots gibt es Verleihstation, die Mitnahme im ÖPNV ist meist problemlos möglich

Mit dem Auto oder Mietwagen unterwegs

Wenn du viel von der Region sehen willst, ist das Auto das richtige Transportmittel. Mietwagen sind in allen größeren Städten meist in Bahnhofsnähe zu bekommen. Allerdings ist eine vorherige Reservierung unbedingt empfehlenswert, da die Stationen nicht immer besetzt sind. Tankstellen sind entlang der Bundesstraßen regelmäßig zu finden. Auf den Landstraßen gilt Tempo 100, ebenso auf den Wirtschaftswegen, die außerhalb von Städten oder Dörfern liegen. Hier hat allerdings die Landwirtschaft immer Vorfahrt. Zu Ernte- und Mähzeiten kann es mancherorts zu Wartezeiten kommen, da die Wege mit großen Maschinen blockiert sind. Im Winter werden die Hauptstraßen relativ schnell geräumt, die Nebenstraßen eher gar nicht. Sollten die Wirtschaftswege mit Schnee bedeckt sein, kommen im Laufe des Tages die Landwirte und machen die Straßen wieder frei. Wer mit dem Camper anreist, wird an der Nordseeküste Schleswig-Holsteins einige schöne Campingplätze wie Nordseecamping Zum Seehund oder idyllische Stellplätze wie an der Meldorfer Bucht finden. Parkplätze sind überall ausreichend vorhanden und sie sind auch sehr gut ausgeschildert. Die jeweiligen Zentren oder Dorfmitten sind immer fußläufig zu erreichen. An den Fähren gibt es große Parkplätze, die bei der Ankunft in Dagebüll oder Strucklahnungshörn auf Nordstrand ausgeschildert sind. An den Bahnhöfen Niebüll, Bredstedt und Langenhorn kann der Parkplatz wegen zahlreicher Sylt-Pendler knapp werden. Für einen Tagesbesuch auf den Inseln sei dann Klanxbüll empfohlen, wo vor allem der große Sylt-Parkplatz am Ortseingang immer freie Plätze hat. Für E-Autos werden die Ladestationen immer häufiger. An vielen öffentlichen Plätzen in den Hotspots gibt es eine sehr gute Ladeinfrastruktur, in den Kleinstädten oder auf dem Dorf muss man eher mal eine Ladesäule suchen. Dafür rüsten auch Ferienwohnungsanbieter und Hotels auf und stellen Ladesäulen zur Verfügung. Einige Hotels haben sogar Extra-Angebote für Bahn-, Rad- und E-Auto-Besucher.

MIT DEM FAHRRAD
Nicht nur für Sportliche

MIT DEM BUS
Damit kommst du zumindest von Stadt zu Stadt

Mit den Öffis herumzureisen, ist deine große Challenge. Abseits der größeren Städte sieht es in den meisten Orten eher mau aus mit öffentlichen Verkehrsmitteln. Hier gibt es überall unterschiedliche Lösungen wie Rufbusse, Linienbusse oder Sammeltaxen. Auf den Inseln ist das Busnetz besser ausgebaut und der Preis häufig bei der Unterkunftsbuchung inklusive. Die Mobilität ohne Auto und Rad ist definitiv ausbaufähig.

Mit dem Rad kommt man überall gut voran, die Wirtschaftswege sind asphaltiert und an den Bundestraßen gibt es häufig parallele Fahrradwege. Verleihe sind auf den Inseln häufig zu finden. Auf dem Festland ist eine gute Versorgung in St. Peter-Ording und Büsum gegeben, sonst nur punktuell. Eine Reservierung sollte überall unbedingt rechtzeitig erfolgen.

MIT DER BAHN
Klappt es zwischen großen Städten

Mit den Regionalzügen der Deutschen Bahn sind die größeren Städte wie Meldorf, Heide (Umstieg nach Büsum), Friedrichstadt, Husum (Umstieg nach St. Peter-Ording), Bredstedt und Niebüll von Hamburg aus gut zu erreichen. Von Niebüll aus fährt der NEG nach Dagebüll-Mole und Westerland auf Sylt wird auch vom IC oder ICE von Hamburg aus angesteuert.

Auch im Herbst ist die Region eine Reise wert – wenn sich die Salzwiesen und Wälder färben und Nebel über dem Land hängt

Auskunft

Um sich über die Region zu informieren ist die Nordsee-Tourismus-Service GmbH als übergeordnete Informationsstelle der ganzen Westküste der beste Anknüpfungspunkt. Sie hat ihren Sitz in Husum und auf ihrer Homepage sind alle Urlaubsmagazine der Westküste gebündelt abrufbar. Hier wird sich auch um Unterkünfte und Anfragen jeder Art gekümmert (nordseetourismus.de).

Banken

Geldautomaten und Banken sind flächendeckend in jedem größeren Ort und in den touristischen Hotspots zu finden. Dabei sind vor allem die regionalen VR-Banken und Sparkassen vertreten.

Campen

Campingplätze sind an der Westküste vorhanden, allerdings nicht so viele. Auf der Insel Föhr gibt es z. B. gar keine Möglichkeit, sein Zelt aufzubauen. Auch hier gilt, in der Nähe der Hotspots wie Büsum, St. Peter-Ording und Sylt ist ein größeres Angebot vorhanden, die im Sommer sehr begehrten Plätze sollten allerdings rechtzeitig reserviert werden. Von Wohnmobilstellplätzen gibt es jedes Jahr mehr, selbst kleine Gemeinden bieten ein paar Parkplätze an. Die sind aber meistens ohne Versorgung, Strom oder Wasser. Mit Pincamp, dem Campingportal des ADAC, kann die Übernachtung mit dem Zelt, dem Wohnwagen oder dem Camper genauer geplant werden (pincamp.de/deutschland/schleswig-holstein).

Einkaufen

Supermärkte gibt es zahlreich, sowohl in den touristischen Gebieten wie auch im Hinterland. Der Weg zur nächsten Einkaufsmöglichkeit übersteigt selten fünf bis zehn Kilometer. Von einigen Anbietern kann man sich sogar im Urlaub beliefern lassen.

Ermäßigungen und Dauerkarten

In den meisten Museen, Parks oder anderen Institutionen gibt es für Kinder, Jugendliche oder Men-

Die Auster Sylter Royal gibt es nur hier in List, sie wird von Hand gepflegt und kontrolliert

Märkte und Hofläden sind gute Adressen für typische Produkte aus der Region, wie Schafmilchseife

schen mit Behinderungen Ermäßigungen. Familienkarten sind nicht üblich, das variiert aber je nach Angebot und kann vor allen in den Frei- und Hallenbädern häufiger vorkommen.

Essen und Trinken

Die traditionelle Küche an der Nordseeküste Schleswig-Holsteins ist deftig und bodenständig. Fischbrötchen auf die Hand bekommt man in unterschiedlichen Zusammensetzungen an fast jeder Ecke und sogar vegane Variationen sind nicht mehr untypisch. Neben Matjes Hausfrauenart, wo der kalte Hering mit Sahnesoße und Pellkartoffeln gereicht wird, ist es vor allem Scholle, die auf fast jeder Speisekarte steht. Allerliebstes Meeresgetier ist aber mit Abstand die Krabbe, die eigentlich eine Garnele ist und die es in unterschiedlichen Zubereitungsformen auf den Teller schafft. Das bekannteste Gericht ist sicherlich das Krabbenbrötchen, dicht gefolgt von Schwarzbrot mit Krabben, in Rührei oder als Porrenpann, einer Art Krabbenpfanne. Miesmuscheln und Austern sind auch sehr beliebt und vor allem in List auf Sylt bekommt man die Austern fangfrisch auf die Hand. Beim Fleisch hat vor allem Lamm die Nase vorn. Ob als Fikadellen, Eintopf, Sauerfleisch oder als Haxe, die Gerichte mit Lamm werden deftig zubereitet und sind vor allem in den kühleren Monaten nicht wegzu-

denken. Vor allem das Salzwiesen-Lamm ist bekannt. Die Menschen an der Küste sind aber auch große Schleckermäuler und dementsprechend vielfältig ist das süße Angebot in den Cafés. Eine Friesentorte schmeckt besser als die andere und die Stücke

Für Notfälle

Allgemeiner Notruf Tel. 112
Musst du einen Notruf absetzen, bleibe dabei ruhig und berichte:
• Wo ist es passiert?
• Was ist passiert?
• Wie viele Verletzte gibt es?
• Welche Verletzungen liegen vor?
Warte dann auf Rückfragen der Leitstelle, beende das Gespräch nicht unaufgefordert.
Pannenhilfe
vom Festnetz Tel. 0180 22 22 22
vom deutschen Handy Tel. 22 22 22

Manchmal sieht man noch gelbe Telefonzellen, aber die Netzabdeckung ist meist ziemlich gut

sind meistens sehr großzügig bemessen. Und die Rote Grütze aus heimischen Beeren kann sowieso das ganze Jahr über als Dessert gegessen werden. Suppen werden auch immer gerne gereicht. Traditionell werden hier Aalsuppe, Saure Suppe, Fliederbeersuppe oder Weinsuppe gereicht. Das hört sich komisch an, schmeckt aber bestens.

Bekannte Gerichte sind noch Birnen, Bohnen und Speck sowie Grünkohl mit Kassler, Schweinebacke oder Kochwurst. Kohlgerichte sind vor allem an der südlichen Nordseeküste weit verbreitet, immerhin liegt hier Europas größtes Kohlanbaugebiet.

Zum Aufwärmen nach einem langen Strand- oder Deichspaziergang reicht manchmal schon eine gute Tasse Tee. Pharisäer, Tote Tante, Punsch oder Eiergrog haben jeweils noch eine alkoholische Note und wärmen dich von innen ganz schnell wieder auf.

Zu all den traditionellen Zutaten und Gerichten haben sich eine Menge neuer Produkte gesellt oder die alten wurden kurzerhand neu interpretiert. So gibt es Restaurants, die mit Salzwiesenkräutern experimentieren oder den Fleischanteil durch vegetarische oder vegane Alternativen ersetzen. Vor allem auf Sylt ist die kulinarische Vielfalt auf kleinem Raum einzigartig. Vom Sternerestaurant bis zum guten Strandimbiss ist alles vorhanden.

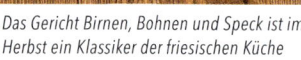

Das Gericht Birnen, Bohnen und Speck ist im Herbst ein Klassiker der friesischen Küche

Geld

In den meisten Fällen ist Kartenzahlung möglich, es ist aber ratsam immer etwas Bargeld dabei zu haben. Vor allem kleine Hofcafés oder ehrenamtlich betriebene Einrichtungen verfügen häufig nicht über die Möglichkeit der EC-Zahlung.

Handy und Telefon

Auch das 5G-Netz ist im Norden schon gut ausgebaut und auch die LTE-Option funktioniert vielerorts. In einigen Naturschutzgebieten oder auch im besiedelungsarmen Grenzland und im Dithmarscher Hinterland ist der Empfang manchmal jedoch nur eingeschränkt. Tourdaten sollte man sich vorab auf das Smartphone laden. Öffentliche Telefonzellen gibt es nur noch sehr wenige.

Internet und WLAN

Nordfriesland ist der einzige Landkreis Deutschlands, der flächendeckend ans Glasfasernetz angeschlossen ist. Manche Orte verfügen über freie öffentliche WLAN-Netze.

DRAUSSEN UNTERWEGS MIT KINDERN

Lieblingstouren

Touren entlang von Bächen oder kleinen Seen sind wunderbar. Wenn's heiß ist, können alle ihre Füße kühlen, Rindenschiffchen bauen oder flache Steinchen hüpfen lassen.

Mit allen Sinnen

Eine süße Blume und ein herbes Kraut riechen, Moos und Steinchen barfuß spüren, mit geschlossenen Augen das Knacken und Rascheln hören, mit Lupe oder Fernglas Tiere beobachten: Ein Naturspaziergang ist für Kinder wie ein toller Sinnespfad.

Wie weit mit Kids?

Wie lang darf eine Wanderstrecke mit Kindern sein? Als grobe Orientierung nennt der Deutsche Wanderverband: das Lebensalter mal 1,5 nehmen. Eine Siebenjährige könnte danach 10,5 km schaffen, einen Kilometer je 100 Höhenmeter abziehen. Als Zeitbedarf plane die doppelte Zeit ein, die für erwachsene Wanderer angegeben wird.

Notausstieg

Wähle Wanderrouten aus, die du leicht abkürzen kannst – je nach Kondition und Stimmung. Beziehe bei der Vorbereitung einer Tour die Kinder unbedingt mit ein: gemeinsam die richtige Wanderkarte auswählen und unterwegs zusammen gucken, wie der Weg weitergeht.

Lesefutter

Toll illustrierte Kinderbücher über Pflanzen, Tiere, Gewässer und Gebirge machen Lust auf den Naturausflug. Der passende Band wandert mit – damit es noch mehr zum Entdecken gibt.

Abenteuer am Wegesrand

Wohnt ein Räuberhauptmann in der Burgruine? Und sind hier wirklich Steinzeitjäger an den Felsklippen entlanggeschlichen? Wähle Wanderrouten aus, die an besonderen Orten vorbeiführen. Kleine Geschichten machen sie für den Nachwuchs zu spannenden Abenteuerplätzen.

Der Hitze entkommen

Vor allem mit kleineren Kindern kann sehr heißes Sommerwetter richtig anstrengend sein. Wenn mal alle nach einer Abkühlung lechzen: Macht doch einfach einen Tagesausflug ins Landesinnere. Ein Picknick im Wald, ein kühler Bach – und der Tag ist gerettet. Wenn es Berge gibt, ein Richtwert: Pro 100 Höhenmeter ist es ca. ein Grad kühler.

Matschverhüterli

Große, stabile Mülltüten sollte man als Eltern immer im Auto haben. Warum? Kinder sind mobil und immer gerne dort unterwegs, wo es spannend und oft auch schmutzig ist, zum Beispiel im Matsch. Aber sooo ins Auto? Kein Problem: Steck dein Kind vor der Weiterfahrt einfach bis zur Taille in die Tüte und der (Miet-)Wagen bleibt sauber.

RUCKSACK-APOTHEKE

Wer draußen unterwegs ist, sollte immer ein Erste-Hilfe-Set dabei haben. Und natürlich solltest du wissen, wie du Binden und Kompressen anwendest – ein Erste-Hilfe-Kurs schadet nie.

Sei auf Notfälle vorbereitet

- Pflaster (zum Abschneiden) für kleine und größere Schürf- und Schnittwunden
- Blasenpflaster
- Mullbinden und Kompressen zum Abdecken von Wunden
- Dreieckstücher zum Ruhigstellen von Gelenken bei Brüchen
- Desinfektionsmittel
- Allergiemittel
- Schmerztabletten
- Wundheilsalbe
- Insektenschutz
- Verbandschere
- Pinzette
- Einmalhandschuhe
- Rettungsdecke als Schutz vor Unterkühlung
- Kältekompresse
- Signalpfeife
- Zeckenzange

Schon gewusst?

Im Notfall kannst du drei Minuten ohne Sauerstoff, drei Tage ohne Wasser, drei Wochen ohne Nahrung – aber nur drei Stunden ohne Schutz vor Wind, Nässe und Kälte aushalten. Hab also auch immer Kleidung für alle Eventualitäten im Rucksack.

Märkte

Wochenmärkte finden an vielen Orten statt. Meistens sind zwischen acht und zwölf Uhr die Stände aufgebaut. In Husum findet einer der größten Wochenmärkte Schleswig-Holsteins statt:

Montag: Tönning
Dienstag: Brunsbüttel, Büsum, Garding
Mittwoch: Marne, Wesselburen, St. Peter-Dorf, Süderlügum, Wyk auf Föhr (Mai–Okt.), Westerland
Donnerstag: Husum, Lunden, St. Michaelisdonn, Tellingstedt, Langenhorn
Freitag: Leck, Albersdorf, Burg, Büsum, Meldorf, Friedrichstadt, Bredstedt
Samstag: Husum, Niebüll, Heide, Wesselburen, Wyk auf Föhr (Mai–Okt.), Westerland

Medien

Die örtlichen Printmedien gehören zum übergeordneten Schleswig-Holsteinischen Zeitungsverlag sh:z. Sie erscheinen regionsbezogen mit einem gemeinsamen weltpolitischen und schleswig-holsteinischen Teil. Es gibt unter anderem das Nordfriesland Tageblatt, Husumer Nachrichten, Sylter Rundschau oder den Insel-Boten. Die Dithmarscher Landeszeitung ist für den südlichen Teil an der Nordseeküste zuständig.

Medizinische Versorgung

Die medizinische Notfallversorgung erfolgt über die Krankenhäuser in Heide, Brunsbüttel, Husum und Niebüll. Die Inseln und Halligen werden dabei per Helikopter aus Niebüll versorgt. In allen größeren Orten gibt es Allgemeinärzte und Apotheken.

Notrufe

Polizei 110
Feuerwehr- und Rettungsdienst 112
Ärztlicher Bereitschaftsdienst 11 61 17
Tierärztlicher Notdienst 04 81/85 82 39 98
Lokale Nummern stehen auf Schildern am Zugang zum Strand und bei den DLRG-Stationen.

Auf dem Husumer Wochenmarkt rund um den Tine-Brunnen kann man direkt vom Erzeuger einkaufen

Öffnungszeiten

In den Sommermonaten haben die großen Lebensmittelgeschäfte in den touristischen Hotspots und in deren näherer Umgebung montags bis sonntags geöffnet. Das Gleiche gilt für Einzelhändler in Büsum, St. Peter-Ording, Husum und den Inseln. Abseits der Hochsaison gelten meistens Öffnungszeiten bis Samstagmittag. Viele haben auch einen Ruhetag. Die Öffnungszeiten für Restaurants und Cafés variieren stark, manchmal sogar innerhalb der Saison. Hier lohnt eine Vorab-Recherche unbedingt, da der Fachkräftemangel im Hotellerie- und Gastgewerbe deutlich spürbar ist. Restaurants haben auch in besucherstarken Monaten Ruhetage.

Post

Die Postfilialen sind selten und befinden sich meist innerhalb von Supermärkten.

Preise

Die Preise vor allem für Unterkünfte variieren je nach Reisezeit. In den Sommermonaten sind Unterkünfte um ein Vielfaches teurer als in der Nebensaison, wo auch Schnäppchen gemacht werden kön-

nen. Alltägliche Lebensmittel können auf den Inseln und Halligen mehr kosten, alleine schon die Lieferung übers Meer ist kostenintensiver.

Restaurantbesuche

Bei Restaurantbesuchen solltest du unbedingt vorher die Öffnungszeiten checken und in den Sommermonaten einen Tisch reservieren. Der Fachkräfte-

Was kostet wie viel?

Pharisäer	5-6 € (für einen Becher)
Bier	3-4 € (für 0,3 l vom Fass)
Fischbrötchen	5-12 €
Strandkorb	9-14 € (für einen Tag)
Schiffstour	20-30 € (für einen Halligtörn mit Seetierfang)
Leihfahrrad	7-45 € (normal o. E-Bike)
Parken	2-15 € (je nach Standort)
Kurtaxe	2-4 €
Mitbringsel	5-6 € (für ein Stück Bio-Schafmilchseife)

mangel ist auch an der Nordseeküste angekommen und viele Betriebe ändern ihre Öffnungszeiten auch während der Saison. In der Nebensaison kannst du auch Glück haben und einen Tisch in beliebten Lokalen ergattern, darauf verlassen kannst du dich aber nicht. Die Dichte an Restaurants ist vor allem auf Sylt einzigartig. Hier gibt es vom Landgasthof bis zur Suppenküche eine große Auswahl. Auf den andern Inseln und Halligen ist das Angebot zwar spärlicher vorhanden, aber trotzdem gut.

Tourist-Informationen

Nordsee-Tourismus-Service-GmbH
Tel. 048 41-897 50 | nordseetourismus.de
Dithmarschen Tourismus
Tel. 04 81-212 25 55 | echt-dithmarschen.de
Tourismuszentrale St. Peter-Ording
Tel. 048 63-99 90 | st-peter-ording.de
Kur- und Tourismusservice Pellworm
Tel. 048 44-189 40 | pellworm.de

Föhr Tourismus GmbH
Tel. 046 81-300 | foehr.de
Amrum Touristik AöR
Tel. 046 82-940 30 | amrum.de
Insel Sylt Tourismus Service-GmbH
Tel. 046 51-99 80 | insel-sylt.de

Toiletten

Toiletten sind in allen größeren Orten vorhanden.

Trinkgeld

10 % des Essenpreises sind als Trinkgeld gern gesehen, gute Arbeit solltest du immer honorieren.

Zoll

Für Reisende aus der Schweiz gelten beim Grenzübertritt jeweils eigene Zollbestimmungen für mitgeführte Waren. Über Wertfreigrenzen und Freimengen bei einzelnen Waren informiert das Schweizer Bundesamt für Zoll und Grenzsicherheit (bazg.admin.ch).

Vor allem, wer außerhalb der Saison reist, sollte unbedingt die Öffnungszeiten prüfen. Häufig wird auch Winterpause eingelegt wie in der Strandbar 54° Nord

APPS & KARTEN FÜR DRAUSSEN

ERKENNE, WAS UM DICH IST
Apps für Naturfreunde

So viele Sterne über dir! Wenn du wissen willst, was am Nachthimmel leuchtet, hol dir Apps wie SkyMap oder SkyView, sie sind wie ein Astronom für die Hosentasche, der dir das Weltall erklärt. Für Pflanzen gibt's z. B. PlantNet, Flora incognita (v. a. für D) und iNaturalist, für Vogelstimmen NABU Vogelstimmen oder BirdNET. Um dich herum sind Berge und du fragst dich, wie die ganzen Spitzen heißen, die da am Horizont in den Himmel piksen? Das verrät dir die App PeakFinder – einfach mit der Kamera in die gewünschte Richtung halten.

SO KOMMST DU BESSER ANS ZIEL
Navi-Unterstützung für Aktive

Mit Apps wie Komoot, Maps 3D, GPSies oder von Runtastic wird dein Smartphone zum Navi, egal ob du zu Fuß oder auf zwei Rädern unterwegs bist. Google Maps funktioniert zwar auch, findet aber oft nur die Haupt- und nicht die schönen, verkehrslosen Nebenrouten. Zur Sicherheit solltest du immer eine Powerbank für eine Extraakkuladung im Gepäck haben, denn die GPS-Funktion des Smartphones ist energiehungrig.

ANALOG UNTERWEGS
Die passende Karten finden

Mist, der Akku des Smartphones ist leer. Nimm deshalb immer auch eine gute Karte deines Wandergebiets mit. Bist du in einem kleineren Gebiet unterwegs, ist der Maßstab 1: 25 000 perfekt, dann sind vier Zentimeter auf der Karte ein Kilometer im Gelände. Hast du eine Tour über größere Entfernungen vor, dann greif zum Maßstab 1:50 000. Zwei Zentimeter auf der Karte entsprechen dann einem Kilometer.

Auf der Karte kannst du übrigens auch sehen, wie steil das Gelände wird: Je enger die Höhenlinien – jene Linien, die dem Geländeverlauf folgen – liegen, desto steiler wird's. Bei einer 50 000er-Karte sind zwischen zwei Höhenlinien meist 20 m. Wenn dein Wanderweg einer Höhenlinie folgt, hast du Glück: Der Weg ist (relativ) eben.

Erinnerungsstütze

Kennst du sie auch, die panische Frage, kaum hast du dich Richtung Urlaub in Bewegung gesetzt: Habe ich auch wirklich die Wohnungstür abgeschlossen? Versuch es beim nächsten Mal mit einer ungewöhnlichen Aktion: Spring beim Abschließen hoch in die Luft, mach eine tiefe Kniebeuge oder sage dir laut vor: Jawohl, ich habe abgeschlossen. Daran erinnerst du dich dann bestimmt und der Urlaub beginnt mit einem breiten Grinsen im Gesicht.

Erst mal einen Überblick verschaffen

Erster Tag auf unbekanntem Terrain? Bevor du dich voller Elan in Erlebnisse stürzt, such dir einen großartigen Aussichtspunkt und genieße es, dir einen Überblick über Lage und Ausdehnung der Stadt oder Region zu verschaffen. Das gibt ein tolles Bild für den ersten Social-Media-Post, und danach wirst du dich mit gestähltem Orientierungssinn bewegen.

Handy nachladen im Flug(s)modus

Ja, wir kennen das alle: Die Batterie des Smartphones neigt sich gefährlich dem einstelligen Prozentbereich zu, viel Zeit zum Aufladen bleibt nicht. Bewährter Tipp: Der Akku lädt um ein Vielfaches schneller, wenn du dein Smartphone währenddessen in den Flugmodus versetzt. Und weil die Batterie unterwegs viel schneller schwächelt, steck eine Powerbank ein.

Übergepäck? Nur für Anfänger!

Durch geschicktes Minimieren der Farbpalette deiner Kleidung brauchst du weniger Einzelteile und kannst besser kombinieren. Achte auch bei Schmuck und Schuhen darauf, dass du sie mehrfach einsetzen kannst.

Koffer packen für Könner

Um nicht mit einem Haufen zerknitterter Wäsche am Urlaubsort anzukommen, beachte die Grundregel: Schweres gehört nach unten, d. h. an die Seite des Gepäcks, die während des Transports in Richtung Boden zeigt. Zu den schweren Gegenständen zählen Waschbeutel und Schuhe. Außerdem wichtig: Je kompakter alles im Koffer verstaut wurde, desto weniger kann verrutschen.

Kleidung klein und faltenfrei

Spart Platz im Koffer und minimiert Falten: Shirts und Pullis falten und rollen. Bei Jacken die Ärmel nach innen falten, dann die Jacke mittig zusammenlegen. Voluminöses in Zip-Beutel stecken und die Luft vor dem Verschließen herausdrücken. Unterwäsche kann auch gerollt werden.

Schutz für Handy & Co.

Technische Geräte mögen weder Sand noch Wasser. Am Strand oder bei der Bootstour sind Handy und Co. in einem kleinen Plastikbeutel mit Zip-Verschluss unkompliziert geschützt.

Kleidung waschen & reparieren

Mit nur wenigen Zutaten kann man unterwegs prima Wäsche waschen und auch mal Kleidungsstücke reparieren. Als Wäscheleine eignen sich 3 m normale Schnur aus dem Baumarkt. Eine Handvoll kleiner Gardinenclips ersetzt die Wäscheklammern. Fehlt das Waschmittel, tut es auch Shampoo. Mit einer Nagelbürste kann man bei der Handwäsche beste Ergebnisse erzielen. Etwas Gaffa-Tape fixiert aufgelöste Säume und ein Tröpfchen Nagellack eine Laufmasche oder einen losen Faden.

Alleskönner Klebeband

Eine Rolle Klebeband gehört in jeden Rucksack. Aber nicht irgendein Klebeband, sondern Duct- oder Panzer-Tape. Ob Riss in der Outdoor-Jacke oder im Zelt, ob gebrochene Zeltstange oder die lose Sohle am Wanderschuh: Mit dem unverwüstlichen Gewebeband meisterst du jede Reparatur an der Ausrüstung. Wenn selbst die NASA Duct-Tape im All dabeigehabt haben soll …

Reisekrankheit vermeiden

Du kennst das schon: Spätestens wenn's kurvig wird, wird dir … blümerant zumute. Schwindelgefühle und Übelkeit entstehen durch Störungen des Gleichgewichtssinns. Wehre den Anfängen: Leg Buch oder Handy weg, setz dich nach vorne oder schnapp dir das Steuer, denn wer strikt geradeaus schaut, ist kaum gefährdet. Im Bus ist der beste Platz in der vordersten Reihe, im Flugzeug solltest du versuchen, auf Höhe der Tragflächen zu sitzen, und auf dem Schiff hilft ein Gang an die frische Luft mit festem Blick auf den Horizont.

Dolmetscher in der Tasche

Reisen in einem Land, in dem man die Sprache nicht versteht, kann schwierig werden. Die kostenlose Smartphone-App Google Übersetzer (iOS und Android) macht die Verständigung leichter und ein Wörterbuch überflüssig. Man kann für den Urlaub bestimmte Sprachpakete herunterladen, damit die App auch ohne Internetzugang übersetzt. Damit spart man die Kosten für mobiles Internet, verliert aber gleichzeitig wegen der Größe der Sprachpakete viel Speicherplatz. Man kann sogar Wörter abfotografieren, um sie übersetzen zu lassen, oder sich ganze Sätze erklären und vorsprechen lassen.

Weniger ist mehr

Ach, und das Buch sollte auch noch mit. Und vielleicht noch einen Pullover, weil der eigentlich doch ganz schick ist? Brichst du zu einer Wanderung auf, dann geize mit Platz und Gewicht. Zu schweres Gepäck macht jeden Ausflug zur Tortur. Als Faustregel gilt: Was du auf dem Rücken trägst, sollte nicht mehr als 20 Prozent deines Körpergewichts betragen. Für eine Tageswanderung reichen sechs Kilo Gepäck.

Ab in die Sonne!

Was bringt die schönste Landschaft bei Dauerregen, wenn 100 km weiter die Sonne vom Himmel lacht? Hängen also wieder mal die Wolken tief, befrage das Internet nach dem Wetter, such dir den nächstgelegenen Ort heraus, wo die Sonne scheint – und fahr hin! Vielleicht entdeckst du dann sogar wundervolle Orte, die du zunächst gar nicht auf der Reiseroute hattest.

Im August kann man beim Kite-Surf World Cup auf Sylt den Stars der Sportart beim Ritt über die Wellen zusehen

Wortkarg mögen sie sein, die Menschen an der Nordseeküste Schleswig-Holsteins, aber feiern können sie. Der Terminkalender ist das ganze Jahr über gut gefüllt.

Januar

Beim **Neujahrs-Anbaden** können ganz Mutige – beispielsweise auf Sylt oder in Büsum – das neue Jahr einläuten.
Während der **Sylter Sturmwoche** finden besondere Winterwanderungen und Führungen an der Küste statt, die mit abendlichen Lesungen und Wellness-Angeboten abgerundet werden (sylt.de).

Februar

Die **Biike Brennen**, die jährlich am 21. Februar an vielen Orten auf dem Festland und auf den Inseln und Halligen stattfinden, sind einer der ältesten Bräuche an der Nordseeküste. Dabei werden große Holz- und Reisighaufen mit Fackeln entzündet. Meistens gibt es einen Umzug zum Feuer und hin-terher wird Grünkohl gegessen. Mit der Biike wird heute der Winter vertrieben (nordseetourismus.de). Am Rosenmontag werden zum **Marn' hol fast,** dem traditionellen Marner Karnevalsumzug ordentlich Kamelle unters Publikum gebracht (marnholfast.de).

März/April

Wenn das **Krokusblütenfest** im Husumer Schloss-park gefeiert wird, ist auf dem Kunsthandwerker-markt nebenan mehr als ein Hauch von Lila zu sehen (husum-tourismus.de).
Die **Büsumer Drachenflugtage** nehmen an Ostern noch die letzten Winterwinde mit und sorgen für ein buntes Spektakel auf der Watt'n Insel (buesum.de).
Bei den **Ringelganstagen** stehen Naturerlebnisse rund um Vogelkieks im Mittelpunkt auf den Halli-gen (ringelganstage.de).

Mai

In Meldorf wird traditionell und mit viel Gedöns der **Maibaum** aufgestellt (stadt-meldorf.de).

Beim **Internationalen Museumstag**, der am 2. oder 3. Maiwochenende stattfindet, beteiligen sich die meisten Institutionen an der Küste. Es gibt zahlreiche Outdoor-Veranstaltungen und kostenlosen Eintritt (museumstag.de).

Juni

Die Rosen blühen und ein süßer Duft liegt über der Küstenregion. Friedrichstadt und Pellworm feiern die Königin der Blumen mit einer **Rosenwoche** auf Pellworm (pellworm.de) und einem **Rosenfest** in Friedrichstadt (friedrichstadt.de).
Die **Sonnenwendfeier** auf Amrum am 21. Juni, dem längsten Tag des Jahres, ist bunt und laut (Anfahrt mit dem Auto nicht möglich, amrum.de).

Juli

Action ist angesagt. Beim **Multivan Windsurf-Cup** in St. Peter-Ording treten die besten Windsurfer Deutschlands gegeneinander an (windsurfcup.de).
Ringreiterturniere finden an vielen Orten der Region statt wie in Morsum auf Sylt oder im Husumer Schlosspark (nordseetourismus.de).
Heide feiert beim **Marktfrieden** ein Mittelalterliches Spektakel (heider-marktfrieden.de).
In Friedrichskoog wird die **Norddeutsche Wikingerschach-Meisterschaft** ausgetragen, an der alle teilnehmen können (friedrichskoog.de).

August

In Husum werden die **Hafentage** gefeiert (husumtourismus.de) und in Meldorf das **Hafenfest** (stadtmeldorf.de).
Und auf Sylt trifft sich beim **Kite-Surf World Cup** die Elite des Trendsports (kitesurfworldcup.de).

September

In Dithmarschen werden im September die **Kohltage** gefeiert mit verschiedenen Veranstaltungen in der ganzen Region (echt-dithmarschen.de).

Auf Sylt findet in Westerland der **Windsurf World Cup** statt mit den besten Surfern der Welt (windsurfworldcup.de).

Oktober

Bei den **Piratentagen** in St. Peter-Ording wird für vier Tage ein großes Piratenlager samt Markt aufgebaut (nordseetourismus.de).
In Husum dreht sich während der **Krabbentage** mit viel Programm alles um die Nordseegarnele (husum-tourismus.de).

November

Büsum hat mit der **Lichterwoche** ein gutes Programm gegen den tristen Novemberhimmel auf die Beine gestellt (buesum.de).

Dezember

Überall finden Weihnachtsmärkte statt, wobei die **Heider Winterwelt** einer der größten ist (heide.de). In Tönning ist das Packhaus der größte **Adventskalender** der Welt (toenning.de).

Livemusik, Streetfood, Kunsthandwerk … und vieles mehr gibt's zu den Hafentagen in Husum

Wer im Frühjahr in Büsum nicht frieren will: Im Sommer gibt es auch in St. Peter-Ording ein Drachenfest

Anhang

Landschaftspfleger und Deichbewohner: Schafe halten die Vegetation kurz und stabilisieren so die Deiche

REGISTER
*NACH ORTEN

REGISTER
*NACH AKTIVITÄTEN

Am & im Wasser

Fun & Action

Naturgenuss

Im Winter

Nach der Reise ist vor der Reise:
Hier findest du noch mehr beste Frischluftabenteuer
für deinen Urlaub.

ISBN 978-3-575-01921-9

ISBN 978-3-575-01924-0

ISBN 978-3-575-01922-6

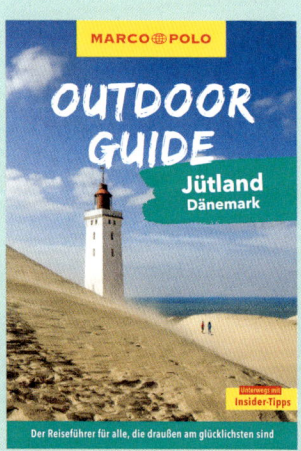

ISBN 978-3-575-01917-2

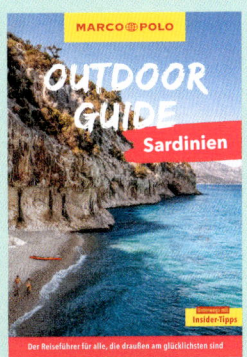

ISBN 978-3-575-01926-4

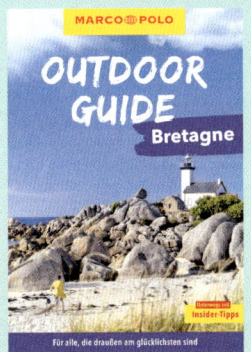

ISBN 978-3-575-01901-1

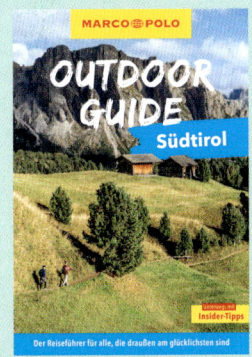

ISBN 978-3-575-01928-8

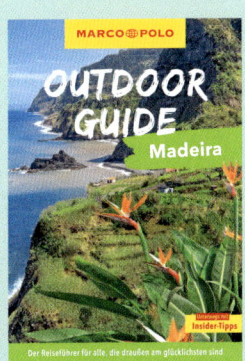

ISBN 978-3-575-01919-6

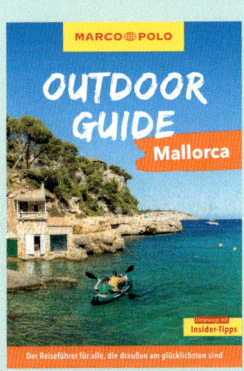

ISBN 978-3-575-01920-2

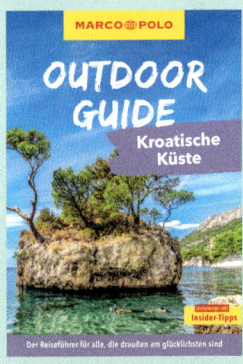

ISBN 978-3-575-01918-9

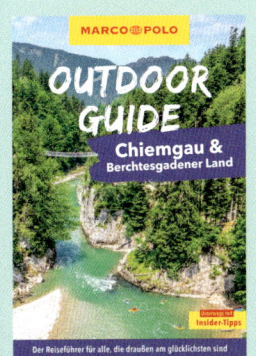

ISBN 978-3-575-01916-5

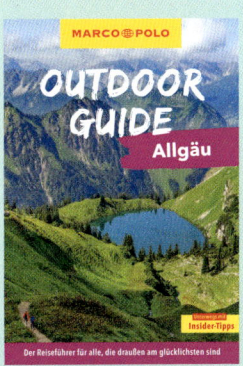

ISBN 978-3-575-01927-1

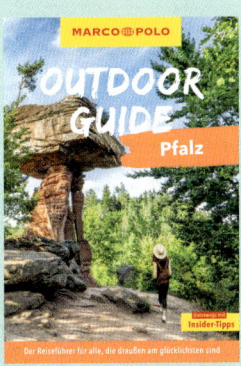

ISBN 978-3-575-01925-7

IMPRESSUM
*WER HAT WAS GEMACHT?

1. Auflage 2024
© 2024 MAIRDUMONT GmbH & Co. KG, Ostfildern
978-3-575-01923-3

Text: Bürte Lachenmann, mit Ausnahme S. 26, 205,
206 (Rucksack-Apotheke), 209-211, Umschlag-
innenseiten (Jens Bey)
Konzept & Projektleitung: Monique Sorban
Projektmanagement: Anne-Katrin Scheiter
Gestaltung Umschlag & Layout: Nicola Hammel-Siebert,
Tanja Schnurpfeil, Weimar & Leipzig, zebraluchs.de
Illustrationen: Nicola Hammel-Siebert (S. 13),
Carolin Weidemann, Köln, weidemann-
design.com (Umschlag, S. 26, 201)
Satz & Lektorat: booklab GmbH, München
Korrekorat: Christiane Gsänger, München
Karten: © 2024 KOMPASS-Karten GmbH, Karl-
Kapferer-Straße 5, A-6020 Innsbruck unter Verwendung
von © OpenStreetMap Contributors, osm.org/copyright
Als touristischer Verlag stellen wir bei den Karten nur
den De-facto-Stand dar. Dieser kann von der völkerrecht-
lichen Lage abweichen und ist völlig wertungsfrei.

Printed in Poland

Lob oder Kritik? Wir freuen uns auf deine Nachricht!
Trotz gründlicher Recherche schleichen sich manchmal
Fehler ein. Wir hoffen, du hast Verständnis, dass der Verlag
dafür keine Haftung übernehmen kann.
MARCO POLO Redaktion, MAIRDUMONT, Postfach 3151,
73751 Ostfildern, info@marcopolo.de

*Wenn im Frühling die Natur erwacht, ist
es auf der Hallig Hooge besonders schön*

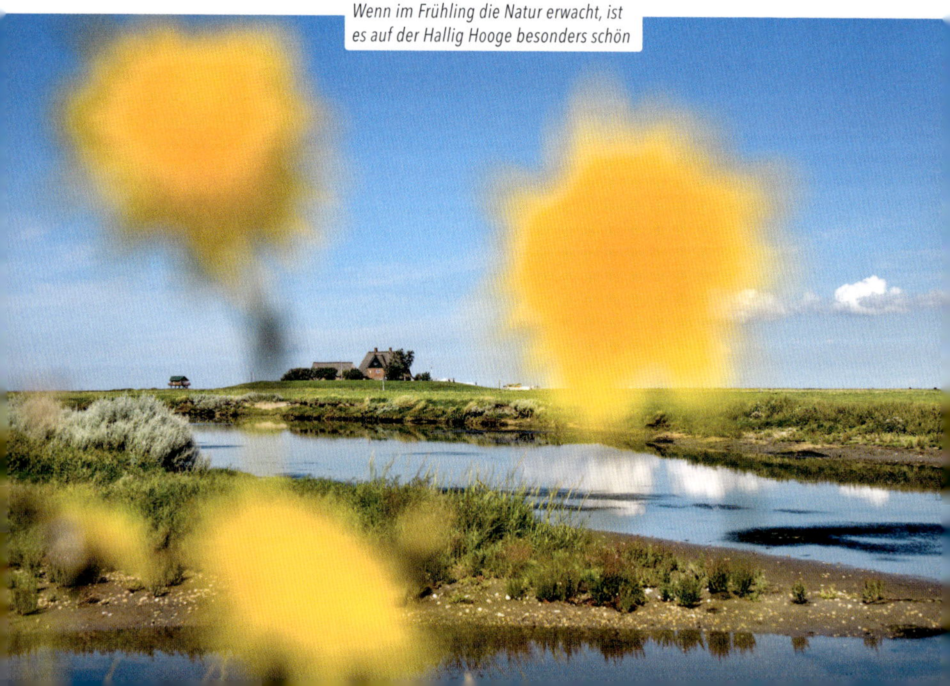

Titelbild: Idyllischer Dünenpfad zur Nordsee (Mauritius Images: Mac Eaton/Alamy/Alamy Stock Photos)

Fotos: 3base.de, Stadt Friedrichstadt: Dirk Jacobs (143 li.); Barlter Mühle (167 o.); Carlos Arias Enciso/ariasdigital.de (190 re.); Dithmarschen Tourismus e.V./Photocompany (191); Du-Mont Bildarchiv: Sabine Lubenow (18 M.r., 74, 104, 106, 203 li., 228), Olaf Meinhardt (1 o., 17 M.l., 20, 46, 62, 105 li., 112 li., 114, 139 li., 147 re., 150 re., 155 u., 160, 176, 207, 208); Engelmühle Nordstrands Gourmet-Café (75 u.); Föhrer Mais-labyrinth (107 re.); Tilo Geisel (112 re.); Getty Images: Conny Pokorny (156), Manfred Gottschalk (184); Jasmin Heimberger (96); Hofladen Alte Mühle Trennewurth (195 o.); Hofladen Baumbach (203 re.); Hofladen Hartmann Alkersum (115 o.); Gaby Johannsen (113); knipskasche-fotostudio kinka tadsen: Kinka Tadsen (102 re.); Kur- und Tourismusservice Pellworm (110); Bürte Lachenmann (Umschlag hinten l., 1 u., 6, 10, 15, 17 M.l., 18 M.l., 22, 24, 25 li., 25 re., 28 re., 28 o., 28 u., 28 li., 29 li., 30, 36, 40, 41, 42, 43 o., 43 u., 45, 47 u., 47 o., 48, 49, 50, 51, 52, 53, 54, 55 re., 55 li., 56 li., 57, 58, 59 li., 60, 61 li., 61 re., 63 li., 63 re., 64 re., 65, 66, 68, 69 li., 69 re., 70, 71 re., 72 li., 73, 76, 82, 83, 85, 86, 87, 90, 91, 97 re., 97 li., 98 re., 100 re., 101, 109, 111, 116, 120, 121 u., 121 o., 122, 123 o., 123 u., 124, 125, 127 u., 128, 129 u., 129 o., 131, 132, 133 o., 135, 136, 137 re., 137 li., 138 li., 139 re., 140 re., 140 li., 141, 145 re., 149 re., 150 li., 152 li., 154, 161, 162, 163, 165, 173, 180 re., 182 re., 185, 188 li., 194, 198, 200, 202, 229, 231, 232); Landladen Kühl Garding (155 o.); Kerstin Limbrecht (115 u.); Mauritius Images: Christian Bäck (99), Brandon Huttenlocher/Cavan Images (181), Olaf Doering/Alamy Stock Photos (180 li.), Dieter Reimprecht (126), Udo Siebig (146), Thomas Born/imagebroker (151), Wolfgang Diederich/Alamy Stock Photos (142); Museum Kunst der Westküste (92, 93, 107 li.); Nordseeküste Nordfriesland e.V.: Markus Rohrbacher (16, 17 M.r., 17 u.r., 19, 56 re., 59 re., 67, 71 li., 75 o., 80, 108 re., 108 li., 127 o., 213, 220); Lars Rickerts (84); SANDIEK Sandskulpturenwerkstatt (9, 149 li.); Shutterstock.com: AlexWolff68 (81), bali-

1970 einigten sich die Kreise Südtondern, Husum und Eiderstedt auf ein gemeinsames Wappen

padma (29 re.), bluecrayola (7, 214), Karel Bock (17 o.), Henk Bogaard (17 u.l.), Copula (72 re.), CreatorOWL (171), ct_photo (95), Armin Eckstein (103), electricmango (144), emka74 (102 li.), Engel035 (193), Epidavros (204 li.), Fanfo (204 re.), Felix B (148), foto-select (100 li.), Gabriele Rohde (170), Jan Gerhards-Ostehr (187), Angelika Heine (195 u.), Oliver Hoffmann (164), IndustryAndTravel (178 re.), Juver (18 u.r.), R. Knapp (18 M.l., 196), Piotr Latacha (64 li.), Pavlo Lys (18 M.r.), Alex Milan (18 u.l.), ON-Photography Germany (89), Conny Pokorny (94, 166), Redaktion93 (98 li.), Harald Schmidt (105 re.), Sina Ettmer Photography (14, 189), Snapshot freddy (177), Werner Spremberg (147 li.), Marc Stephan (134), SusaZoom (186 re.), ThomBal (12, 18 o.), thosgra (88), Traveller Martin (145 li.), travelpeter (44, 130, 138 re.), Volker Rauch (179), W. de Vries (133 u.), Juergen Wackenhut (31), Rudmer Zwerver (186 li.); Steinzeitpark Dithmarschen (8, 172); Sylt Marketing: Holger Widera (212); TMS Büsum GmbH (Umschlag hinten r., 4, 27, 29 u., 32, 168, 169, 174, 175 re., 175 li., 178 li.); Tourist- und Freizeitbetriebe Tönning: Ammon (152 re.); TZ SPO (143 re., 153); Volker von Hemsen (182 li.); Wikimedia Commons: CC BY 3.0/Nightflyer (192), CC BY-SA 4.0/Dirtsc (190 li.), CC BY-SA 4.0/Nightflyer (183), CC BY-SA 4.0/Radler59 (167 u.), CC BY-SA 4.0/Z thomas (188 re.)

229

Den Strand am Sylter Ellenbogen hat man im Winter oft für sich allein

Ob zu Fuß, mit dem Fahrrad oder auf dem Wasser – auf mehr als 150 Ausflügen und Abenteuern war Bürte für den OUTDOOR GUIDE unterwegs. Was war besonders, was bleibt noch zu sagen?

5 FRAGEN AN BÜRTE LACHENMANN

1 Bei welcher Tour im Buch hattest du am meisten Spaß?

Wandern und Radfahren sind meine Top-Aktivitäten. Wenn die Nordsee angenehm warm ist, bin ich auch eine Badenixe. Ich bin lieber im als auf dem Wasser, fürs Kajak mache ich aber eine Ausnahme. Viel Spaß hatte ich bei der Paddeltour auf dem Bongsieler Kanal oder auf dem Kulturpfad in Husum.

2 Was darf in deiner Ausrüstung nicht fehlen?

Sonnencreme, Regenjacke, Müsliriegel, Wasser und Handtuch. Die Sonne bringt mir auch an einem bedeckten Tag eine rote Nase, auf Regen muss man hier immer gefasst sein und falls ich ins Meer hüpfen oder Watt gehen möchte, ist das Handtuch Gold wert. Leider ist die Dichte an Hofcafés im Hinterland nicht hoch, daher habe ich immer einen Müsliriegel dabei.

3 Dein Film-, Lese- und Musiktipp für die Region?

Die Dokumentation „Der Atem des Meeres" zeigt in starken Bildern die Einzigartigkeit der Nordseeküste. Gleich vier Bücher zum Thema Nordsee fallen mir ein: „Barfuß auf dem Sommerdeich" von Katja Just, „Sylter Welle" von Max Richard Leßmann, „Nordfriesland. Radeln für die Seele" von mir und „Mittagsstunde" von Dörte Hansen. Musikalisch: Norma alias Norma Schulz singt wunderschöne leise Songs, auch auf Plattdeutsch und Friesisch. Sie kommt von Föhr und hat das Meer in den Genen.

4 Was war dein verrücktestes Erlebnis bei der Recherche?

Ein Strandspaziergang im Winter am Ellenbogen von Sylt. Kein Mensch, nur Schafe, das Meer und ich. Knapp drei Stunden bin ich gewandert und habe die tosenden Wellen beobachtet. Danach fühlte ich mich durchgepustet, aber unglaublich lebendig.

5 Wohin gehst du am liebsten mit Freunden?

Im Sommer ist das eher der nördlichste Festlandpunkt am Rickelsbüller Koog, weil wir da recht sicher den Seeadler sehen. In der Nebensaison fahre ich gern nach Sylt zum Ellenbogen oder nach Büsum, mit einem Besuch im Speicherkoog. Ein Bummel in Husum mit Frühstück im Künstler-Café ist immer drin.

Das Watt unterschätzen

Wenn du das Watt nicht kennst, unterschätze es nicht und bleibe unbedingt in Sichtweite zum Land. Die Flut kommt schneller, als man denkt, und plötzlich kannst du eingeschlossen sein, weil du nicht gesehen hast, dass du dich auf einer kleinen Sandbank befindest. Ebenso kann aufziehender Seenebel zu Orientierungslosigkeit führen, auch im Sommer. Auch die Strömungen in Prielen und Schlicklöcher sind gefährlich. Schließe dich lieber einem zertifizierten Wattführer an.

Durch die Salzwiesen laufen

Bleib in den Salzwiesen unbedingt auf den ausgeschilderten Pfaden und wandere nicht abseits davon auf eigene Faust herum. Die Salzwiesen sind ein empfindliches Ökosystem, in dem viele Vögel auf dem Boden brüten. Außerdem sind sie von Wasserläufen durchzogen, die teilweise nicht sichtbar sind und in denen du einsinken kannst. Stibitze auch keine Salzwiesenkräuter aus dem Nationalpark.

Hunde frei laufen lassen

Bitte akzeptiere unbedingt die Regel, deinen Hund an der Leine zu führen. Es gibt ausgewiesene Hundestrände und Hundefreigehege, in denen dein Vierbeiner nach Lust und Laune herumtoben darf, im Nationalpark ist er nur Gast. Nicht nur Vogelnachwuchs und Lämmer sollen so geschützt werden, auch ein Buddelloch im Deich kann fatale Folgen haben. Sammle auch die Hinterlassenschaften deines Hundes ein, Schafe können sich davon starke Infekte holen, auch Monate später noch.

Lämmer und Schafe streicheln

An den Deichen im Nationalpark bist du Gast. Sind die Schafe mit ihrem Nachwuchs auch noch so nied-

lich, halte bitte Abstand und genieße den süßen Anblick von Weitem. Es sind frei lebende Tiere, die es nicht gewohnt sind zu kuscheln. Lämmer könnten auch in Panik davonrennen und ihre Mutter verlieren. Sieht man allerdings ein Tier auf dem Rücken liegen, rettet ein Schubs ihm tatsächlich das Leben.

Sich Seehunden nähern

Seehunde sind mit die größten Raubtiere Deutschlands. Bitte halte mindestens 200 Meter Abstand, wenn du sie am Strand triffst, auch wenn es nur der Nachwuchs ist. Wenn du denkst, dass es dem Kleinen nicht gut geht, dann rufe bitte die örtliche Polizei an oder melde es im Tourismusbüro. Näherst du dich zu sehr, kann es sein, dass es ins Meer geht, dann findet es die Mutter nicht wieder.

Den frei laufenden Schafen und Lämmern soll man sich nicht nähern, außer sie liegen auf dem Rücken: Dann muss eingegriffen werden